नया आयाम

अभिमन्यु अनत की 26
कहानियों पर आधारित नाटक

अभिमन्यु अनत

डायमंड बुक्स

ISBN : 81-288-1656-X

प्रकाशक	:	**डायमंड पॉकेट बुक्स (प्रा.) लि.** X-30, ओखला इंडस्ट्रियल एरिया, फेज-II नई दिल्ली-110020
फोन	:	011-41611861
फैक्स	:	011-41611861
ई-मेल	:	sales@diamondpublication.com
वेबसाइट	:	www.diamondpocketbooks.com
संस्करण	:	2007
टाइपसैटिंग	:	**प्रवीण कुमार**
प्रिंटर्स	:	**आदर्श प्रिंटर्स, शाहदरा दिल्ली-32**

Naya Aayam
by Abhimanyu Anat

भूमिका

अब यह बहस निरन्तर महत्त्वपूर्ण होती जा रही है कि हिन्दी साहित्य के संवर्द्धन में प्रवासी भारतीय लेखन को भी सम्मिलित किया जाए। सच तो यह है कि हिन्दी साहित्य रचना की इस वैश्विक धारा की अनदेखी करके हम हिन्दी के अंतर्राष्ट्रीय आयाम की ही अनदेखी करेंगे। आज विश्व के अनेक देशों में बसे भारतीय लेखक, चाहे वे प्रवासी हों या आप्रवासी, हिन्दी साहित्य की श्रीवृद्धि में संलग्न हैं तथा उनकी कृतियां निरंतर प्रकाशित होकर हमारे सामने आ रही हैं।

आज अमेरिका, यू.के., सूरीनाम, फीजी आदि देशों में अनेक साहित्यकार हिन्दी में सृजन-रत हैं लेकिन प्रवासी हिन्दी साहित्य लेखन में मॉरीशस का नाम अत्यंत महत्त्वपूर्ण है और उसमें भी प्रसिद्ध कथाकार अभिमन्यु अनत का लेखन और योगदान उत्कृष्टतम है। उन जैसी प्रांजल और प्रवाहमान हिन्दी भाषा लिखने वाले लेखक कम ही हैं। उनका लेखन भारत तथा हिन्दी के प्रति उनके समर्पित जुड़ाव को व्यक्त करता है।

अभिमन्यु अनत ने प्रचुर मात्रा में साहित्य-रचना की है जिसमें उपन्यास, कहानी, कविता, नाटक, निबंध आदि सभी विधाएं समाहित हैं, लेकिन अभिमन्यु अनत मूलतः कथाकार ही हैं। उनका उपन्यास 'लाल पसीना', 'गोदान', 'मैला आंचल', 'कब तक पुकारूं' जैसे उपन्यासों की परंपरा में गिने जाने योग्य है। उसी तरह उनकी 'मातमपुर्सी', 'मान रक्षा' जैसी अनेक कहानियां मानवीय संवेदना की नाटकीय अभिव्यक्ति के कारण श्रेष्ठ कहानियों की परंपरा में समादृत हैं।

उनकी अनेक कहानियों के नाटकीय रूपांतर भी मॉरीशस रेडियो और टेलीविजन के अतिरिक्त विभिन्न नाट्य-मंचों पर मंचित हो चुके हैं। यह पहला अवसर है कि स्वयं अपनी कहानियों के नाट्य-रूपान्तरणों पर आधारित एकांकी-नाटकों को एक संग्रह रूप में प्रकाशित कर रहे हैं।

इस पुस्तक में अभिमन्यु अनत जी ने स्वयं अपनी 26 कहानियों के नाट्य रूपांतरणों को संगृहीत किया है और इस तरह यह नाटक उनकी स्वतंत्र रचना की तरह परखे जा सकते हैं। इस पुस्तक में संकलित सारी ही रचनाओं का आदि परिवेश मॉरिशस के निम्न और मध्य वर्गीय परिवारों को रेखांकित करता है और इसकी विषय-वस्तु अभिमन्यु अनत के जनोन्मुख सरोकारों को सामने लाती है। आंर्थिक, सामाजिक और राजनैतिक न्याय की ललक तथा समाज के हर धरातल पर, स्त्री, पुरुष दोनों के लिए सहज अधिकारों की चेतना इन नाटकों में देखी जा सकती है। अपनी प्रस्तुति में ये नाटक भरपूर पठनीय हैं और अपनी सहजता के कारण बांध पाने में समर्थ हैं।

इन सभी नाटकों का मंचन बेहद सरल है। मंचीय-निर्देशों के रहते यह काम और सरल हो गया है। इन नाटकों की सफलता जहां इनके मंचन में है वहीं इन्हें पढ़ना भी एक सुखद अनुभव से साक्षात्कार करने जैसा है। मेरा विश्वास है कि अभिमन्यु अनत द्वारा अपनी ही कहानियों के नाट्य रूपांतरों की यह प्रस्तुति प्रवासी नाट्य रचना कोष को समृद्ध करने वाली सिद्ध होगी।

– **प्रो. सुरेश ऋतुपर्ण**

जापान

अनुक्रमणिका

1

मान रक्षा

एक शानदार बंगले के आगे मनमोहक फुलवारी का वाइड शॉट।
जूम इन मालकिन और धनुवा पर क्लोज़ अप।
धनुवा ऑचीरियोम के फूल मालकिन को थमाते हुए।

दृश्य-1

धनुवा : पैंतीस साल मादाम! लगता है अभी कल ही इस फुलवारी से जुड़ा था आज बिछड़ने की घड़ी आ गई।

मालकिन : हमें भी यह बिछड़ना दुखी कर गया है। क्या फूल है! क्या रंग! क्या खुशबू! धनुवा तुम्हारे हाथों में तो जादू है। हमारे बाग की यह रौनक तुम्हारी वफादारी, मेहनत और लगन का ही परिणाम है।

मालिक : धनुवा के फूलों की नई नस्लें तो स्टेट हाऊस के बाग तक पहुंच गई है।

मालकिन : तुम जानते हो धनुवा मेरे भाई ने तो बार-बार चाहा कि वह तुम्हें अपनी फुलवारी का माली बना ले।

मालिक : और मैं हर बार यही कहता रहा कि वह चाहे तो हमारी कोठी ले ले पर धनुवा को लेने की बात न करे।

धनुवा गदगद होकर हाथ जोड़ लेता है।

धनुवा : मैं इस बाग से नहीं उस दुनिया से हटाया जा रहा हूं। जो मुझे अपने घर अपने परिवार से भी अधिक प्रिय रही है।

मालकिन : मैं जानती हूं धनुवा। जितना दुख तुम्हें हो रहा है उतना ही हमें भी।

धनुवा : मालकिन! अभी मेरी ताकत गई नहीं है। मैं तो आखिरी दम तक इन फूलों के बीच रह कर यहीं आखिरी सांस लेना चाहता हूं।

मालकिन : मैं तुम्हारे जज्बात को समझती हूं। अब इस उम्र में तो तुम्हें अपने परिवार के बीच जीना है।

धनुवा : वहां तो जीना ही है पर सांसें इन फूलों की पंखुड़ियों पर अटकी रहेगी।

मालकिन : मैं तुम्हारे दर्द को समझ सकती हूं। पर क्या करें। इस तरह का आना-जाना तो बना ही रहता है।

दृश्य-2

घर के भीतर का दृश्य। धनुवा खयालों में खोया हुआ।
छोटी बहू का प्रवेश

बहू 1 : पिता जी लोग कह रहे हैं कि आपकी विदाई के अवसर पर मालिक अपने यहां जश्न मना रहे हैं। लोग यह भी बोल रहे हैं कि ऐसी किस्मत इससे पहले किसी भी कामगर को नसीब नहीं हुई है।

धनुवा : पर मेरे लिए यह खुशी की बात नहीं है बहू। बेकारी मुझे मार डालेगी।

बेटा : खुशी तो हम लोगों को भी नहीं है।

बहू 1 : आपकी बेकारी से तो हम भी दुखी हैं। आपको अपनी नौकरी कितनी पसन्द थी बाबू जी।

बेटा : सुना है कि नौकरी से हटने पर मालिक आपको बहुत बड़ा तोहफ़ा देने वाले हैं।

धनुवा : कल आखिरी बार के लिए मैं अपने फूल-पौधों से बातें कर पाऊंगा फिर तो हमेशा के लिए उनसे दूर हो जाऊंगा। कितनी दुखदाई होगी मेरे लिए वह घड़ी!

बेटा : हम सभी के लिए भी कितना दुखदाई होगा।

दृश्य-3

दृश्य परिवर्तन

फुलवारी। क्षितिज पर अस्त होता हुआ सूरज। पौधों के आखिरी कतार की सिंचाई करके वह पौधों के बीच खड़ा उन्हें निहारता और सराहता रहा। फिर मालिक की भव्य कोठी को देखता हुआ बाग से बाहर होने लगा।

छोटी रजनी का प्रवेश।

रजनी : चाचा! सचमुच अब आप यहां काम नहीं करेंगे?

धनुवा : हां गुड़िया।

रजनी : तो अब मुझे सुबह-शाम फूल कौन देगा?

धनुवा : तुम्हारी मां, कैसी है रजनी?

रजनी : मां ही ने तो मुझे यह बात बताई। वह बहुत उदास है दादा।

धनुवा : (रजनी को गुलाब थमाते हुए) मेरी ओर से तुम्हें यह आखिरी फूल।

रजनी : सचमुच, आप यहां से जा रहे हैं? मुझे तो इस बात का यकीन ही नहीं रहा चाचा।

धनुवा : दुनिया में और भी तो कई बाग हैं, जो मेरे बिना फूलते-फलते रहे हैं।

रजनी : मां बता रही थी कि अब आपको तनख्वाह नहीं मिलेगी।

धनुवा : अब तो हर महीने पांच सौ के बदले बस सवा सौ रुपये मिलेंगे। पर इससे क्या। गुज़ारा हो ही जाएगा।

दृश्य-3

अतीत का दृश्य – कोठी के सामने मालिक और मालकिन के सामने हाथ जोड़े।

धनुवा : साहब! आप मुझे और भी एक-दो साल अपनी सेवा में रखे रहिएगा।

मालिक : आप बहुत काम कर चुके अब आपको आराम की जरूरत है।

मालकिन : हां! धनुवा। अब तुम अपने परिवार के साथ आराम की ज़िंदगी बसर करो।

धनुवा : पेट भी साथ-साथ आराम करने को तैयार हो तब तो!

मालिक : धनुवा तुम्हारे दो शादी-शुदा बेटे हैं। तुम्हारे ये दोनों बेटे तुम्हारा ख़्याल रखेंगे।

मालकिन : मैंने भी धनुवा से यही कहा। हमसे बिछड़ने का यह मतलब नहीं कि तुम हमसे बिलकुल नहीं मिलोगे।

धनुवा : मैं तो मिलता रहूंगा मालकिन।

दृश्य-5

धनुवा के घर का दृश्य अपने परिवार के बीच

बहू 1 : मेरा बाप जब रिटायर हुआ था तो सरकार ने लम्प सम में बहुत बड़ी रकम दी थी। दो सौ हजार रुपये, ताकि उसका बाकी जीवन उसके और दूसरों के लिए बोझ न बने।

धनुवा : लोग बता रहे थे कि कल मेरी बिदाई के समय साहब मुझे कोई उपहार देंगे। देखें नसीब में क्या है।

बहू 2 : ये मालिक लोग तो अपने मरे कुत्ते के गले में सोने का नेकलेस पहना देते हैं पिता जी। आपने तो जीवन भर उनकी सेवा की है। आपको मालिक खाली हाथ थोड़े ही विदा करेंगे।

दृश्य परिवर्तन

धनुवा अपने कमरे में अकेला अपनी ही आवाज़ को सुनता रहा।

धनुवा : कितनी बड़ी तन्हाई! कितना अकेलेपन का एहसास होने लगा। मैंने जीवन के बहुत बड़े भाग को अजनबियों के साथ गुजार दिया। तुम अपने पेट के लिए दूसरों का मुंह नहीं ताक सकते। अजनबियों के साथ दोस्त बने रहने के लिए तुम्हारे पास एक ही चारा है धनुवा। वह है कोई नई नौकरी। तुम ही तो कहते रहे हो कि काम प्यारा होता है चाम नहीं। सम्भव है कि मालिक की ओर से एक अच्छी रकम मिल जाए जिससे कोई धंधा शुरू किया जा सके।

दरवाजा खुलता है।

उसकी बड़ी बहू और बेटा सामने आ जाते हैं।

छोटी बहू पहले से वहां होती है। बड़ा बेटा चारपाई पर बैठते हुए।

बेटा : पापा तुम अभी तक जाग रहे हो?

बहू 2 : नींद नहीं आ रही क्या?

धनुवा : इस उम्र में क्या नींद।

बहू 1 : *(ससुर से)* पिताजी इतने उदास मत होइए। लोग कह तो रहे हैं कि हमारे मालिक रहमदिल आदमी हैं। वे आपको खाली हाथ नहीं निकालेंगे।

बहू 2 : हां। मेरी सहेली तो कह रही थी कि ठीक सरकार में नौकरी करने वालों की तरह आपको भी हज़ारों रुपये मिलेंगे। पिताजी हमारे घर में रंगीन टी.वी. अब तो आ ही जानी चाहिए।

(नाती मां के पल्लू को बार-बार खींचता है)

बहू 1 : *(दो तीन बार झटके देकर आखिर में उबल पड़ती है)* क्या है?

नाती : मेरे लिए बाइसिकल!

बहू 2 : चुप।

बेटा : हमें सबसे पहले अपने घर में दो कमरे जोड़ने होंगे।

बहू 1 : कमरे तो बाद में जुड़ते रहेंगे। सब से पहले इस घर में रंगीन टी.वी. आ ही जानी चाहिए। पिता जी आप भी तो कहा करते हैं कि बिन रंगों के रामायण सीरियल फीका लगता है।

नाती : (मां के पल्लू को फिर से खींचता है) बाइसिकल! लाल रंग की।

बहू 1 : तू चुप भी रहेगा या...

बेटा : पहले घर में दो कमरे जोड़े जाएंगे। समझे।

बहू 2 : अभी से ही हवा में महल क्यों खड़ा करने लगे। पहले हाथ में कुछ आ तो जाने दो। इस घर में सभी लोग रंगीन टी.वी. के सपने देख

रहे हैं। कोई यह नहीं कह रहा कि मेरा पति महीनों से एक मोटर साइकिल न खरीद पाकर नौकरी पैदल जाता रहा है।

(वार्तालाप के दौरान रोशनी बदलती रहती है)

बेटा : पापा तुम अपनी बड़ी बहू की बातों का बुरा मत मानना।

धनुवा : बुरा क्यों मानूं?

बेटा : मुझे भी एक दोस्त ने बताया कि उसके मालिक के मैनेजर रिटायर हुए थे तब उसके लिए भी मालिक ने अपने घर पार्टी दी थी। उसको विदा करते हुए उन्होंने उसके हाथ में एक लिफाफा रख दिया था। जानते हो उस लिफाफे में क्या था?

धनुवा : सुना था उसमें एक चैक था।

बेटा : जानते हो कितने का?

धनुवा : नहीं

बेटा : पचहत्तर हजार रुपये का। बीस साल की नौकरी के बदले उसका उपहार था वह। पापा तुम तो 30 साल से ज्यादा साहब की नौकरी में रहे हो।

धनुवा : कहां राजा भोज कहां गंगू तेली। बेटा उस मालिक का वह कामगर तो मैनेजर था। वह साहब का रिश्तेदार भी था। मैं ठहरा एक अदना सा माली।

बेटा : पर नहीं पापा। तुम्हारा उपहार भी बड़ा होगा। पापा तुम अपना उपहार मेरे हाथ में देना। दर्शन भैया का क्या विश्वास? कब घोड़ों के पीछे गंवा दे।

धनुवा : मुझे तो बेटा बस दो जून रोटी चाहिए। उपहार तुम दोनों आपस में बांट लेना।

दृश्य-6

सुबह। धनुवा अपने घर से बाहर निकलता है।

धनुवा : छोटी बहू! मेरी खाने की टोकरी ला देना ज़रा।

बहू 2 : आप नौकरी पर जा रहे हैं पिता जी?

धनुवा : सूरज बादलों में छिपा रहा और मुझे वक्त का खयाल ही नहीं रहा।

बहू 2 : पर पिता जी आपकी नौकरी का तो कल आखिरी दिन था।

धनुवा : मेरे पौधों की सिंचाई कौन करेगा। कल मैंने बहुत सारे नए पौधे रोपे हैं। वे धूप में सूख जाएंगे।

(बड़ी बहू का प्रवेश)

बहू 1 : शाम को मालिक के घर जाना है आपको। ठाठ के साथ आपकी विदाई होगी। आप अभी से कहाँ के लिए निकल रहे हैं।

धनुवा : लेकिन रजनी तो फुलवारी में गई होगी। कौन उसे फूल देगा? बड़ी बहू रात में मुझे नींद नहीं आई, तनिक भी नहीं... फिर भी लगा कि तुम दोनों की सास मेरी बगल में थी।

बहू 2 : सपना देखा होगा आपने।

धनुवा : बिन आँख मूंदे! ठीक कहा तुमने। अब तो दिन दहाड़े सपने देखने के दिन ही आने वाले हैं।

दृश्य-7

फुलवारी का दृश्य...

दोनों बहुएं घर के भीतर चली जाती हैं। धनुवा अपने आप से बात करता है।

धनुवा : अपनी मृत्यु से एक दिन पहले बच्चों की मां मुझसे बोली थी कि मैं नौकरी छोड़ दूं। उसकी मृत्यु का वही तो एक दिन था जब मैं नौकरी पर नहीं जा पाया था। पैंतीस साल में एक ही दिन की गैर हाजिरी। मैं अपनी पत्नी के ग़म को बाग के फूलों के बीच खाद की तरह बिखेरता रहा था। उन फूलों के बीच मुझे अपनी पत्नी की मुस्कान झलकती दिखाई पड़ती थी। अब उस मुस्कान को कहां देख पाऊंगा।

रजनी का प्रवेश।

रजनी : चाचा! मैं आपको फुलवारी में ढूंढ़ती रही।

धनुवा : तुम्हें तो मालूम है रजनी कि वहां की मेरी नौकरी का कल आखिरी दिन था। मैंने तुम्हें आखिरी फूल दिया था। तुम्हारी मां कैसी है रजनी?

रजनी : ठीक है। मां बता रही थी कि आज शाम को मालिक के घर पर आपको तोहफा दिया जाएगा।

धनुवा : पैंतीस साल तक मैं मालिक के यहां काम करता रहा। न जाने कितनी पार्टियां वहां होती रहीं। कभी दावत नहीं मिली। अब जब नौकरी नहीं तो पहली बार दावत मिली है।

रजनी : चाचा मेरी मां को भी एक दिन मालिक नौकरी से हटा देंगे?

धनुवा : तुम्हारी मां को मेरी उम्र की होने में अभी दस साल बाकी है।

दृश्य-8

शाम का वक्त।

मालिक का आलिशान घर। सजावट। विस्तृत बरामदा मेहमानों से भरा। मालिक ने मेहमानों को सम्बोधित किया। लोग बारी-बारी से मालिक को बधाई और तोहफे देते हैं। सभी मेहमान तालियां बजाकर बधाई देते हैं। अपने बेटे का इशारा पाकर धनुवा भी आगे बढ़ कर मालिक को बधाई देता है।

मालिक : आज मेरे जन्मदिन के इस अवसर पर मेरी बगल में हमारा माली धनुवा भी मौजूद है। मेरे जन्मदिन की इस खुशी में एक और खुशी जुड़ गई है। मैं आज चालीस साल का हो रहा हूं और धनुवा आज अपना साठवां साल पूरा कर रहा है।

मालिक : इस खुशी के साथ एक दुखद घड़ी जुड़ गई है। आज धनुवा नौकरी से अवकाश पा रहा है। हमारा यह माली मेरे बाप के जमाने से हमारी सेवा में रहा है। धनुवा जैसा मेहनती और फर्मबरदार माली मिलना मुश्किल है। कभी भी शिकायत का अवसर नहीं दिया।

धनुवा : साहब! मैं तो बस अपना फर्ज निभाता था।

मालिक : इतने वफादार कामगर को इस विदाई के मौके पर हम तहे दिल से उसका शुक्रिया अदा करते हैं। धनुवा ने पैंतीस साल हमारी सेवा की। फुलवारी को सजाया चमकाया। बाग को रंगबिरंगा बनाया। सुगंधित किया। फूलों के इस जादूगर को हम और क्या दे सकते हैं।

धनुवा हाथ जोड़ लेता है।

मालिक की पत्नी का एक गुलदस्ते के साथ सामने आना।

मालकिन : तुम्हारी कमी हमें बहुत खलेगी। तुम्हारे जाने से हमारी फुलवारी का पता नहीं क्या होगा।

मालिक : इस समय मुझे एक घटना याद आ रही है। एक बार बाग में काम करते हुए धनुवा के पांव में चोट आ गई थी। मैंने उसके पास कुछ रुपये भिजवाए थे पर उसने यह कह कर रुपयों को लौटा दिया था कि वह अपने पसीने की कमाई के अलावा किसी तरह की दया और दान मंजर नहीं कर सकता।

लोग तालियां बजाते हैं।

मालिक : यह घटना इस आदमी के स्वाभिमान को झलकाता है। यही वजह है कि हम धनुवा की मान-रक्षा के लिए उसे उसके पसीने से सींचे हुए फूलों का एक गुलदस्ता भेंट कर रहे हैं।

लोगों के बीच तालियों की गड़गड़ाहट शुरू होती है।

उसी के बीच मालकिन गुलदस्ते के साथ धनुवा तक पहुंचती है और गुलदस्ता धनुवा के हाथ में थमा देती है।

मालकिन : धन्यवाद धनुवा! तुम हमसे दूर जाकर भी दूर नहीं जाओगे। वैसे भी हमारे बाग के चप्पे-चप्पे पर तुम्हारी यादें रहेगी। हर फूल हर फल में तुम्हारी यादगार बनी रहेगी।

धनुवा : मालकिन...

गान......

दृश्य-9

दृश्य परिवर्तन

रजनी : चाचा! आखिर आपके घर के लोग आपको छोड़ पहले ही घर क्यों चले गए?

धनुवा : इसकी वजह जानने के लिए अभी तुम बहुत छोटी हो रजनी।

धनुवा रजनी का हाथ थामे चलता हुआ एकाएक रुक जाता है। अपने हाथ के आँचिरियोम के गुलदस्ते उसे थमा कर कहता है–

धनुवा : रजनी, याद है मैंने एक बार तुम्हें आंचिरियोम थमाते हुए कहा था कि आंचिरियोम एक ऐसा फूल है जो अपने पौधे से कटकर भी लंबे समय तक नहीं मुर्झाता, खिला ही रहता है।

●●●

2

इज़्ज़त के साथ

पात्र: अमर, साधना, फ़ज़ीला, रामरतन,
बेटा रोहित, बेटी अमीता, सईद, शीला

दृश्य-1

दृश्य : कमरा

साधना की तस्वीर के सामने अमर। तस्वीर से बातें करते हुए।

अमर : साधना! आज एक साल हो रहा है तुमसे बिछड़े। तुम जब बार-बार यह कहती रहती थी कि–"अमर मेरा यह रोग बहुत अधिक दिनों तक मुझे सता नहीं पाएगा" मैं यही समझता रहा था कि अब तुम अपनी हालत को सुधरते पा रही हो। अपने दर्द के बावजूद तुम्हारे मुस्कराते रहने से मैं कभी यह खयाल मन में ला नहीं सका कि तुम अचानक मुझे और दोनों बच्चों को छोड़ भगवान की प्यारी हो जाओगी।

(अमीता के पीछे रोहित का भीतर आना।)

अमीता : पा! भैया मुझसे यह किताब छीन रहा है।

अमर : रोहित!

रोहित : पापा यह मेरी स्कूल की किताब है।

अमीता : मैं तस्वीरें देख रही हूँ न! देखकर लौटा दूँगी।

रोहित : किताब की जिल्द फाड़ चुकी हो।

अमर : अमीता मेरी लाडली भैया को उसकी किताब लौटा दो। कल मैं इससे भी अधिक खूबसूरत तस्वीरों वाली पुस्तक तुम्हारे लिए ला दूंगा।

अमीता : ले अपनी पुरानी किताब। कल मेरी भी किताब आ जाएगी तो तुम्हें छूने नहीं दूंगी। पा! आप मां से बात कर रहे थे?

(रोहित उससे किताब लेकर बाहर चला जाता है)

अमर : हां तुम दोनों की शरारतों के बारे में उसे बता रहा था।

अमीता : नहीं पापा। मां तो खुदा के पास जा चुकी है। वह जब मेरी बातें नहीं सुन पाती है तो आपकी बातें कैसे सुन पाएगी? आप तो रो रहे हैं पा।

(अमर अपनी बच्ची को बांह में कस लेता है)

(नाक से सूंघते हुए)

अमीता : पा। दूध जल रहा है।

अमर : मैं तो भूल ही गया था कि ओवन पर दूध उबलने को छोड़ आया हूं। बुआ अभी तक नहीं आई।

वह रसोई की ओर झपट पड़ता है।

फ़ज़ीला का प्रवेश। दोनों बच्चे फ़ज़ीला को दो तरफ़ से पकड़ लेते हैं।

फ़ज़ीला : मुझे आने में देर हो गई। जूमन की तबीयत ठीक नहीं है।

दृश्य-2

दृश्य: दफ्तर।

अमर अपने दफ्तर में फाइल देख रहा है। फोन का बज उठना। उठाना।

अमर : हैलो। जूमन हां यार कैसे हो?... बस चला रहे हैं और क्या?... हां कानों-कान मुझे भी सुनने को मिला है कि उस फहरिश्त में मेरा और तेरा भी नाम है। ...ठीक है... ऐसा करते हैं कि शाम को मिलते हैं।... तुम ही आ जाओ।... तुम भी अभी इस जिक्र को किसी से मत करना।... तो फिर शाम को मेरे घर... ओके.... बाई। *(दरवाजे पर खटखटाहट) (फोन रखकर)* ... कम-इन। *(शीला का फाइल के साथ भीतर आ जाना)*

शीला : *(फाइल को अमर के सामने रखकर)* आपसे दो व्यक्ति मिलना चाहते हैं।

अमर : इस वक्त? क्या नाम बताए उन्होंने?

शीला : मिस्टर विकास रामरतन और उनके साथ दूसरा व्यक्ति है।

अमर : मुझे ये दोनों फाइले मंत्री के पास भेजना है। खैर। तुम भेजो उन दोनों को।

(शीला बाहर जाती है और दोनों व्यक्ति भीतर आ जाते हैं।)

(खड़े होकर) हैलो मिस्टर विकास रामरतन आइए आइए। बहुत दिनों बाद...।

रामरतन : ये है मिस्टर सईद वाहेब।

अमर : आइए। बैठिए।

(खुद बैठकर) बताइए आप दोनों जनाबों का कैसे आना हुआ।

सईद : हम दोनों हाई क्वाटर की मांग पर आपको एक सूचना देने आए हैं।

अमर : चाय मंगवाऊं?

सईद : नो थैंक यू।

रामरतन : आपको तो मालूम ही होगा कि जब-जब सरकार बदलती है तो बहुत सारे कानून कायदे भी बदलते हैं।

अमर : 25 साल से इस संस्था का निदेशक रहा हूं, बहुत कुछ देखने को मिला है।

सईद : कानून कायदों के साथ-साथ...।

अमर : चेहरे भी बदलते हैं।

रामरतन : फिर तो आपको हमारे यहां आने का मकसद मालूम हो गया होगा।

अमर : मालूम तो नहीं पर आजकल जो हवा बह रही है उससे अंदाजा तो लगाया ही जा सकता है।

सईद : फिर तो आप जैसे समझदार को आगे समझाने की कोई जरूरत नहीं। कहते हैं न कि समझदारों को तो इशारा ही काफी होता है।

अमर : कहने को तो बहुत कुछ कहा जाता है पर उतना ही किया भी जाता तो दुनिया का नक्शा आज कुछ और ही होता।

दृश्य-3

दृश्य: अमर का कमरा।

समय: रात।

वह साधना की तस्वीर के सामने खड़ा तस्वीर से बात कर रहा है।

अमर : साधना। तुमने जो कहा था उसे न मानकर मैंने बहुत बड़ी भूल की। आज जब अपने दोनों बच्चों को देखता हूं तो लगता है कि मेरे होते हुए भी रोहित और अमीता यतीम हैं। अपने काम में इतना अधिक खोया रहता हूं कि बच्चों को सही प्यार नहीं दे पाता। सुरेश को भी लगता है कि अपने काम के पीछे मैं इस तरह व्यस्त रहता हूं कि बच्चों को कहीं घूमाने तक नहीं ले जा पाता। साधना काश! जो तुमने कहा था मैं मान सकता।

फ्लैश बैक

दृश्य: बाग। पेड़ के नीचे बैठे साधना और अमर बातें करते हुए।

साधना : डॉक्टरों ने मेरी सांसों को लम्हों में बांध दिया है। अचानक ही एक दिन वह आखिरी लम्हा सामने आ ही जाएगा और मैं तुमसे और अपने दोनों बच्चों से बहुत दूर चली जाऊंगी। बहुत दूर।

अमर : साधना! डॉक्टरों से बड़ा होता है भगवान। उनकी दया हुई तो तुम्हें कुछ नहीं होगा।

साधना : भगवान की रहमत तो हम पर हमेशा रही है और तुम्हारे और मेरे बच्चों पर हमेशा बनी रहेगी। मगर कैंसर अपने शिकार हुए मरीज पर रहम नहीं करता।

अमर : तुम तो बात-बात पर मेरी हौंसला अफजाई करती रही हो पर खुद अपने हौंसले को क्यों नहीं बनाए रखती?

साधना : क्योंकि मैं अपनी मौत के झिलमिलाते साये को अब अपने इर्द-गिर्द पाने लगी हूं।

अमर : ऐसा मत कहो साधना। तुम्हारे बिना मेरी ज़िन्दगी कोई माने ही नहीं रखेगी।

साधना : आज तुम जिस नए ओहदे पर हो इससे अपनी नौकरी के तहत तुम्हारी ज़िम्मेवारी अधिक बढ़ आई है इसलिए आखिरी सांस लेने से पहले तुमसे एक दरख्वास्त करनी है।

अमर : प्लीज़ साधना तुम आखिरी सांस की बात मत किया करो।

साधना : नौकरी के प्रति अपनी वफादारी के कारण तुम दोनों बच्चों की देखभाल के लिए वक्त नहीं निकाल पाओगे इसीलिए तुमसे एक मांग कर रही हूं। मेरी मौत के बाद मेरे बच्चों के लिए एक अच्छी सी मां ले आना।

अमर : यह कैसी बातें करने लगी?

साधना : मेरे बाद मेरे बच्चों को मां के प्यार से महरूम मत रखना। वायदा करो।

अमर : साधना!

साधना : वचन दो मुझे।

(वापसी : कमरे वाले दृश्य पर)

अमर : साधना मैंने तुम्हारे वायदे को पूरा नहीं किया। मुझे अपनी साधना चाहिए थी और खुदा ने वह दूसरी साधना दुनिया में नहीं भेजी जो मेरी साधना बन पाती।

दृश्य-4

दृश्य: आंगन/बरामदा

अमर के घर का अगला भाग। दोनों बच्चे खेलते हुए। घर के सामने एक कार आकर खड़ी होती है। फ़ज़ीला बुआ कार से उतरती हैं। दोनों बच्चे खेल छोड़कर घर के भीतर जाते हैं। अमर को सूचना देने के लिए दोनों तू-तू मैं-मैं करते हैं।

अमीता : कार मैंने पहले देखी। मैं पापा को बताऊंगी कि फ़ज़ीला बुआ आई हैं।

रोहित : तू नहीं, मैं बताऊंगा।

अमीता : मैं बताऊंगी... पा फ़ज़ीला फूफू आ गई।

अमर : (बरामदे में आकर) तुम दोनों चिल्लाना बन्द करो। फ़ज़ीला बुआ (बच्चों के बीच आकर) बताओ मैं तुम दोनों के लिए क्या लाई हूं?

अमीता : चॉकलेट।

फ़ज़ीला : नहीं।

रोहित : टॉफी।

फ़ज़ीला : (दोनों को दो दोने थमा देती है।) अंगूर।

अमर : चलो, बाहर जाकर खाओ। ठहरो! तुम दोनों बुआ को शुक्रिया बोलो।

दोनों एक साथः शुक्रिया बुआ।

दृश्य-5

घर के भीतर दोनों सोफे पर बैठते हैं।

अमर : जूमन की तबीयत कैसी है?

फ़ज़ीला : अपने सिर पर नौकरी खोने की फिकर का बोझ लिए बैठा है।

अमर : जूमन का अनुमान सही निकला।

फ़ज़ीला : भाई यही तो देखते आ रहे हैं शुरू से। एक सरकार बिठाती है दूसरी आने पर उठा देती है।

अमर : जूमन बता रहा था कि हटाए जाने वालों की काफी लंबी फहरिश्त है?

बुआ : पच्चास से अधिक अफसरों को हटाया जा चुका है।

अमर : इस पहले वाली तो इससे दोगुने लोगों को हटा कर पांच गुने लोगों को ऊंची कुर्सियों पर बिठाया था।

बुआ : जूमन को इस बात का भी पता चल गया है कि उसकी जगह पर कौन आ रहा है और तुम्हारी जगह पर कौन। जूमन की जगह पर मेरे ही गांव का एक व्यक्ति आ रहा है।

अमर : और मेरी जगह पर?

बुआ : सुलेमान नाम का है कोई। जानते हो उसे?

अमर : मैं तो नहीं जानता। वैसे भी इस नाम के तो बेसुमार लोग हैं।

बुआ : रोना तो इस बात है कि वास्तव में जिन गलत लोगों को हटाना चाहिए उन्हें तो तरक्की मिल जाती है।

अमर : और अपने काम ईमानदारी से करने वालों को या तो दूरदराजों में तब्दिली हो जाती है या तो बरखास्त।

(रोती हुई अमिता का भीतर पहुंचना)

क्या हुआ अमीता?

अमीता : भैया ने मेरे अंगूर भी ले लिए।

बुआ : रहने दो बेटी। कल मैं फिर ला दूंगी तुम्हारे लिए। देखा न बच्चों में भी यह तहज़ीब आ गई है। अधिक ताकत वाले हड़प लेते हैं।

दृश्य-6

दृश्य: अमर का दफ्तर। सईद और रामरतन अमर के साथ बातें करते हुए।

रामरतन : हम आपको हुक्म नहीं दे रहे हैं बस आपसे गुज़ारिश कर रहे हैं। और यह अनुरोध भी हमारी ओर से नहीं है। मैंने परसों आपके सामने यह बात कही थी कि हम हाई क्वार्टर की ओर से यह मांग आपसे कर रहे हैं।

अमर : मैं भली-भांति जानता हूं कि यह तकाजा आप की ओर से नहीं हो सकता। आप दोनों तो बस हिज मास्टर्ज वॉयस हैं। अपने आका की बात को मेरे सामने रख रहे हैं। मैं अब भी यही कहूंगा कि न तो मैं आप लोगों की इस मांग को कबूल करूंगा और ना ही आपके आका की।

सईद : आप जो कह रहे हैं उसे समझ भी रहे हैं?

रामरतन : इस इंकारी का अंजाम क्या हो सकता है इसे जानते हैं।

अमर : देखिए, इस संस्थान की जिम्मेवारी मुझे जिसने सौंपी थी वह न तो मेरा भाई है और न मेरा बहनोई। इस पद पर मेरी नियुक्ति मेरी काबिलियत के बल पर हुई है।

रामरतन : आप इतना जान लीजिए कि इस कुर्सी पर आप चिपके नहीं रह सकते।

अमर : मैं इस कुर्सी पर चिपका हुआ नहीं हूं। मैं इसे इसी क्षण छोड़ने को तैयार हूं। लेकिन आप [illegible] व्यक्तियों के कहने पर नहीं।

सईद : यह हम दोनों का आदेश नहीं यह तो....।

अमर : आदेश? आप मुझे आदेश दे रहे हैं?

रामरतन : सईद! तुम्हें बात करनी नहीं आती। मिस्टर अमर आप मेरे साथी की बात का बुरा न मानें।

अमर : (फोन उठाकर) हैलो शीला। तुम ज़रा यहाँ आना।

सईद : आप अपनी सेक्रेटरी को क्यों बुला रहे हैं।

अमर : ताकि आप लोगों को जो कुछ कहना है वह आप मेरी सेक्रेटरी के सामने कहें।

(शीला का प्रवेश)

शीला : यस सर!

सईद रामरतन का इशारा पाकर उसी के साथ खड़ा हो जाता है।

अमर : तुम उस कुरसी पर बैठ जाओ। (शीला के बैठ जाने के बाद) अब आप दोनों पूरे इतमिनान के साथ कहें जो भी कहना है। हां तो मिस्टर सईद आप क्या फरमा रहे थे।

रामरतन : आपको मालूम होकर रहेगा कि आपका वास्ता किस से पड़ा है। चलो सईद।

अमर : एक मिनट। (खड़े होकर) आप अपने आका से यह कह दें कि उसमें दम है तो वह मुझे यह आदेश लिख कर दे और मैं तत्काल अपना इस्तीफा दे दूंगा। और हाँ यह भी सुनते जाओ अगर फिर से मेरे इस दफ्तर में आने की हिम्मत की तो अपनी खैरियत के लिए साथ में पुलिस को लेते आना।

दोनों का क्रोध के साथ निकलना। शीला कुर्सी से उठकर अमर के सामने आ जाती है।

शीला : आखिर ये दोनों आदमी हैं कौन?

अमर : सियासत की शख्सियतों के चमचे हैं और क्या?

दृश्य-7

दृश्य: अमर का घर। बच्चे आंगन में खेलते हुए आ एक कार आकर घर के सामने रुकती है। सईद और रामरतन का कार से उतरना।

सईद : (बच्चों से) तुम्हारे पापा से मिलना है।

रोहित : मैं बुला लाऊं।

अमीता : मैं जाती हूं बुलाने।

रामरतन : नहीं। तुम दोनों खेलो। हम खुद जाकर मिल लेते हैं। कुत्ता तो खुला नहीं है न?

रोहित : हमारे घर कुत्ता नहीं है।

अमीता : हमारे यहां कुत्ता था, अब नहीं है। आप देर तक न रहें। हमें पापा के साथ समंदर जाना है।

(दोनों व्यक्ति आगे बढ़कर दरवाजा खटखटाते हैं। अमर दरवाजा खोलता है।)

अमर : फिर आप दोनों? मेरे घर तक?

रामरतन : आपके फायदे की चन्द बातें करनी है।

अमर : अपने फायदे की बात मुझे आती है।

रामरतन : हम आपका ज्यादा वक्त नहीं लेंगे।

अमर : मेरी तहज़ीब मुझे आपको उलटे पाँव लौटाने से रोक रही है। खैर। आइए।

(दोनों बैठ जाते हैं। उसके बाद अमर भी बैठता है।)

सईद : आपका घर तो बड़ा शानदार है।

अमर : आप लोग फिर वही बात करने आए हैं क्या?

रामरतन : वही बात पर कुछ नएपन के साथ। हमने आंगन में आपके दोनों बच्चों को खेलते पाया। छोटे बच्चों के आँसू बड़ों के आंसू से कहीं अधिक कीमती होते हैं।

अमर : मैं समझा नहीं।

सईद : आपने बातें तब भी नहीं समझी थी।

अमर : तब का मतलब।

रामरतन : जब पूरे देश के लोगों को समझाने की कोशिश की जा रही थी। आप यही सोचते रह गए थे कि मान्येक्टर यूनाइटिड की जीत होती है तो हर बार वही जीतता रहेगा।

अमर : मुझे फुटबॉल की जानकारी बहुत कम है।

सईद : और राजनीति की?

अमर : वहीं तक जहां तक वह जायज लगे। जब जीत करवट बदल कर हार बन जाती है तो....

रामरतन : संघर्ष के ज़ारी रहने में ही लड़ाई की सार्थकता होती है जीत में नहीं।

सईद : शायद इसलिए आपको नतीजे की परवाह नहीं।

अमर : मैं एक सवाल करूं?

सईद : हमारा देश एक डीमोक्रेसी है।

अमर : आप क्या खरीदने आये हैं–हां या नहीं?

रामरतन : इस तरह के सवाल का जवाब तो दो ही आदमी दे सकते हैं। डॉक्टर और जल्लाद। डॉक्टर कहेगा नहीं आपको कुछ नहीं होगा। और जल्लाद बोलेगा–हां भाई अब तो आपकी जान जाकर ही रहेगी।

अमर : मेरा उत्तर आज भी वही है। नहीं और नहीं।

रामरतन : दी चोइस इज योर्ज़। लेकिन एक बात जान लो अपने ओहदे से आप इज़्ज़त के साथ हट सकते हैं या तो बेइज़्ज़ती के साथ आपको हटाया जा सकता है। अब आप ही बताइए। आप इज़्ज़त के साथ जाना चाहते हैं या बेइज़्ज़त होकर?

अमर : आप मेरे घर आकर मुझे ब्लैकमेल करना चाह रहे हैं?

रामरतन : नहीं। हम आपको धमका नहीं रहे हैं। ऐंठ भी नहीं रहे हैं। आपको ओपश्न दे रहे हैं। चुनने का मौका। हमने आपसे कहा था कि हम आपका ज़्यादा वक्त नहीं लेंगे। आपको सोचने का अवसर दे रहे हैं। कल शाम को फिर आ जाएंगे।

सईद : ओके, कल फिर मिलेंगे।

(दोनों व्यक्ति खड़े हो जाते हैं। प्रस्थान)

दृश्य-8

दृश्य: वह कमरा। फ़ज़ीला बुआ का प्रवेश।

अमीता : बुआ! भैया को डांटो।

फ़ज़ीला : क्यों क्या किया उसने?

अमीता : मुझे अमीता दालपीठा कह कर चिढ़ाता है।

फ़ज़ीला : क्यों रोहित तू अमीता को क्यों चिढ़ाता है।

अमीता : इसे बोलो कान पकड़कर...।

फ़ज़ीला : कान पकड़कर उठो बैठो। स्कूल की छुट्टियां क्या होती तुम लोगों का तो जलसा हो जाता है।

(रोहित कान पकड़ कर उठता बैठता है। तीनों खुलकर हंस पड़ते हैं। अमर भी उनके बीच आ जाता है।)

अमर : क्या हाल है जूमन का?

फ़ज़ीला : वही नौकरी से हाथ धो बैठने का सिर दर्द और क्या!

अमर : बस अपनी भी तो वही हालत है। वे दोनों दरिंदे आज फिर आने वाले हैं।

(दोनों बच्चे बाहर को दौड़ जाते हैं।)

फ़ज़ीला : तुमने क्या तय किया?

अमर : मैं जूमन की तरह अपना इस्तीफा खुद न देने का सोच रहा हूं।

फ़ज़ीला : मैंने तो तुम्हारे जीजा से कहा कि साल भर ही तो बाकी रह गया है साठ के होने में। खुशी-खुशी अपने को खुद हटाले उस नौकरी से। बेइज़्ज़त होकर निकाले जाने से तो यही बेहतर होगा।

अमर : मैं भी अजीब उधेड़बुन में पड़ा हुआ हूं। क्या करूं क्या न करूं! समझ में नहीं आ रहा है।

फ़ज़ीला : अमीता! आ चल मैं तुम्हें नहला तो दूं।

अमर : वे दोनों दलाल आए तो कह देना मैं घर पर नहीं हूं।

दृश्य-9

दृश्यः दफ्तर। अमर टेलीफोन पर बातें कर रहा है कि तभी उसकी सेक्रेटरी को ढकेल कर सईद और रामरतन भीतर आ जाते हैं।

अमर : *(फोन को रखते हुए)* यह क्या बदतमीजी है? दफ्तर है यह दुकान नहीं। शीला! यह क्या तमाशा है?

शीला : सर ये लोग मुझे धक्के देकर भीतर आ गए।

रामरतन : कल हमें चकमा देकर नौ दो ग्यारह हो गए। तुम जानते हो किस के साथ वास्ता पड़ा है?

(अमर फोन उठाता है और सईद उसके हाथ से फोन छिनकर मेज़ पर रख देता है। अमर खड़ा हो जाता है।)

अमर : गेट आउट फ्रॉम माई ऑफिस?

रामरतन : यू राजर सीट डाऊन। *(शीला से)* तुम लौट जाओ अपनी जगह को। एंड डोंट ट्राई टू प्ले एनी ने... गेम। शरीफों की तरह पेश आना है। समझे?

(शीला का निकलना)

(सईद से) वह चिट्ठी इसके सामने।

अमर : यह क्या है?

रामरतन : तुम्हारे इस्तीफे की चिट्ठी। इज़्ज़त के साथ जाने के लिए इस पर दस्तखत करो।

अमर : नो क्वेशन। मैं किसी भी हालत में इस पर दस्तखत नहीं करूंगा।

रामरतन : दस्तखत करो और इज़्ज़त के साथ इस कुर्सी को छोड़ो। वरना बेइज़्ज़त होकर निकाले जाओगे। *(उसे कलम थमाना चाहता है।)*

(अमर खत को उठाता है। कलम लेने से इंकार करके चिट्ठी को टुकड़े-टुकड़े करके उड़ा देता है।)

अमर : आई एम नोट साइनिंग मै डैथ सर्टिफिकेट! जाओ अपने आका से कहो कि वह मुझे अपनी ताकत का इस्तेमाल करके यहां से हटाएं।

●●●

3

परिवर्तन

पात्रः सुरेखा-बलराम, रीतेश-निरूपा, स्वाती-विनेश, साथी-संगीता

दृश्य-1

शाम का वक्त।

दृश्यः पेड़ के नीचे। रीतेश अपने दो साथियों के साथ बीयर पीता हुआ।

प.साथी : (सिगरेट के कश के बाद) तुम किस्मत वाले हो यार।

रीतेश : इसलिए कि इस महीने मैं जुए में दो बार जीत पाया?

पहला : हां इसलिए भी लेकिन मैं तो लड़कियों के बारे में बोल रहा हूँ। लड़कियाँ इतनी आसानी से कैसे फंसा लेते हो।

रीतेश : ऊपर वाले ने चेहरा ही ऐसा दिया है।

दू. साथी : चेहरे तो हमारे भी इतने बुरे नहीं।

प. साथी : फारमूला हमें भी तो बता दो। तरीका क्या है?

दू. साथी : भाई यह रहमत भगवान हमारे साथ क्यों नहीं करता।

रीतेश : पहले लड़कियों से डायलॉग मारने का साहस तो करो।

दू. साथी : यह नई चिड़िया जिसे तुमने फंसाया है कमाल की चीज़ है यार। पर जरा संभलकर रहना। विनेश की बहन है।

रीतेश : क्या बिगाड़ लेगा?

प. साथी : काफी तगड़ा है।

दू. साथी : कराटे सीखा हुआ है।

रीतेश : मुझे इतना कमजोर मत समझो। मेरे हाथों में मेहंदी नहीं है।

दू. साथी : अरे वैसे भी हम भी तो तेरे साथ हैं।

(तीनों हाथों से हाथ मिलाते हैं।)

दृश्य-2

समयः रात।

दृश्यः रीतेश का घर। उसके मां-बाप बातें करते हुए।

बलराम : तुम्हारे लाड़-प्यार का नतीजा है यह। मैं जब भी कुछ बोलता तुम बीच में टपक पड़ती हो। सिर चढ़ा रखा है उसे। पांच बच्चों के मां-बाप हैं हम। हमारी लड़कियों में से किसी ने हमें इतना परेशान नहीं किया।

सुरेखा : अभी बच्चा है। वक्त के साथ बदल कर रहेगा।

बलराम : बाइस वर्ष के लड़के को दूध पीता बच्चा मानती हो?

सुरेखा : यह उसके घूमने-खेलने की उम्र है।

बलराम : हमारी अपनी चारों बेटियों को तो इतनी छूट हमने कभी नहीं दी।

सुरेखा : लड़की और लड़के में भेद तो होना चाहिए।

बलराम : किस जमाने की बात करने लगी। क्या हमने अपनी बेटियां को घर में बांध कर रखा है क्या। उन्हें भी आजादी थी पर उन्होंने अपनी आजादी का नाजायज फायदा कभी नहीं उठाया। तुम्हारा दुलारा लड़का अभी तक घर नहीं लौटा। और जब लौटेगा तो चिल्लाते हुए। तकाज़ा करते, दुनिया को सिर पर उठाए हुए...

(रीतेश घर में प्रवेश करते ही)

रीतेश : क्या पका है इस घर में? आज भी रूररूर पानी जैसी दाल या कि चौराई की भूंजरी।

बलराम : कमाई के पैसे से लाये हो न गोस्त, मछली।

सुरेखा : आप चुप रहिए वरना गाली-गलौज पर उतर आएगा।

रीतेश : स्वाती! स्वाती!! ए कहाँ मर गई।

सुरेखा : ए खबरदार मेरी अपनी बहन के लिए अपने मनहूस मुंह से... निकाले तो...!

रीतेश : निरूपा! एई निरूपा? मुझे खाना नहीं मिलेगा क्या?

सुरेखा : वे दोनों पढ़ रही हैं। तू मझसे खाना मांग।

रीतेश : तुम... तुम तो मुझे शराबी, जुआड़ी, कहती हो, तुम्हारे हाथ का पड़ोसा खाना मुझे नहीं चाहिए। स्वाती! निरूपा!!

स्वाती का थाली के साथ प्रवेश

स्वाति : *(मेज पर खाना रखने के बाद)* आज फिर शराब पी कर आये हो?

रीतेश : कुत्ते को खाना दे रही हो क्या? अपने एकेला भाई से दो मीठी बातें तक नहीं कर सकती। उठा ले जाओ अपनी थाली। नहीं खाना है मुझे।

वह अपने कमरे को बढ़ जाता है।

सुरेखा : न काम न धाम दिन रात बाहर रहकर जुआ खेलना और शराब पीना। आखिर कब तक चलेगा यह सिलसिला? स्वाति थाली यहीं छोड़ जा नशा टूटने पर अपने आप खाने बैठ जाएगा। तू जा अपनी पढ़ाई कर।

स्वाति खाने को ढांप देती है।

दृश्य-3

समयः सुबह।

दृश्यः गाय का तबेला। मां दूध दुहती हुई। स्वाति बोतलों में दूध भरती है। निरूपा ग्राहकों से पैसे लेकर टोकरी में रखती जाती है।

ग्राहक 1 : कल का पैसा नहीं दिया। इसी में से कल और आज का दोनों ले लो।

ग्राहक 2 : निरूपा! गुरुवार को हमारे यहां पूजा है। प्रसाद के लिए दूध चाहिए।

निरूपा : कितना चाचा?

ग्राहक 2 : अलग से पांच लीटर। मिलेगा न?

(भीतर से सुरेखा की आवाज आती है।)

सुरेखा : मिल जाएगा भैया।

(दोनों ग्रहकों को दूध के साथ चला जाना। रीतेश का प्रवेश।

रीतेश : मुझे दस रुपये दे दो।

सुरेखा : मत देना नीरू।

(रीतेश निरूपा के हाथ से टोकरी छिनता है। पैसे नीचे पसर जाते हैं। रीतेश एक नोट उठाकर जाने को होता है कि बलराम सामने खड़ा हो जाता है।)

बलराम : लौटाओ यह पैसा।

रीतेश : मुझे सिगरेट खरीदने हैं।

बलराम : सुबह-सुबह लोग घर में अगरबत्ती जलाते हैं और तुम पूरे घर में सिगरेट का बदबू भरा धुआं फैला जाते हो।

(रीतेश पैसे के साथ चला जाता है।)

दृश्य-4

समयः रात।

बलराम चारपाई पर लेटा हुआ। सुरेखा कोने में बैठी रामायण पाठ करती हुई। स्वाती अपने बाप के पांव दबाती हुई।

सुरेख द्वारा रामायण पाठ : एक मिनट

बलराम : विदूला और श्यामा को हम लोग पढ़ा नहीं पाये इसका पछतावा बना हुआ है।

सुरेखा रामायण को माथे से लगाकर उसे उसकी जगह पर रखना।

स्वाती : उस समय हमारे घर की दशा बहुत खराब रही होगी। इसलिए आप हमारी बड़ी बहनों को स्कूल के बाद कॉलेज नहीं भेज पाए। पर हमें तो आप पढ़ा रहे हैं।

सुरेखा : पढ़ाने की कोशिश तो हमने रीतेश के साथ भी की। कॉलेज के फार्म तीन के बाद तो उसने पढ़ाई बंद कर दी। गलत लोगों के बीच रहकर उसने हमारी एक भी नहीं मानी।

बलराम : आगे न पढ़ पाने के कारण आज वह कोई अच्छी नौकरी न पा सका। यही कारण है कि हताश होकर वह गलत लोगों के साथ जा मिला।

स्वाती : हां पा ऐसा ही हुआ है। इधर-उधर नौकरी कर के जो पैसा पाता है उसे गलत तरीके से खर्च कर देता है। मैं और निरूपा उसे समझाते रहते हैं। हां-हां बोलकर भी वह उस लत को छोड़ नहीं पाता। पर मैं जानती हूं मां कि उसकी इस बुरी लत को एक व्यक्ति छुड़ा कर ही रहेगा।

सुरेखा : कौन है वह व्यक्ति?

स्वाती : वक्त आने दो तुम जानकार रहोगी कि वह कौन है।

सुरेखा : उसे उसकी इस जुए और शराब की आदत से रिहा करने के लिए मैंने क्या कुछ नहीं किया पर बेकार। शादी की मांग लेकर लोग आ जाते हैं पर उसकी कहानी से वाकिफ होते ही लोग मुकर जाते हैं।

निरूपा दूध लिए आ जाती है।

निरूपा : पापा आप ज़रा सा बैठकर दूध पी लीजिए।

बलराम : तुम दोनों को देखता हूं तो लगता है कि तुम दोनों मेरे पिछले जीवन के कुछ अच्छे कामों के फल हो। तुम्हारी दोनों बहने भी मुझे और तुम्हारी मां को ऐसा ही एहसास देती रही। पर न जाने उग्रसेन के वंश में कंस कैसे पैदा हो गया।

सुरेखा : पिछले जीवन के बुरे कामों की भी तो सज़ा झेलनी पड़ती है। चार लड़कियों के बाद एक लड़का पाने के लिए हमने क्या कुछ नहीं किया। पूजा पाठ मंतर जंतर हर तरह का सहारा लिया। और जब हमारी पांचवीं संतान के रूप में लड़का जनमा तो लगा था कि लॉटरी का पहला इनाम हमें मिल गया और आज...

दूध के गिलास को बलराम से लेकर उसे रसोई में छोड़ निरूपा तेल लिए आती है।

निरूपा : मां! आ जाओ इधर बैठो मैं तुम्हारे सिर मल दूं।

सुरेखा : अरे नहीं बेटी। तुम दोनों की परीक्षाएँ सर पर हैं। चलो चलकर अपनी पढ़ाई करो।

निरूपा : सूरज डूबने के पहले से तुम सिर दर्द की बात कर रही हो आ जाओ।

वह अपनी मां के सिर में तेल मलने लगती है। स्वाती अपनी मां की आंखों में आंसू देखकर

स्वाती : मां तुम रो रही हो?

सुरेखा : नहीं तो।

निरूपा : *(झुककर देखने के बाद)* तुम्हारी आंखों में आंसू बह रहे हैं मां।

सुरेखा : ये बेटे की करतूत के आंसू नहीं हैं नीरू। यह तो खुशी के आंसू हैं। तुम्हारी और निरूपा की सेवा से निहाल हो जाने की खुशी है यह।

दृश्य-5

समय: शाम।

दृश्य: गांव का रास्ता। रीतेश मित्रों से मिलने जा रहा है। चौराहे पर वह संगीता के सामने आ जाता है।

संगीता : रीतेश!

रीतेश : *(मुड़कर देखता है)* संगीता तुम!

संगीता : क्यों तुमने भूत देख लिया क्या?

रीतेश : पर तुम इस चौराहे पर कैसे आ गई। तुम तो यहां से काफी दूर रहती हो।

संगीता : लोग तो दुनिया की इस छोर से उस छोर तक पहुंच जाते हैं। तो फिर मुझे इतने छोटे फासले पर पाकर तुम इतने आश्चर्यचकित क्यों हो?

रीतेश : मैंने तो सपने मे भी नहीं सोचा था कि मैं और तुम फिर से कभी आमने-सामने होंगे।

मंगीता : तुमने ऐसा क्यों सोचा था?

रीतेश : यह तो तुम्हारे बाप ने ही कहा था कि कहां जमीन और कहां आसमान।

संगीता : यह क्यों भूल रहे हो कि जमीन पर रहने वाले आज आसमान तक ही नहीं बल्कि चांद तारों तक पहुंच गए हैं। कल तक तो हम चाँद तारों की कहानियां ही सुना करते थे आज तो...

रीतेश : संगीता तुम आसमान की बात कर रही हो और मैं जमीन पर के इंसान की बात कर रहा हूं।

संगीता : आसमान को पार कर चांद पर पहुंचने वाले भी तो जमीन के इंसान ही हैं।

रीतेश : इन सभी तर्कों का अर्थ क्या है?

संगीता : बस इतना ही कि जब जमीन आसमान को छू सकती है तो इंसान कब तक इंसान के बीच दरार पैदा किए रहेगा?

रीतेश : तुम तो मुझसे तब भी ज्ञान और विज्ञान की बातें करती रही थी और मैं आदमी के बीच के अंतर और समांतर की बातें करता रहा था।

संगीता : क्या तुम जुए पर दांव लगा कर रंक से राजा बनने के सपने अभी भी देख रहे हो या कि कष्टों को झेलकर शर्तों को जीत सकते हो?

रीतेश : मैं और तुम जब बचपन में बातें करते थे तो तुम मेरी बातों को नहीं समझ पाती थी आज मैं तुम्हारी बातों को नहीं समझ पा रहा हूं।

संगीता : इसलिए कि तुमने कभी समझने की कोशिश ही नहीं की। तुम चुन लो रीतेश मुझे या शराब और ज़ुआ!

रीतेश : जब बचपन में हम एक झूले पर झूलते थे तो तुम्हारे परिवार ने तुम्हें मुझसे छीन कर चांदी के झूले पर झुलाया था और मैं फांसी के झूले पर झूलते-झूलते बचा था। क्योंकि सच्चाई के पक्ष में तेरी गवाही मेरे पक्ष में थी।

दृश्य-6

दृश्यः कॉलेज।

कॉलेज का प्रांगन। संगीता और स्वाती बातें करते हुए–

स्वाती : संगीता! तुम मेरे भाई को बुराइयों को जानती हो फिर भी उसे आज भी प्यार करती हो।

संगीता : मैं जानती हूं उसकी बेबसी को और मुझे पूरा विश्वास है कि वह अपनी बुरी आदतों से मुक्त होकर रहेगा।

स्वाती : इतना बड़ा विश्वास? मैं तो उसकी बहन होकर भी इस तरह का विश्वास नहीं कर पाई। मेरे मां-बाप तक उससे ऊब गए हैं।

संगीता : वह तो भली-भांति समझ सकती हूं क्योंकि किसी भी परिवार का एकमात्र बेटा गुमराह हो जाए तो वह पीड़ा उस परिवार के लिए कितनी दुखदाई हो सकती है।

स्वाती : मेरे मां-बाप ने बेसुमार मिन्नतें की थीं एक बेटा पाने के लिए। भैया के जन्म के बाद उन दोनों ने कितने सुनहले सपने देखे थे। सारे के सारे चकनाचूर हो गए।

संगीता : नहीं स्वाती वे सपने छिनबिन जरूर हुए हैं पर चकनाचूर नहीं हुए

हैं। मैं अपने मामा-मामी से बात करके एक नौकरी का प्रबंध कर रही हूँ। मेरा मामा मुझे मेरे मां-बाप से अधिक प्यार करते हैं। वे बस यही चाहते हैं कि रीतेश अपनी गलत लतों से बाज आ जाए।

स्वाती : हम लोग भी तो यही चाहते हैं।

संगीता : आज शाम को मेरा मामा हमारे घर आ रहा है। मुझे उम्मीद है कि नौकरी पक्की हो जाएगी।

दृश्य-7

पहले दृश्य का पेड़।

रीतेश और उसके वही दोनों साथी।

पहले साथी के हाथ की बोतल को नकारते हुए।

रीतेश : नहीं यार! आज से यह सब कुछ बंद। न केज़िनो न बीयर।

दू. दोस्त : सौ चूहे खाकर बिल्ली चली हज़ को।

रीतेश : तुम कुछ भी कह लो। मैं अपने मां-बाप को बहुत अधिक सता कर दुखी कर चुका। अब इस रवैये से खुद थक गया हूँ।

प. साथी : ठीक है, ठीक है कंठी महाराज। पर कम से कम पिछली बार के लिए एक घटका तो ले ही लो।

रीतेश : किसी के सिर पर हाथ रखकर कसम खा चुका हूँ।

दू. साथी : तुम और कसम?

रीतेश : वैसे भी कल से मेरी एक बस कंपनी में नौकरी लग गई है।

पहला साथी: तब तो यार इसी बात की खुशी में इसे हलक के नीचे उतार ही लो।

दूसरा साथी: बस कंपनी में बसें धोओगे क्या?

रीतेश : छोटी-मोटी सही पर दफ्तरी काम है।

पहला : अरे कहीं मुझे बीयर चढ़ तो नहीं गयी?

रीतेश उठकर चल पड़ता है। उसके साथी देखते रह जाते हैं।

दृश्य-8

समय: 7 शाम

विनश. रीतेश को साइकिल पर देखकर कार रोकता है। रीतेश भी साइकिल से नीचे उतरता है। विनेश और रीतेश स्लो मोसियन में एक दूसरे की ओर बढ़ते हैं। दोनों के चेहरे गंभीर होते हैं। दोनों के हाथ एक दूसरे से टकराते हैं। कोई 5-10 सैकंड तक दोनों गंभीर रहते हैं और हंसते हुए गले मिलते हैं।

रीतेश : तुम तो यार ईद के चांद से भी अधिक दिनों तक ओझल रहे।

विनेश : कमाल है उलटा चोर कोतवाल को डांटे।

रीतेश : सुना था तुम भारत गए हुए हो?

विनेश : हां यार। अब मेरे पिताजी से कपड़ों की दुकानों का भार संभल नहीं पाता इसलिए सरकारी नौकरी छोड़कर मैं भी बनिया बन गया। हर तीसरे चौथे महीने माल पसंद करने भारत जाना पड़ता है।

रीतेश : वह पीछे देख रहे हो। वे मेरे दोस्त खड़े हैं। बड़ी नाउम्मीदी हो गई उन्हें।

विनेश : किस बात की?

रीतेश : वे तो ये उम्मीद किए हुए थे कि हम दोनों एक दूसरे से भिड़कर रहेंगे।

विनेश : वेस्टर्न डूयेबल सीन की तरह? संगीत के कारण?

रीतेश : हां यार!

विनेश : यह नौबत अभी टली नहीं है। किसी न किसी दिन हम दोनों मैदाने-ए-जंग में आमने-सामने हो सकते हैं।

रीतेश : और तुम्हारी शर्त वही होगी.... 'देखो रीतेश अगर तुम मेरी बहन का पीछा नहीं छोड़ोगे तो गोलियां चल पड़ेंगी।'

विनेश : नहीं इस बार सीनारियो और डायलॉग दोनों भिन्न होंगे।

रीतेश : जैसे कि...

विनेश : मैं कहूंगा-'रीतेश! अगर अब भी तुम अपने गलत दोस्तों से अलग नहीं हुए और तुम्हारा संबंध नशे और जुए से बना रहा तो मैं अपनी बहन का हाथ तुम्हारे हाथ में नहीं दूंगा।'

रीतेश : साले! यह तो पुराने संवाद हैं। पहले भी सुन चुका हूं।

विनेश : पहले वाला तो रिहर्सल था।

रीतेश : और यह वाला?

विनेश : यह वाला आज आखिरी बार तुम से पूछा जा रहा है कि तुम अपनी घिनौनी आदत से बाज आओगे या नहीं?

रीतेश : ड्यूएल हार गए। मैं बाजी जीत कर रहा।

विनेश : बाजी जब अभी समाप्त ही नहीं हुआ तो मेरे होने वाले बहनोई का सपना क्यों देख रहो हो?

रीतेश : क्योंकि अपने जिस जीजा जी को तुम चुनौती दे रहे हो वह देर ही सही पर आखिर अपनी घिनौनी आदत को बहुत पीछे छोड़ आया।

विनेश : सच कह रहे हो।

रीतेश : उतना ही सच जितना कि इस समय हम दोनों एक-दूसरे के सामने खड़े हैं।

दोनों दोबारा गले मिलते हैं।

(धीरे-धीरे दृश्य समाप्त होता है)

दृश्य-9

शाम का वक्त।

दृश्यः रीतेश के घर के पास जहां से वह घर स्पष्ट दिखाई पड़ता है। रीतेश, संगीता और स्वाति।

रीतेश : ठीक है दोनों चलो मैं यहीं ठहरता हूं। अगर रास्ता साफ हो तो स्वाति तुम हाथ का इशारा कर देना।

स्वाति : ठीक है ऐसा ही करते हैं।

संगीता : पर मैं अब भी यही कहूंगी कि रीतेश साथ चले। मैं तो डरने लगी हूं।

स्वाती : मैं जो तुम्हारे साथ हूं। और फिर मैं तो मां और पापा दोनों को तुम्हारे बारे में सभी कुछ बता चुकी हूं। उन्हें यह मालूम है कि भैया की नौकरी तुम्हारी लगाई हुई है।

संगीता : तो फिर ठीक है। जब सिर ओखली पर धर ही दिया है तो फूटने का क्या डर?

दोनों घर की ओर बढ़ती है। निरूपा दरवाजा खोलती है। दोनों का घर के भीतर प्रवेश। निरूपा उसके गालों को चूमती है।

(धीरे-धीरे दृश्य समाप्त होता है)

निरूपा : वह हमारे घर आए, खुदा की कुदरत है। हम कभी उन्हें, कभी अपने घर को देखते हैं।

संगीता : तुम्हें मजाक सूझी है यहां अपने हाथ-पांव कांप रहे हैं।

बलराम और सुरेखा का प्रवेश। संगीता दोनों के पांव छूती है।

बलराम : जीती रहो।

सुरेखा : फूलो फलो। जैसा स्वाति ने बताया था उससे तो दोगुनी सुंदर हो। उतनी ही सालीन भी।

बलराम : आपने रीतेश को नौकरी दिलाकर उसे बुरी लतों से छुटकारा दिया। आपको धन्यवाद किन शब्दों में दूं? आपने रीतेश में घोर परिवर्तन ला दिया।

संगीता : मुझे आप न कहकर तुम कहा करें।

बलराम : ठीक है बेटी तुम्हारा यह कर्ज कभी नहीं भर पाऊंगा।

सुरेखा : हाँ बेटी जो लाख कोशिशें करके भी हम नहीं कर पाए उसे आपने कर दिखाया।

संगीता : बेटी कहकर आप कर्ज की बात न करें।

सुरेखा : हमारी चार बेटियां हैं। अब पाँच हो गई। लेकिन बेटी तुम्हारे और रीतेश का प्यार तुम्हारे परिवार को स्वीकार होगा।

संगीता : मेरे मामा-मामी के होते इस प्यार को कोई भी नहीं रोक सकता।

सुरेखा : तो मैं अभी से ही तुम्हें अपनी बहू मान लूं।

संगीता : यह इजाजत तो मैं आपसे लेने आई हूं मां।

सुरेखा की आंखों से आंसू बह आते हैं।

स्वाति : अरे हम तो ग्रीन सिगनल देना ही भूल गए।

सुरेखा : क्या देना भूल गए?

स्वाति : मां यह बात तुम नहीं समझ पाओगी।

निरूपा बाहर निकलती है और अपने भाई को इशारे से लाइन क्लीयर बताती है। रीतेश दौड़ कर आता है।

रीतेश : ग्रीन लाइट मिल गई।

स्वाति : एकदम लाइन क्लीयर।

•••

4

मंगल सूत्र

दृश्य-1

गन्नों का खेत

स्थान : क्रेवकेर

दोपहर की धुप। गन्ने का खेत मजदूर गन्ने काटने में लगे हुए हैं। सुरधनी फरीदा और मंगली अगौर की पुलियां बटोरती हुई। उन्हें बांधती है। एक दूसरे के सहयोग से वे अपना-अपना बोझ सिर पर रखती हैं। गणेश सामने आ जाता है। इसकी मदद से सुरधनी अपना बोझ सर पर रखने के बाद।

पार्श्व गान

यहां बहते रहते पसीन मतदुर के । यहां उपजते कटते हैं रस भरे गन्ने। ये मेहनतकश मजंदूर हम सभी के अपने गायों के चारे के बटोरती साथियां उनकी इन्हें भी धूप-छांव की परवाह नहीं इनकी देन से बढ़ती देश की आमदनी।

सुरधनी : गणेश! तुम इन खेतों के मालिक होते हुए भी .....

गणेश : मजदूरों के साथ गन्ने काटता हूं, यही न?

सुरधनी : यही नहीं। यह उम्मीद क्यों रखे हुए हो कि हम और तुम...

गणेश : यह प्रश्न तो तुम पहले भी कर चुकी हो और मैं बता चुका हूं कि तुम्हारे इस प्रश्न का मेरे पास कोई उत्तर नहीं।

सुरधनी : तुम शादी क्यों नहीं कर लेते गणेश।

गणेश : इसका उत्तर तो तुम्हें दे चुका हूँ? धानी। धानी! तुम्हारा गला खाली क्यों हैं? तुम्हारा मंगल सूत्र कहीं गिर तो नहीं गया?

सुरधनी : नहीं गणेश। उसकी टंकी टूट गई है इसलिए गले से उतार दिया है। देखो गन्नु हमारा इस तरह मिलना अच्छा नहीं रहेगा।

गणेश : सप्ताह में एक ही बार तो मिलते हैं। कभी तो यह तो यह अंतराल

और भी लम्बा होता है। (तीन स्त्रियां आगे बढ़ जाती हैं और गणेश अपनी जगह पर खड़ा रहता है।)

दृश्य-2

दृश्य का किनारा। तीनों स्त्रियां अपने बोझों को उतार कर पानी पीती हैं। पेड़ की छाया में बैठकर सुस्ताती हैं।

फरीदा : यानी उस दिन खेत में तुम अपने मंगल सूत्र के बारे में गणेश से झुठ बोली थी।

मंगली : तुम अपने पति को घुड़दौड़ के पीछे रहने से रोकती क्यों नहीं?

सुरधनी : भौजी! वह तो यह कहता रहता है कि आज नहीं तो कल सौ रुपये में हजारों जीत कर रहेगा।

मंगल : ये सभी जुआड़ी एक ही जैसे होते हैं। तुम उसे अपनी गाय बकरियों की कमाई आखिर देती ही क्यों हो?

सुरधनी : देता कौन है। जबरदस्ती लेकर ही दम लेता है।

मंगली : रामरतन का बेटा अपनी इसी लत के कारण अन्त में आत्महत्या कर बैठा। वह तो चला गया। सुरेखा को अपनी तीनों बच्चों को पालने के लिए दर-दर भटकनी फिर रही है।

सुरधनी : घोड़ों पर रुपये बहाने वाले सोचते हैं कि वे घोड़ों से तेज दौड़ सकते हैं। जब मैं रोकती हूं तो कहता है कि मेरे और मेरे बच्चों की जिंदगी को बेहतर बनाने के लिए दाव पर दाव लगता रहता है।

मंगली : तुम दो गाय पांच बकरियों को पालने के लिए खूरी धसती रही हो और रंजीतवा है कि धर का आंटा गिला कर रहा है। तुमने उसे अपने मंगल सूत्र की टूटी टंकी बनवाने के लिए दिया था। बन कर आया कि नहीं ?

सुरधनी - अभी तक जौहरी के ही पास है।

दृश्य-3

दृश्य : घर का बाहरी भाग। रंजीत का बाप फुलों के गुलदस्ते बना रहा है। रंजीत घर से निकलता है। उसके दो बच्चे आंगन में बैडमिंटन खेलते हुए।

बाप : रंजीत कहां जा रहे हो

रंजीत : कहीं नहीं पापा।

बाप : तो फिर अपने घुड़दौड़ वाले दोस्त से मिलने जा रहे होगे।

रंजीत : शहर जा रहा हूं जरूरी काम है।

बाप : फिर तो शॉ दे मार्स जा रहे हो। बता कर तो जाओ।

रंजीत : कहा ना शहर जा रहा हूं।

बाप : यह घर तुम्हारी बहाने वाजी से तंग आ गया है। और हां। पिछले शनिवार की तरह आज भी घर देर से लौटना। (रंजीत बिना कुछ कहे आगे बढ़ जाता है) (बाप खेलते हुए दोनों बच्चों को आवाज देता है।)

बाप : संजू!

संजू : क्या है दादा? दादा हमें चुपचाप खेलने तो दीजिए।

बाप : देख तुम्हारी मां मंगली चाची के यहां अगियाखर लेने गई है। उसे बुला लाओ।

संजु : दादा अभी मैं हार रहा हूं। और मैं जीत रही हूं दादा।

बाप : बाप घोड़े पर दांव लगाकर जीतने के इरादे से हारते जा रहा है यहां बेटा हार कर जीतना चाह रहा है। (सामने सुरधनी आती है)

सुरधनी : किस्से बातें कर रहें है पापा?

बाप : अपने आप से बहू। बाप तो हारने निकल पड़ा और बेटा भी खेल में हारे जा रहा है।

सुरधनी : मैं आपके लिए आगियाखर ले आयी।

बाप : मेरे लिए नहीं है बहू। शहर के एक दोस्त ने मांगा है।

सुरधनी : आज तो आप बाजार फूल ले जाने वाले नहीं थे।

बाप : सोचा तो यही था पर एक शादी और एक मृत्यु के लिए ऑर्डर जो है। जाना ही पड़ेगा। वैसे भी रविवार है तो बाजार बारह बजे बन्द हो जाएगा। मैं तो बस अपने ग्राहकों को उनके फूल देकर लौट आऊंगा।

सुरधनी : अगियाखर को मैं कागज में लपेट देती हूं।

दृश्य-4

दृश्य शॉ दे मार्स (घुड़दौड़) घोड़े के दौड़ने से पहले का दृश्य । रंजीत घोड़े पर दांव लगाता है। एक साथ के भीड़ के बीच से नारा लगाता है।

रंजीत - नम्बर चार... नम्बर चार... आगे निकल... दोनों के बीच से... त्रावेर्स जोत... चीर देवॉ... (अपने साथी कंधे को झकझोड़कर) हमारा घोड़ा दूसरे स्थान पर आ गया... दौड़ बेटा दौड़ इस साले को भी पार कर (पीछे से आ रहे दो घोड़े नम्बर चार को भी पार करके निकल गए)। रंजीत का चिल्लाना बन्द हो गया। एक तीसरा घोड़ा भी चार को पार कर गया। अपनी दोनों मुठिठ्यों को उसने अपने सिर से दे मारा।

रंजीत - साला दो हजार पानी में बह गया। (वह अपने हाथ की लॉटरी और टिकटों को टुकड़े-टुकड़े करके उड़ा दिया। रोनी सूरत के साथ भीड़ से बाहर होने लगा।)

दृश्य-5

दृश्य घर का भीतरी भाग

समय : रात

रंजीत का परिवार घर के बरामदे में बैठे रंजीत के लौटने का इंतजार कर रहे है। नीचे की सीढ़ियों से किसी के पदचाप की आवाज आती है। सुरधनी आगे बढ़कर दरवाजा खोलती है।

हताश हालत में रंजीत का प्रवेश

बाप : लगता है आज फिर सप्ताह भर की कमाई घोड़ों को खिला आए।

रंजीत : (पुकारना) संजू! अपनी मां से कहो मेरे लिए एक गिलास पानी लाए।

बाप : रातोंरात धनवान बनने का सपना देखना बन्द क्यों नहीं करते?

रंजीत : संजू! सुना नहीं मैंने क्या कहा।

लता : मां पापा के लिए पानी ले आना।

सुरधनी : (भीतर से) सुनाई पड़ी। ला रही हूं।

बाप : मैंने कभी नहीं सोचा था कि मेरा बेटा जुआरी हो सकता है। या प्रभु!

रंजीत : घोड़ों पर दांव लगाता हूं लॉटरी खरीद कर। लॉटरी खरीदना जुआ कैसे हो सकता है। जिस बात के लिए सरकार की इजाजत मिली हुई हो वह तो कानूनन एक मनोरंजन है।

बाप : यही तो मेरी समझ में न आने वाली बात है। शराब खुलेआम बिकती है और गाजे पर पाबंदी होने के कारण एक कानून दूसरा गैरकानून हो गया।

रंजीत : मैं न तो गांजा पीता हूं और न ही शराब।

बाप : गांजा और शराब पीने वाले तो सिर्फ अपनी सेहत को खराब करते हैं अपनी खुद की तबाही करते हैं, जबकि जुआ खेलकर तुम हम सभी को दुख पहुंचा रहे हो। पूरे घर को तबाह कर रहे हो।

रंजीत क्रोध सहित अपनी जगह से उठकर दूसरे कमरे की ओर लपकता है। हाथ में पानी का गिलास लिए वह सुरधनी से टकराता है और गिलास फर्श पर गिर जाता है।

रंजीत : मुझे तो उधर ही रह जाना चाहिए था। खरी खोटियां सुनने घर लौट आया।

लता : मां तुम्हे चोट तो नहीं आई न?

बाप : मैं खरी खोटियां नहीं सुना रह बेटा। मैं तो तुम्हें पैसे को घुड़दौड़ में गंवाने से रोकना चाहं रहा हूं।

रंजीत : यह पानी लाने तुम परीतालाब गई थी क्या?

(दूसरे कमरे को वह ने जाकर घर से बाहर हो जाता है।)

सुरधनी : *(गिलास को उठाती हुई)* पिताजी आप कुत्ते की पूंछ को सीधा करना चाहते हैं जो नामुमकिन है।

बाप : बेटी! तुम सही कह रही हो। शुरू से ही मैं उसे यह कहता आ रहा हूं कि घोड़ों को दौड़ने वाले शॉ दे मार्स पहुंचते है तो उनकी बैग कागज के टुकड़ों से भरे होते हैं पर जब घुड़दौड़ के बाद घर लौटने लगते हैं तो उनके बैग रुपयों से भरे होते हैं। जीतने वाले तो हरदम वे ही लोग होते हैं। और हरदम हारने वाले ही ज्यादा होते हैं। जो जीत भी पाते हैं वे तो हजार हार कर ही दो सौ जीत पाते हैं।

दृश्य-6

दृश्य : नदी का किनारा

मंगली तथा फरीदा के साथ सुरधनी कपड़े धोती हुई।

मंगली : अब तो तुम और तुम्हारा ससुर लाख भी चाहो तो भी रंजीत की उस बुरी आदत को नहीं छुड़वा पाओगे।

फरीदा : मंगली बूबू सही कह रही है।

मंगली : तुम्हारा मंगल सूत्र बनकर आया या अभी.........

सुरधनी : तुम मंगल सूत्र की बात कर रही हो वह तो मेरी ही भूल थी। मैं खुद जौहरी के यहां जाकर बनवा लाती।

फरीदा : तुम्हें ऐसा नहीं लगता कि तुम्हारे शौहर ने उसे भी दांव पर लगा दिया होगा? काफी समय से मैं तुम्हारे गले को खाली पा रही हूं।

गणेश सामने से आता हुआ दिखाई देता है।

सुरधनी : दो सप्ताह होने को है।

मंगली : अच्छा बताओ एक हार की टंकी को जोड़ने के लिए कोई जौंहरी इतना लम्बा समय लेगा क्या?

गणेश : तुम लोग इतनी जोर से ना बोला करो।

फरीदा : *(धीरे से)* लो तुम्हारा वो आ गया।

मंगली : क्यों? जोर से बातें करना मना है क्या?

गणेश : मना तो नही है पर पुरी दुनिया जो सुन लेती है।

फरीदा : इसका मतलब है तुमने हमारी बात सुन ली?
गणेश : खैर छोड़ो। देखो मै ताजे तोड़े हुए अमरूद ले आया हूं।
फरीदा : हमें नहीं चाहिए।
गणेश : तुम्हारे लिए थोड़े ही लाया हूं।
मंगली : मुझे भी नहीं चाहिए।
गणेश : मैं तो बस उसके लिए लाया हूं जो यह नहीं कह पा रही है कि मुझे नहीं चाहिए।
फरीदा : और जो कहे ए गनेसवा छोड़ जा इन अमरूदों को यहां।
गणेश : कोई बोले तो सही।
फरीदा : तू बहरा है क्या? मैं पंचम स्वर में बोल गयी और तुने सुना ही नहीं।
गणेश : जिसे चाहिए वह कुछ तो बोल ही नहीं रही।
सुरधनी : गणेश तुम ऐसा क्यों कर रहे हो?
गणेश : कोई गलत काम कर रहा हूं क्या?
सुरधनी : तुम्हें नहीं लगता?
गणेश : मुझे तुम से एक जरूरी बात करनी है धनी. तुम थोड़ी देर के लिए इधर...
सुरधनी : तुम्हें जो कुछ कहना है मेरी सहेलियों के सामने कहो।
दोनों सहेलियों कपड़े धोने छोड़ उन्हें देखने लगी।
गणेश : मैंने तुम लोगों को मंगल सूत्र की बात करते सुना। धनी मैं जानता हूं। तुम्हारा यह हार कहां है। उस दिन मैं उसी दुकान में था जहां उस हार को पन्द्रह सौ रुपये में गिरवी रखा गया था।
सुरधनी : सोनार की दुकान में.........?
गणेश : नहीं लोहार की दुकान में।
सुरधनी : मजाक मत करो।
गणेश : मैं मजाक नहीं कर रहा। मेरे और तुम्हारे गांवों के बीच मदन की जो केंकाइरी हैं वहां से मैं कुछ सामान खरीद रहा था जब रंजीत वहां तुम्हारा मंगलसूत्र लिये पहुंचा था। मदन ने इस शर्त पर उसे दिए थे कि अगर वह दो सप्ताह के अन्दर उससे ली रकम नहीं लौटाएगा तो उस हार से हाथ धोना पड़ जाएगा।
सुरधनी : तुम सच कह रहे हो।
गणेश : झुठ बोलने के लिए नदी पार करके यहां नहीं आता। इतना यकीन तो मुझे था ही कि तुम मुझे इस समय नहीं मिलोगी। कल मैंने मदन की दुकान पर उससे जानना चाहा कि रंजीत उस मंगल सूत्र

को बांधिक से छुड़ा पाया या नहीं तो उसने कहा नहीं। अरे वह क्या छुड़ा पाएगा।

मंगली : फिर तो उस हार को अब वहां से लाना कठिन हो गया।

दृश्य-7

शाम का वक्त सुरधनी के घर का आंगन उसके बच्चे खेलते नजर आते हैं। (कुत्ते के बच्चे के साथ) सुरधनी अपने ससूर से बातें कर रही है।

बाप : बहुत दिनों से दालपीठा नहीं खाया।

सुरधनी : ठीक है। अभी मैं यह सोच रही थी कि क्या पकाएं। आटा तो है पिताजी पर दाल नहीं है। आप दुकान से दाल ले आइए मैं पका देती हूं। साथ में आपकी मनपसंद धनिया की चटनी भी होगी।

बाप : ठीक है मैं दाल ले आता हूं। (प्रस्थान) (दोनों बच्चों के हाथ थामे जाते हुए दिखना) (रंजीत का घर के भीतर से बाहर आना)

रंजीत : धनी! तुम अभी मुझसे नाराज हो?

सुरधनी : तुम जब मुझे धनी कहकर पुकारते हो तो लगता है कि मुझे कंगाल कर रहे हो।

रंजीत : सुनो शनिवार की घुड़दौड़ में मैं दो घोड़ों पर दांव लगाने जा रहा हूं। इस बार जिस व्यक्ति से मुझे यह सुराख मिला है उसकी बात कभी गलत नहीं होती। तुम देखना शनिवार को मै जीतूंगा और रविवार को तुम्हारा मंगल सूत्र तुम्हारे गले में होगा।

सुरधनी : तुम्हारी झुठी बातों से मैं ऊब गई हूं। कृप्या तुम अपने झूठ को अपने पास रखो। दो सप्ताह से तुम मुझे कहते आ रहे हो कि वह मंगल सूत्र सोनार के पास है। अब भी यही कहोगे?

रंजीत : हां धनी ....

सुरधनी : बन्द करो मुझे धनी कहना। तुमने इस परिवार को कंगाल बना दिया। मेरा ससूर इस उम्र में अगर बाजार में फूल नहीं बेचता तो आज हमारे चुल्हा नहीं जलता।

रंजीत : मैं कसम खाता हूं इस सप्ताह के अन्त में मैं तुम्हारा ...

सुरधनी : अपनी बातों में सिर दर्द को दर्दनाक मत बनाओ। मुझे दांव पर रखे हुए मंगल सूत्र नहीं चाहिए। मेरा विश्वास मंगल सूत्र की पवित्रता पर से टूट गया। तुमने तोड़ दिया।

रंजीत : इस बार ...

सुरधनी : अब इस बार और उस बार बहुत सुन चुकी है। हमारी शादी की शुरुआत से तो मुझसे झूठ बोलते आ रहे हो। मैं तुम्हें राजदेव की

पत्नी से भी सुन्दर कार होगी, तुम जानती हो धनी जब मैं काम पर जाता हूं तो अपने दिल को घर ही पर छोड़ कर जाता हूं।

रंजीत : मैं तुम्हारी हालत को समझ रहा हूं।

सुरधनी : तुम मेरी हालत को न तो पहले समझ पाए और न कभी समझ पाओगे। मुझे छोड़ो! अपने इन मासूम दो बच्चों तक का ख्याल तुम्हें कर्ज ले रखा है तो है तो दम तोड़ जाएंगे।

सुधरनी अपने बच्चों के बीच चली जाती है।

दृश्य-8

दृश्य: नदी का किनारा

फरीदा और मंगली कपड़े धोते हुई कुछ दूरी पर एक चट्टान पर बैठी सुरधनी खयालों में खोई हुई।

सुरधनी : (खयालों में डूबी हुई) आज मैं अपने को कहां खड़ी पा रही हूं कुछ समझ में नहीं आ रहा।

गणेश : (केवल स्वर) धनी! तुम्हारा यह वर्तमान तुम्हारा नहीं है। यह तो तुम्हारे बीते हुए दिनों का वर्तमान है। तुम्हारे अतीत का वर्तमान। ऐसे वर्तमान से मुक्ति पाने की कोशिश क्यों नहीं कर रही?

सुरधनी : (चीत्कार कर उठती है) मुझे न तो अपना अतीत चाहिए न भविष्य। मैं सिर्फ अपना वर्तमान चाह रही हूं। रे नियति मुझे मेरा वर्तमान लौटा दो। लौटा दो मुझे मेरा वर्तमान।

गणेश का प्रवेश

गणेश : धनी! धनी!! क्या बात है धनी?

(उसे बाहों में थाम लेता है।)

सुरधनी : गन्नु! (वह लुढ़कने लगती है।)

गणेश : धनी!

(गणेश अपनी जेब से एक छोटी सी डिबिया बाहर निकालता है)

गणेश : मैं तुम्हारे लिए एक तोहफा लाया हूं। एक ऐसा तोहफा जिसमें तुम्हारा अतीत, तुम्हारा वर्तमान, तुम्हारा भविष्य, योर पास्ट, योर प्रेजेंट एंड फ्यूचर तीनों जुड़े हुए हैं।

सुरधनी : क्या है यह?

गणेश : खोल कर देखो।

(सुरधनी उसे खोलती है)

सुरधनी : मेरा चेन?

गणेश : नहीं। तुम्हारा मंगल सूत्र।

सुरधनी : मंगल सूत्र? क्या होता है यह?

गणेश : तुम्हारे पति रंजीत ने तो इसे गिरवी रख दिया था। मैं दोगूना दाम देकर इसे गिरवी से छुड़ा लाया हूं।

सुरधनी : क्यों? आखिर क्यों?

गणेश : तुम्हारे विवाह का सबूत। तुम्हारा मंगल सूत्र।

सुरधनी : मेरा कोई मंगल सूत्र नहीं। जो मंगल सूत्र पति के द्वारा गिरवी रखा जा सकता है वह मंगलसूत्र न होकर अमंगल सूत्र होता है। औरतों की तो औरते ही सौतन होती है। मेरी सौतन तो घुड़दौड़ है। उसने मेरा सारा सब कुछ लूट लिया।

दोनों बच्चे दौड़ते हुए सुरधनी के पास पहुंच जाते हैं।

दोनों : (एक साथ) मम्मा! मम्मा!!

लता : मां क्या हुआ मां?

सुरधनी : गन्नु। मैंने तुम्हें प्यार किया था। तुम्हारे साथ शादी की डोर से नहीं बंध पाई, इसका दुख मुझे आखिर वक्त तक बना रहेगा।

गणेश : (चिल्लाकर) सुरधनी! अपना मंगल सूत्र तो लेती जाओ।

सुरधनी : उसे नदी में फेंक दो।

(अपने दोनों को बच्चों को दो तरफ से बांहों में लेकर)

गन्नु मैं जीवन भर तुम्हारी कर्जदार रहूंगी क्योंकि तुम... खैर अब तो मेरे दोनों बच्चें ही मेरा वर्तमान और भविष्य हैं। अलविदा दोस्त।

(अपने दोनों बच्चों के हाथ थामे जाते हुए दूर तक दिखाना)

•••

5

अस्वीकार

दृश्य-1

समय : रात

दृश्य : घर का भीतरी भाग, आधुनिक ।

सिद्धार्थ और सोनिया ड्रिंक लेते हुए।

सिद्धार्थ : अब हमारे सामने एक ही उपाय है।

सोनिया : कानूनन तुम्हें मुझसे डीवोर्स लेने में कोई कठिनाई नहीं होगी।

सिद्धार्थ : सोनिया। तुम कुछ और सांच रही हो और मैं कुछ और। यह मत भूलो कि मैं मॉरिशस में अपना प्यार खो बैठा हुआ जीव हूं। यह सजा मैं दोबारा भुगतान नहीं चाहता।

सोनिया : मैं तुम्हारे दर्द को जानती हूं सिद्धार्थ सारे मेडिकल टैस्ट यही बता रहे हैं कि मैं तुम्हें बच्चे नहीं दे सकती।

सिद्धार्थ : और मैं तम्हें सुगंधा की तरह खो नहीं सकता। हमारे सामने सभी रास्ते बन्द नहीं हुए।

सोनिया : मैं हताश हो चली हूं सिद्धार्थ।

सिद्धार्थ : मेरी उम्मीद अभी टूटी नहीं है सोनिया। लेकिन यह उम्मीद तुम्हारी मन्जूरी पर ही पूरी हो सकती है।

सोनिया : किस बात की मन्जूरी?

सिद्धार्थ : एकमात्र उपाय जो हमारे सामने रह गया है उसे मन्जूर कर जाने का। हम दोनों सन्तान की प्यास और तड़प को मिटा पाने के लिए बच्चे को गोद तो ले सकते हैं।

सोनिया : तुम तैयार होगे?

सिद्धार्थ : अब तो एक इच्छा बाकी है सोनिया।

सोनिया : सिद्धार्थ। मैं तो तुमसे पहले से भी यह बात सोचती आ रही हूं। पर डरती रही थी कि कहीं तुम न मानते।

सिद्धार्थ : लेकिन एक और मांग करनी है तुमसे।

सोनिया : मै जानती हूं क्या मांगोगे सिद्धार्थ।

सिद्धार्थ : तुम जानती हो?

सोनिया : हां। एक रात डरबन की एक भोजपुरी गानों की एक महफिल से लौटने पर तुमने एक बात कही थी।

सिद्धार्थ : क्या कहा था?

सोनिया : तुमने कहा था- सोनिया काश! हमारी एक बेटी होती और मैं उसे अपनी ही तरह अपने देश के भोजपुरी गीतों की गायिक बना सकता। सिद्धार्थ। हमारी मॉरिशस यात्रा भी हो जाएगी और हम मॉरिशस की एक बच्ची को अपनी संतान भी बनाने में सफल हो जायेंगे।

सिद्धार्थ : यू आर एन एंजल सोनिया। एक पंथ दो काज।

सोनिया : यह क्या होता है।

सिद्धार्थ : टू बर्ड वीज वॉन स्टोन ....लेकिन.........

सोनिया : लेकिन.......

सिद्धार्थ : खैर छोड़ो ।

सोनिया : सिद्धार्थ वहां तो सुगन्धा के पास तुम्हारी अपनी बेटी है। क्यों न हम उसी को.......

सिद्धार्थ : सुगन्धा अपने बेटी हमें देने को तैयार नहीं होगी। और फिर वैशाली तो अब पांच साल की हो गई होगी।

सोनिया : कोशिश कर के तो देख लें।

सिद्धार्थ : मैं कल ही टिकट बुक करता हूं।

सोनिया : सिद्धार्थ।

सोनिया : क्या सचमुच मैं तुम्हारे स्वर्ग जैसे सुंदर द्वीप की सैर कर पाऊंगी।

सिद्धार्थ : हर हालत में (ग्लास ऊपर उठाकर) मॉरिशस यात्रा के नाम पर।

सोनिया : चियर्स!

दृश्य-2

दृश्य-सुगंधा का घर। आंगन में वह अपनी दो बेटियों के साथ फुलवारी में।

समय - शाम ।

वैशाली : मां। तुम मुझे और शेफाली को अधिक प्यार करती हो या कि इन फूलों को?

सुगन्धा : तुम्हें कैसा लगता है?

वैशाली : मुझे तो लगता है कि तुम इन फूलों को हम से अधिक चाहती हो।

सुगन्धा : यह तो तुम्हारे पापा का कहना है। तुम क्या सोचती हो। मुझे अपनी बात बताओ।

शेफाली : तुम कहती हो कि शेफाली एक फूल का नाम है। फिर तो तुम मुझे दीदी और पापा दोनों से अधिक प्यार करती हो।

सुगन्धा : मैं तुम्हें, वैशाली और तुम्हारे पापा तीनों को बहुत प्यार करती हूं। अब तुम बताओ तुम किसे ज्यादा प्यार करती हो शेफाली?

शेफाली : मैं तो तुम्हें सबसे ज्यादा चाहती हूं।

सुगन्धा : और वैशाली तुम?

वैशाली : मैं सबसे अधिक प्यार पापा को करती हूं।

(समीर की कार गेट से भीतर आती है। दोनों बच्चे कार तक दौड़ जाते हैं। समीर कार से उतर कर दोनों को माथे से चुमता है।)

समीर : लगता है कि अपनी मां के साथ तुम दोनों कोई बहुत ही जरूरी बातें कर रही थीं।

शेफाली : मॉम पूछ रही थी कि हम किसे ज्यादा प्यार करते हैं।

समीर : तो तुमने क्या कहा?

शेफाली : मैंने कहा कि मैं मां को बहुत प्यार करती हूं।

समीर : और वैशाली?

वैशाली : मैं तो हमेशा की तरह अपने पापा को सबसे ज्यादा प्यार करती हूं।

समीर : और शेफाली यह पापा भी तुम्हें सबसे अधिक प्यांर करते हैं।

सुगन्धा : *(अपनी जगह से)* सबूत मांगो।

समीर : *(अपने हाथ के पार्सलों को वैशाली और शेफाली को थमाने से पहले वैशाली से)* क्या मांगा था तुमने?

वैशाली : नीले रंग का स्वेटर।

समीर : यह रहा तुम्हारा नीला स्वेटर और यह है तुम्हारा बारबी डोल।

शेफाली : और मां के लिए।

समीर : तुम्हारी मां ने तो कुछ मांगा ही नहीं था। खैर। देखो तो कार में कुछ है क्या?

(वैशाली कार तक दौड़कर उसके भीतर से एक पार्सल लिए आ जाती है।)

शेफाली : यह मां के लिए है न, क्या है पापा?

समीर : जाकर पूछो अपनी मां से उसने क्या मांगा था?

सुगन्धा : सप्ताह भर से कहे जा रही हूं कि मेरी पुरानी घड़ी बेकार हो चली है।

वैशाली : पापा इसमें घड़ी है न?

(समीर के इशारे पर वैशाली शेफाली के हाथ से घड़ी लेकर मां तक जाती है और उसे कलाई पर बांध देती है।)

(धीरे-धीरे दृश्य समाप्त होता है)

दृश्य-3

दृश्य : एअर पोर्ट।

आगमन यात्रियों की कतार में बाहर आते हुए सोनिया और सिद्धार्थ।

समय : सुबह। अंजनि आगे बढ़कर दोनों का स्वागत करती है।

अंजनि : हैलो सिद्धार्थ। तुम्हारे अपने ही देश में तुम्हारा स्वागत है। वेलकम मिसेज सिद्धार्थ।

सोनिया : मेरा स्वागत अंग्रेजी में क्यों?

अंजनि : अच्छा तो आपको हिन्दी आती है।

सिद्धार्थ : मेरे साथ हिन्दी और भोजपुरी गाने भी गाती है।

अंजनि : वाह। यह तो बड़ी खुशी का बात है।

सिद्धार्थ : सोनिया। अंजनि सुगन्धा की सबसे अच्छी सहेली है। कैसी है सुगन्धा?

अंजनि : तुम्हारे आने की खबर मैंने दे दी है।

सिद्धार्थ : और वैशाली कैसी है।

अंजनि : बेहद प्यारी लड़की है। एकदम तुम्हारी आंखें और तुम्हारी नाक़। खैर... बस मेरी गाड़ी कुछ ही दूरी पर है।

सिद्धार्थ : तुमने हमारे होटल की बुकिंग तो कर दी है न?

अंजनि : आप दोनों होटल में नहीं मेरे घर ठहरेंगे।

(तीनों व्यक्ति समान कार में रखते हैं। अंजनि कार ड्राइविंग सीट पर बैठती है। कार चल पड़ती है।)

(धीरे-धीरे दृश्य समाप्त होता है)

दृश्य-4

दृश्यः सुगन्धा का घर। टेरेस में अंजनि के साथ बातें।

समयः दोपहर।

सुगन्धा : नहीं अंजनि। सिद्धार्थ मेरा अतीत है। मैं उसे इस घर में बुलाकर समीर को दुखी नहीं करना चाहती।

अंजनि : बात यह है सुनंदा कि वह अपनी पत्नी के साथ एक खास मकसद से यहां आया हुआ है। वह तुमसे मिलकर एक बहुत ही जरूरी बात करना चाहता है।

सुगन्धा : पर मैं इसके लिए तैयार नहीं हूं।

अंजनि : सिद्धार्थ से तुम्हारा कुछ लेना-देना न सही पर... उसका अपनी बच्ची से तो उसको मिलने से नहीं रोक सकती।

सुगन्धा : पांच साल बाद उसे ख्याल आया कि एक बेटी है। देखो उससे कह

देना कि वह कोई ऐसा कदम नहीं उठाए जिससे मेरे इस छोटे से परिवार की सुख-शान्ति पर कोई असर पड़े।

अंजनि : तुम उसके यहां आने का मकसद जानना नहीं चाहती?

सुगन्धा : क्या है वह मकसद?

अंजनि : यह बताऊं इससे पहले यह जान लो कि उसे अपनी पत्नी से बच्चा नहीं मिल सकता।

सुगन्धा : तो?

अंजनि : वह यहां इसलिए आया है कि एक मॉरिशस की बच्ची को गोद ले सके।

सुगन्धा : कौन रोकता है?

अंजनि : वह शेफाली को तुमसे मांगने आया है।

सुगंधा : क्या कहा?

(धीरें-धीरे दृश्य समाप्त होता है)

दृश्य-5

दृश्य: सुगंधा का घर, फोन का बजना।

समय: सुबह।

सुगंधा : *(फोन उठाकर)* हैलो । अंजनि तुम? .....पर मैंने तुमसे कहा था ना कि मैं उससे मिलने की स्थिति में नहीं हूं। ठीक है... तुम उसे फोन दो....उधर से...

सिद्धार्थ : हैलो सुगन्धा। कैसी हो।

सुगन्धा : ठीक हूं। तुम कैसे हो।

सिद्धार्थ : मैं अपनी पत्नी के साथ आया हुआ हूं। वह तुमसे मिलना चाहती है।

सुगन्धा : देखो सिद्धार्थ अंजनि से मुझे तुम्हारे मॉरिशस आने के मकसद की जानकारी मिल गयी है। पर मैं तुम्हारी मदद नहीं कर सकती। तुम्हारी पत्नी गर्भ धारण नहीं कर पाएगी। इसके लिए मुझे उसके साथ हमदर्दी है मगर उससे आगे मुझसे कोई उम्मीद मत रखो।

सिद्धार्थ : मुझे एक बार तुमसे मिलने का मौका तो दो ।

सुगन्धा : मैं तुमसे नहीं मिल सकती।

सिद्धार्थ : सुगन्धा। यह मत भूलो कि मेरी बेटी पर मेरा भी हक बनता है।

सुगन्धा : पर तुम्हें नहीं लगता कि तुमने उस हक को खो दिया है?

सिद्धार्थ : एक बाप अपनी औलाद पर का अपना हक कभी नहीं खो सकता।

सुगन्धा : अगर आज तुम्हें अपनी बावी से दो-तीन बच्चे होते तो भी तुम इस हक के लिए गिड़गिड़ाते?

सिद्धार्थ : सुनो। अगर तुमने मुझसे मिलने को इन्कार किया तो मैं तुम्हारे घर पहुंचकर रहूंगा। यह मत भूलो कि मैंने तुम्हें अपने से अलग नहीं किया था। तुम्हारे रइस बाप ने मुझे जमाई के योग्य नहीं समझा था।

सुगन्धा : मैं तुमसे बीती हुई बातें नहीं सुनना चाहती.......

सिद्धार्थ : तो फिर वर्तमान ही पेश करता हूं तुम्हारे सामने। मैं सात दिन के भीतर अपनी बेटी को यहां से ले जाकर रहूंगा। इसलिए तुम्हारे लिए बेहतर यही है कि तुम मेरी बेटी के साथ मिलो।

सुगन्धा : यहां अनाथालयों से तुम्हें बच्चे मिल......

सिद्धार्थ : मैं अनाथालयों से बच्चे खरीदने नहीं आया हूं। मुझे अपने बच्ची चाहिए। मैं अपनी पत्नी के साथ तुमसे मिलना चाहता हूं। अपनी पसन्द की जगह बता दो। हम आ जाएंगे।

सुगन्धा : मैंने कहा ना कि मैं तुमसे नहीं मिल सकती और ना ही मेरी बेटी तुमसे मिलना चाहेगी। वैसे भी उसे तुम्हारे अस्तित्व की कोई जानकारी नहीं।

सिद्धार्थ : अभी से कल तक तुम्हारे फोन का इंतजार करूंगा। इसके बाद मेरा वकील तुमसे बात करेगा।

सुगंधा : तुम चाहो तो जमीन-आसमान एक कर दो पर मैं अपनी बेटी को तुम्हारे हवाले नहीं करूंगी।

सिद्धार्थ : और मैं डंके की चोट पर उसे लेकर ही रहूंगा।

(सिद्धार्थ झटके से फोन क्रेडल पर रख देता है। अंजनि सामने आकर)

अंजनि : सिद्धार्थ। तुम्हें सुगंधा से इस तरह की बात नहीं करनी चाहिए थी।

(सोनिया भी सामने आ जाती है।)

सोनिया : हां सिद्धार्थ तुम्हारे बात करने का ढंग बहुत ही गलत रहा।

सिद्धार्थ : घी जब सीधी अंगुली से नहीं निकलता है तो टेढ़ी अंगुली से निकालना पड़ता है। अगर वह डाल डाल तक चलेगी तो मैं पत्ते-पत्ते तक चलूंगा। उससे अपनी बच्चाी को लेकर रहूंगा।

दृश्य 6

समय: दिन

दृश्य: सुगंधा के घर का बरामदा। सोफे पर लुढ़की हुई। वैशाली सामने आकर।

वैशाली : मां फोन पर तुम किससे बात कर रही थी।

सुगन्धा : *(वैशाली को अपने से लगाकर)* कोई पागल था। खैर शेफाली अभी तक सो रही है क्या?

वैशाली : कब का उठ गयी है पर.......

सुगन्धा : पर क्या?

वैशाली : *(मां का हाथ थाम कर)* चलो खुद देख लो।

शेफाली : और राजा रानी की दो राजकुमारियां थीं। बड़ी का नाम था वैशाली और छोटी का शेफाली। छोटी राजकुमारी की एक गुड़िया थी। उसका नाम था ....

सुगन्धा : शेफाली।

शेफाली : नहीं। उसका नाम है चन्द्रानी, यह आयी है चन्दा मामा के देश से।

सुगन्धा : वाह। पापा से सुनी कहानी की राजकुमारी।

शेफाली : पर मेरी राजकुमारी उससे भी सुन्दर है। पर मां उस राजकुमारी को चोर चुरा ले गया था।

वैशाली : तुम्हारी गुड़िया को मैं चुरा लूंगी।

शेफाली : मां।

सुगन्धा : अरे नहीं दीदी मजाक कर रही है। (ख्यालों में खोकर अपने आपसे) लेकिन। सिद्धार्थ तो मजाक करता नहीं लग रहा। क्या मैं उसे वैशाली को चुरा ले जाने दूंगी। चुरा ले जाने दूंगी....चुरा ले जाने दूंगी। (कार की आवाज सुनकर दोनों बच्ची छुप जाती हैं)

समीर का प्रवेश

समीर : कहां है मेरी आंखों के दोनों तारे? कहां है? अरे अपने पापा को छोड़कर कहां चली गई तुम।

वैशाली : हम दोनों यहां नहीं है।

समीर : तो फिर यह किसकी आवाज थी।

वैशाली : मां की आवाज होगी।

समीर : तुम्हारी मां की आवाज तो कौवे-की-सी है।

वैशाली : और मेरी?

समीर : तुम्हारी तो कोयल जैसी है।

शेफाली : पापा। मैं आपकी कौन हूं।

समीर : तुम मेरी नानी हो।

वैशाली : और मैं।

समीर : तुम तो मेरी जान हो मेरी धड़कन हो।

(दोनों बाहर निकलकर समीर से लिपट जाती है।)

दृश्य 7

समय : शाम

दृश्य : समुद्र का किनारा। बालू पर चलते हुए सुगन्धा और अंजनि। आगे-आगे चल रही है वैशाली।

सुगन्धा : अंजनि। तुम्हारे बहुत कहने पर मैं तुम्हारी बात मानकर मैं सिद्धार्थ और उसकी पत्नी से मिलने आ गई लेकिन मेरी शर्त बरकरार रहेगी।

अंजनि : वह देखो सामने चट्टान पर बैठे समुन्दर की खूबसूरती निहार रहे हैं।

सुगन्धा : मेरी पहली शर्त तुम्हारे सामने दोहरा रही हूं। किसी भी हालत में वैशाली को यह पता न चले कि वह समीर की बेटी न होकर सिद्धार्थ की बेटी है।

अंजनि : तुम चिन्ता मत करो यह बात पति पत्नी दोनों मान गये हैं।

(नजर पड़ते ही सिद्धार्थ और सोनिया अपनी जगह से उठकर सुगंधा के पास आ जाते हैं। शिष्टाचार निभाया जाना।)

सिद्धार्थ : नमस्ते सुगंधा कैसी हो। मेरी पत्नी सोनिया से मिलो। सोनिया यह है... सुगन्धा । और... क्या नाम बताया था...

अंजनि : वैशाली।

सिद्धार्थ : कहां है वैशाली।

अंजनि : वह सामने गुलाबी झगले में। (चारों व्यक्ति वैशाली तक पहुंचते हैं) वैशाली आओ मैं तुम्हे साउथ अफ्रिका के अपने दो मेहमानों से मिलाती हूं। ये हैं श्री सिद्धार्थ और इनकी पत्नी सोनिया जी।

वैशाली : नमस्ते।

सोनिया : सुगन्धा जी आपकी बेटी बहुत ही सुन्दर है और बहुत ही प्यारी है।

(बिन कुछ कहे सिद्धार्थ वैशाली के दोनों हाथों को चूमता है और फिर उसके माथे को।)

अंजनि : क्यों ना हम पेड़ की छाया में बैठकर बातें करें।

तीनों व्यक्तियों के बैठ जाने पर अंजनि वहां से हटती हुई।

अंजनि : मै आप लोगों को पूरी आत्मीयता के साथ बातें करने के लिए छोड़ रही हूं।

सुगन्धा : *(उसकी बांह को थामकर)* तुम हमारे साथ रहोगी। यह मेरी दूसरी शर्त थी।

सोनिया : अंजनि तुम्हें हमारे साथ रहना होगा।

अंजनि : ठीक है। मैं वैशाली को बालू पर घरौंदा बनाना सिखाकर आती हूं।

(अंजनि और वैशाली द्वारा घरौंदा बनाने का दृश्य। अंजनि का लौटना)

सिद्धार्थ : भगवान की मेहरबानी से तुम्हारे पास दो लड़कियां हैं। उनमें से एक पर मेरा अधिकार बनता है।

सुगन्धा : वैशाली को भी यह अधिकार है कि वह हम दोनों में से अपनी पसन्द को चुने। चूंकि अंजनि तुम्हारे साथ मेरी यह पहली शर्त थी कि वैशाली को यह मालूम नहीं होना चाहिए कि समीर उसका बाप नहीं है।

सिद्धार्थ : एक मासूम बच्ची को अंधेरे में रखना क्या सही होगा।

सुगन्धा : सही और गलत का निर्णय आप नहीं बता पायेंगे मिस्टर सिद्धार्थ।

सिद्धार्थ : मैं वैशाली से बात करना चाहता हूं।

सुगन्धा : एक ही शर्त पर कि आप उससे यह भनक तक नहीं होने दें कि आप उसके बाप हैं। आप उससे बातें करें इससे पहले मैं आपको एक बात बता देना चाहता हूं मिस्टर एंड मिसज सिद्धार्थ। मेरा पति वैशाली को अपने हाड़ मांस की बच्ची से अधिक प्यार करता है, वैशाली उसके प्राण है। मैं अपने पति के प्राण आपको नहीं सौंप सकती।

सोनिया : मेरे पति की भी एक बहुत बड़ी इच्छा है कि वह वैशाली को अपनी ही तरह संगीतकार बनाये।

सुगन्धा : दक्षिण अफ्रिका मॉरिसस से बहुत बड़ा देश है। बेसुमार लड़कियां होगी जिसे गोद लेकर आपका पति अपनी इच्छा पूरी कर सके। मैं फिर से कहती हूं कि मैंने तो वैशाली को सिर्फ जन्म दिया है। मेरा पति तो उसके पल-पल का निर्माता है और वैशाली उसके बिना राजमहल में भी एक पल सांस नहीं ले पाएगी।

अंजनि : सोनिया जी आपकी इस दिशा में मदद पहुंचाने से पहले मैंने आपसे कहा था कि इस मामले में सिद्धार्थ की जिद्द नहीं बल्कि आपका निर्णय होगा। क्या है आपका निर्णय?

सोनिया : हम मॉरिशस के यतिमखाने में एक बच्ची को अपना बनाकर अपने देश को लौटेंगे। आये थे दो जाएगें तीन।

(वैशाली रोते हुई सामने आ जाती है।)

सुगन्धा : क्या हुआ बेटी।

वैशाली : उस लड़के ने लात मारकर मेरे घरौंदे को चकनाचूर कर दिया।

अंजनि : मैंने आप दोनों से कहा था कि वैशाली के पांच वर्षो के सुनहले सपने को तोड़ना अच्छा नहीं होगा। जो बच्ची घरौंदे के टूटने पर रो उठे उसका हाल उस वक्त क्या होगा जब उसके सुनहले सपने चकनाचूर हो जाएंगे।

सोनिया और सिद्धार्थ दोनों उठते हैं बारी-बारी से वैशाली के माथे को चुमकर जाने लगते हैं।

●●●

6

जीत और हार

दृश्य-1

समय : सुबह

दृश्य : घर का कमरा।

शोभा अपनी बेटी को स्कूल के लिए तैयार करती हुई।

आभा : मां पापा हमें अपने घर लौटा ले जाने नहीं आएंगे?

शोभा : क्यों तुम्हें अपने नाना-नानी का घर अब अच्छा नहीं लगता?

आभा : अच्छा तो लगता है मां, पर हमारे उस घर की तरह ......

शोभा : इस घर में वे सारी चीजें, वह मर्सीडिज कार नहीं है, पर यही न?

आभा : मां अगर हम उस घर में लौट जाएंगे तो पापा पहले जैसे गालियां तो नहीं देंगे न? अगर वह फिर तुम्हें मारेंगे तब तो मैं नहीं जाऊंगी।

शोभा : (होर्न सुनकर) लो तुम्हारी स्कूल बस आ गई।

आभा : मां कल तुमने मुझसे पूछा था कि अगर मुझे मम्मी और पापा में से एक को चुनना पड़े तो मैं किसे चुनूंगी।

शोभा : पर तुमने कोई जवाब नहीं दिया था।

आभा : फिर से पूछो।

शोभा : बैग उठाओ और चलो।

आभा : पहले पूछो तो।

शोभा : अच्छा बाबा पूछती हूं। किसको चुनोगी बोलो!

आभा : *(अपनी मां को चूमकर)* अपनी मां को। बाई बाई मां। *(शोभा भी उसे चूम लेती है और स्कूल बस तक छोड़ आती हैं।)*

शोभा : देखो आज भी खाना बिन खाये लौटा लाओगी तो मैं नाना से तुम्हारी शिकायत करके रहूंगी। *(अपने कमरे में एलबम से तस्वीरें देखती हुई अपनी ही आवाज सुनती है।)*

आवाज : क्यों बार-बार इस एलबम की इन पुरानी तस्वीरें को देखती रहती हो। अपने बिछड़ गए दिनों को क्यों याद करके अपने को और भी अधिक दुखी करती हो?

(मां का प्रवेश)

मां : फिर इन तस्वीरों को देखकर मन को दुखी कर रही हो। दे दो मुझे। *(उसके हाथ से एलबम लेती है।)*

शोभा : मां, भैया ने मेरी बात मानी?

मां : वह तुम्हारी नौकरी करने की बात से सहमत नहीं।

शोभा : क्यों मां?

मां : इस घर में दो मर्दों के बराबर काम करता है। तुम्हारा भाई विवेक तो यह कहता है कि आज नहीं तो कल तुम्हारा पति माफी मांग कर तुम्हें घर लौटा ले जाएगा।

शोभा : मैं भैया को बता चुकी हूं कि मैं उस घर में दोबारा लौटना नहीं चाहती।

मां : अपनी बेटी के हित में तुम्हें अपने घर लौटना होगा।

शोभा : मैं अभी भी बोझ बन गई?

मां : अपने भाई और बाप के निर्णय को गलत अर्थ मत दो। बेटियां तो मायके में मेहमान हुआ करती हैं। यही दुनिया की रीत है।

मां चली जाती है।

शोभा फिर से अतीत में खो जाती है।

जीवन : शोभा मां का घर तो चन्द दिनों का बसेरा होता है। मैं तो तुम्हें दूल्हन बनाकर तुम्हारे असली घर में तुम्हें ले ज़ाने के वास्ते आया हूं।

शोभा : सचमुच तुम मुझे बहुत प्यार करते हो जीवन?

जीवन : जितना किसी को कभी नहीं किया। जितना कभी किसी और को कर नहीं पाउंगा। यह मेरा वायदा है। तुम तो मुझे कोई परी लगती हो और कभी राजकुमारी। इस ख्याल में दहल उठता है क्योंकि मेरे पास मेरे राजकुमारी के लिए कोई महल नहीं।

शोभा : मैं राजकुमारी नहीं हूं जीवन और ना ही महल में रहने का सपना देखती हूं। मेरा सपना तो बस यह है कि जिन्दगी भर तुम्हारे प्यार की बाहों को अपना आशियाना मानूं।

(शोभा ख्यालों से छुटकर सजग होती है।)

शोभा का भाई विवेक काम पर जाने के लिए घर से निकलते हुए ठिठक जाता है।

विवेक : तुम आज फिर से अपने आपसे बातें कर रही हो। देखो मेरी लाडली

गुड़िया। जो हो गया सो हो गया। अब बीती हुई घड़ियों को याद करके अपने को और भी सजा क्यों दे रही है। तुम्हारा पति अब वह जीवन नहीं जो हम जैसे लोगों की तरह साधारण आदमी था। अब तो राजनेता है। मंत्री है। खैर। शाम को मैं तुमसे बात करता हूं। अगर नौकरी से लौटकर मैं तुम्हारे चेहरे पर मातम छाया हुआ देखूंगा तो मुझसे बुरा कोई नहीं होगा। आयी बात समझ में।

(सिर हिलाकर हामी भरती है अनिल उसके माथे पर हाथ रख कर उसे झटके देकर बाहर होता है।)

दृश्य - 2

आवाज : आज से चन्द साल पहले इस कहानी की रूपरेखा आज की हालत से एकदम भिन्न थी। शोभा और जीवन का प्यार तो आसमां छू रहा था लेकिन दोनों की शादी अड़चने लिए हुई थी।

शोभा : देखो जीवन यह बात सही है कि हम दोनों के बीच जात-पांत की एक दीवार खड़ी है लेकिन मेरे मां-बाप इस तरह के भेद-भाव पर यकीन नहीं करते। वे हमारी शादी पर आपत्ति कर सकते थे। लेकिन वैसा न करके अपनी रजामंदी दे दी। तुम्हारे परिवार की ओर से बिल्कुल भी एतराज नहीं होना चाहिए था फिर भी एतराज होता रहा। आज हमारी शादी के तीन साल बाद तुम इस जात-पांत के मुद्दे को उठा रहे हो?

जीवन : देखो। अगर आज मुझे चुनाव लड़ने के लिए अवसर मिला है तो मेरी जाति के बल पर ही मिला है। हम दोनों का अलग बिरादरी का होना हमारे लिए तो फायदे की बात है। तुम्हारे परिवार और मेरे परिवार के बीच दो जाति-पाती के अन्तर के बावजूद हमारी ताकत दोगुनी हो जाती है। मेरे कुनबे के लोग तो मुझे वोट देंगे ही। अगर तुम्हारा भाई हमारी मीटिंग में मंच पर आकर मेरे पक्ष में वोट मांगे तो तुम्हारी बिरादरी वालों के वोट भी मुझे मिलकर ही रहेंगे।

शोभा : पर मेरा भाई इस बात के लिए तैयार हो तब तो।

जीवन : साले मेरे खिलाफ मेरी ही बिरादरी का उम्मीदवार खड़ा हुआ है।

शोभा : पता नहीं भैया इस जात-पांत के झमेले में शामिल होना चाहेगा या नहीं।

जीवन : मुझे हर हालत में तुम्हारी सभा के लोगों के वोट चाहिए वरना जीतना कठिन हो जाएगा।

शोभा : भैया से मिलकर हालात समझाती हूं।

जीवन : तुम उसकी बहन हो मैं उसका बहनोई हूं। मेरी जीत से उसकी बहन की भी तो इज्जत बढ़ेगी। जाति विशेष के बल पर मुझे मंत्री बनने का मौका भी आसानी से मिल सकता है।

आवाज : शोभा का भाई पहले तो इस बात के लिए तैयार नहीं था पर अपनी बेहद प्यारी बहन के कहने पर आखिरकार उसने लोगों से वोट की मांग की। परिणाम वही हुआ जिसकी उम्मीद थी। जीवन की चुनाव में शानदार जीत हुई और वह मंत्री भी बन गया। लेकिन जैसा कि कहा जाता है कि हर कामयाबी का दाम भी चुकाना पड़ता है इसलिए यह दाम शोभा को चुकाना पड़ा।

दृश्य - 3

समय : शाम

दृश्य : शोभा के बाप का घर

अपनी मां और भाई के बीच शोभा अपनी बेटी के साथ बैठती हुई।

विवेक : शोभा। मैंने तुम्हारे पति के लिए चुनाव के दौरान जमीन-आसमान एक कर दिया था। मगर कल का एक साधारण आदमी आज मंत्री बनकर अपने समय को भुल गया।

मां : यह तो अच्छा हुआ कि सब कुछ देखने के लिए तुम्हारे बाप नहीं रहे।

विवेक : मैंने सिर्फ अपने प्रभाव और मेहनत से ही उसकी मदद नहीं की बल्कि उसको जिताने के लिए अपनी जेब से भी खर्च किया। आज अगर वह इन बातों को भूल गया है तो मुझे इसका शिकवा नहीं मगर उसने जो कुछ तुम्हारे साथ किया है उसके लिए उसे माफ नहीं कर सकता।

मां : लेकिन बेटी, इसका मतलब यह नहीं कि हम तुम्हें उस घर से हमेशा के लिए नाता तोड़ देने की बात करेंगे। मगरूर हो जाने के बावजूद वह आज भी तुम्हारा पति, मेरा दामाद है और आभा का बाप है।

विवेक : पर मैं उसे अपना बहनोई मानने को तैयार नहीं । वह हद को पार कर चुका है .... खासकर तब से जबसे वह अपने दफ्तर की सेक्रेटरी के साथ रंगरलियां मनाने लगा है। गुड़िया तुम अगर उसे अब भी माफ करके उसके पास लौटना चाहोगी तो मैं नहीं रोकूंगा।

आभा : पापा तो मां को मारता भी है।

शोभा : आभा। बड़ों के बीच नहीं बोला करते बेटी।

आभा : उसने मुझे भी एकदिन मारा था।

समय: रात

जीवन के विशाल बंगले का लिविंग रूम। दोनों हाथों में गिलास थामे शोभा तक जाना।

जीवन : उस दिन फ्रेंच एम्बैसी की पार्टी में ग्लास लेने से इन्कार करके तुमने वहां के सभी लोगों की बेइज्जती की थी। आज मैं तुम्हें हाई सोसाइटी तमीज सिखाकर रहूंगा। लो पकड़ो।

शोभा : मैं पहले भी कह चुकी हूं मेरे खानदान में किसी ने कभी शराब नहीं पी है।

जीवन : तुम्हारा खानदान जाए भाड़ में मैं अपनी पत्नी को ठाठ की जिन्दगी सिखाना चाहता हूं। भद्र समाज में उठने-बैठने का तरीका नहीं आता तुम्हें।

शोभा : मेरे मां-बाप ने जो संस्कृति मुझे दी है वह काफी है मेरे लिए।

जीवन : नखरे बन्द करो और थामों यह ग्लास।

शोभा : प्लीज मुझे मजबूर मत करो।

जीवन : यह घटिया चीज नहीं। शारदाने है शारदाने।

शोभा : मैंने कहा न कि मैं इसे नहीं पी सकती।

जीवन : मैं तुम्हें पिलाकर ही दम लूंगा।

आभा : मां। (रो उठती है।)

(आभा चिल्ला उठती है। जीवन उस पर वाइन उड़ेल देता है और थप्पड़ मारता है। जीवन मोबाइल पर नम्बर मिलाकर।)

जीवन : हैलो। शालिनी। मैं तुम्हें लेने आ रहा हूं। फोन करके रोयल रेस्टरॉ में रिजर्वेशन करा लो। दो व्यक्तियों के लिए।

शालिनी : पर आज रात तो मैं...

जीवन : मैं कुछ सुनना नहीं चाहता। मैंने हुक्म दिया है और तुम्हें उसको तालिम करना है। समझी?

शालिनी : ठीक है। मैं तैयार रहूंगी।

जीवन : (शोभा से) तुम गंवार की गंवार ही रह जाओगी।

दृश्य - 4

समय: दिन

शोभा अपने बाप के घर, अपने कमरे में अकेली । मां भीतर आती है।

शोभा : (अपने आप से) सच ही तो कहा था तुमने कि मै गंवार की गंवार ही रह गई। और तुम जीवन कहां से कहां पहुंच गये। कोई बनता है कोई बना दिया जाता है।

मां : बेटी कामिनी आयी है।

शोभा : उसे बिठाओ मैं आ रही हूं।

(मां के बाद शोभा बड़े कमरे में आकर कामिनी से मिलती है।)

कामिनी : यह क्या हालत बना रखी है?

शोभा : जीवित हूं कामिनी। बहुत ही सुनहला सपना देखा था पर यह नहीं सोचा था कि वह बिजली की तरह चमक कर इतनी जल्दी ओझल हो जाएगा। खैर। तुम कैसी हो।

कामिनी : कहूं कि खुश हूं? तुम्हारी हालात देखी नहीं जाती। उन दोनों को खुलेआम इस तरह साथ-साथ देखकर कब तक चुप रहोगी?

शोभा : भलाई तो इसमें है कि मैं चुप ही रहूं।

कामिनी : अब तो बातें अखबारों में भी आने लगी चाहे गुमनामी ही क्यों नहीं।

शोभा : भैया भी बता रहे थे। नया घर नयी कार। मेरा न सही मेरी बच्ची का हक मारा जा रहा है।

कामिनी : तुम चुपचाप यह सब कुछ होते कैसे देख पा रही हो?

शोभा : कर ही क्या सकती हूं? पहाड़ से सिर मारने का क्या लाभ?

कामिनी : तो फिर इस तरह घुट-घुट कर मरने में लाभ है क्या?

शोभा : नसीब।

कामिनी : नहीं शोभा यह नसीब का खेल नहीं है यह आदमी के बीच से आदमियता की मौत है। औरत जात आज भी जुल्मों के घेरे में खड़ी है। मैं पुछती हूं आखिर कब तक?

शोभा : किससे जवाब की उम्मीद रखती हो?

दृश्य - 5

समय: सुबह

जीवन का घर, शालिनी के साथ

जीवन : अवधि से छह महीने पहले ही विधानसभा भंग कर दी गई। और चार महीने बाद देश में नए चुनाव की घोषणा भी हो गई। समय एक समस्या बन गया है।

शालिनी : मुझे तो एक बात का डर है कि कहीं तुम्हें इस बार पार्टी का टिकट ही न मिले।

जीवन : सभा की ओर से टिकट का हल तो निकाल ही आएगा। मुझे तो एक दूसरी बात का डर है।

शालिनी : क्या है वह डर?

जीवन : अपनी बहन के कारण मेरा साला अगर मेरा साथ नहीं देगा तो मुकाबला आसान नहीं होगा।

शालिनी : फिर तो एक ही उपाय है।

जीवन : यही न कि मैं शोभा को मनाकर घर ले आऊं?

शालिनी : वरना तुम्हें उसके भाई की सभा की ओर से मदद नहीं मिल पाएगी।

जीवन : और उसकी सभा की मदद के बिना सिर्फ अपनी जाति वालों पर भरोसा करके जीतना कठिन होगा। क्योंकि उस दूसरी ओर भी अपनी जाति का उम्मीदवार होगा। वोट का बटना मेरे लिए अच्छा नहीं रहेगा।

शालिनी : ऐसी बात है तो हर हालत में शोभा को मना कर घर ले आना होगा।

जीवन : नहीं तो उसका भाई मेरा साथ नहीं देगा। वैसे भी मैंने अपनी हालात भी कुछ नाज़ुक कर ली है।

शालिनी : चुनावों की सरगर्मी में जनता छोटी-मोटी बातें पर कम ध्यान देती है।

जीवन : मुझे लगता है कि आज ही विवेक से भेंट करके बात करनी होगी।

शालिनी : मैं भी यही सोचती हूं। पर इससे पहले तुम फोन पर शोभा से बात करके उसे घर लौटने को राजी कर लो।

जीवन : माफी मांगनी पड़ेगी।

शालिनी : राजनीति में तो सभी कुछ जायज है।

दृश्य - 6

शोभा की मां का घर। आंगन में जीवन की कार रुकती हैं। आभा दौड़कर जीवन तक पहुंचती है।

जीवन : आज भी स्कूल नहीं गयी?

आभा : आज रविवार है।

जीवन : अरे हां तो।

आभा : आप मुझे और मां को ले जाने के लिए आए हैं?

जीवन : हां, चलोगी न?

आभा : नहीं। आप मां को मारेंगे। मुझे भी।

(विवेक सामने आ जाता है।)

जीवन : हैलो विवेक। मैं तुम्हीं से मिलने आया हूं।

विवेक : मैं वजह भी जानता हूं।

जीवन : घर के भीतर बात करते हैं।

विवेक : मेरे घर में मंत्री को बिठाने वाली कुरसी नहीं है। पर हां अब तो तुम केयरटेकर सरकार के मंत्री हो। तुम तो अपनी पत्नी और बच्ची से मिलने तो आए नहीं।

जीवन : मुझे फिर से तुम्हारी मदद की जरूरत है। भीतर चलते हैं।

(विवेक बरामदे से आंगन में आ जाता है।)

विवेक : जो भी बातें करनी है यहीं करो।

जीवन : यह आपस की बातें होंगी। बेहतर है कि हम अन्दर ....

विवेक : बेहतर तो यही होगा कि हम यही बात करें। आभा तुम भीतर चलो।

जीवन : आभा मेरी बेटी है.......

विवेक : अच्छा।

जीवन : मुझे अपनी पत्नी से मिलने दो।

विवेक : तुम्हारी पत्नी? जिसे तुमने धक्के देकर घर से बाहर किया था।

जीवन : देखो विवेक जो कुछ हुआ उसका अफसोस है।

विवेक : पर न तो यह अफसोस मुझे है और न मेरी बहन को।

जीवन : कानूनन वह ....

विवेक : जिस कानून की बात कर रहे हो मिस्टर जीवन? उस अग्नि प्रतिज्ञा की बात क्यों नहीं करते? और फिर प्रतिज्ञा का मतलब तुम क्या जानो। तुमने जनता से जो प्रतिज्ञा की थी उसे पूरा कर पाये? मैं आखरी बार कहता हूं तुम मेरी बहन से नहीं मिल सकते।

(मां सामने आ जाती है।)

मां : विवेक बेटे। तुम इसे भीतर आने दो।

विवेक : मैं इस जहरीले सांप को भीतर आने नहीं दूंगा।

मां : मेरी बात मानकर उसे आने दो।

विवेक : मां छह महीने बाद आज इसे पत्नी और बच्ची की याद आई है?

(शोभा बरामदे में जाकर)

शोभा : भैया इसे भीतर आने दो। मुझे इससे दो बातें पूछनी है और दो बातें कहनी है। इस घर में मैंने जिस संस्कृति को जाना है वह तहजीब है मुझे इससे आंगन में सवाल करने की इजाजत नहीं देती।

(बिन कुछ कहे विवेक जीवन के आगे से हट जाता है। भीतर प्रवेश करने के बाद)

विवेक : देखो मेरी बहन तुमसे बात करे इससे पहले मैं तुम्हें इतना बताए देता हूं कि इस बार मैं तुम्हारे जाल में फंसने वाला नहीं। तुम बिन कुछ कहे मेरी बहन की बातें सुन लो पहले।

शोभा : पहले मैं तुमसे अपने दो सवालों के जवाब चाहती हूं। पहला सवाल। क्या मुझसे शादी करने से पहले तुम्हें यह मालूम नहीं था मैं गांव में जनमी एक गंवार लड़की थी? दूसरा प्रश्न क्या यही मेरा सबसे

बड़ा जुर्म था कि मैं तुम्हारे भड़कीले समाज के साथियों के गिलासों से गिलास नहीं टकरा पाई और मैं उनके साथ नाच नहीं पाई? जवाब दो।

जीवन : शोभा मैं अपनी भूल मान रहा हूं, मुझे मंजूर है ....

शोभा : पर मुझे मंजूर नहीं। अब तुम मेरी दो बातें भी सुन लो। तुम जैसे लोग जो जनता को टुकड़ों में बांटकर कामयाब होते हो उन्हें जनता का प्रतिनिधि होने का कोई हक नहीं। मेरी दूसरी बात भी सुनते जाओ। तुम जैसे खुदगर्ज न तो कभी अपनी जाति के लिए काम करते हो और ना ही देश की जनता के लिए। बस अब तुम जा सकते हो।

(शोभा अपनी बच्ची का हाथ थामे भीतर चली जाती है)

जीवन : शोभा शोभा सुनो तो सही।

विवेक : तुम सुनो और ध्यान से सुनो। तुम्हारे बहकावे में आकर मैं भी वर्ण और जातिभेद के घिनौने जाल में आ गया था। उस भूल को मैं फिर से दोहराना नहीं चाहता। जनता की ताकत जाति की ताकत से अधिक बड़ी होती है। अपनी जाति को सीढ़ी बनाकर तुम अपने को शिखर तक पहुंचा सके पर इस बार जनता की ताकत तुम्हें ऊपर से इतना नीचे फेकेगी कि तुम्हारा फिर से उठना नामुमकिन हो जाएगा।

(खड़े होकर क्रोध में उठना)

जीवन : देख लूंगा तुम्हें।

विवेक : तुम किसी को क्या देखोगे। तुम्हारी खबर तो जनता लेगी वह भी अगर तुम्हें टिकट मिल पाया तब।

•••

7

एक खामोश प्यार

दृश्य - 1

समयः सुबह

दृश्य:दो पड़ोसियों के आधुनिक घर। खिड़कियां आमने-सामने खुलती है। पहला परिवार। (जीवन, रेखा, रुपाली) रुपाली का टाइट जींस और शर्ट में घर से निकलना। रुपाली के निकलते ही रेखा माइक्रोवेव से प्लेट निकालकर मेज पर रखती है।

जीवन : (चाय की मेज पर नाश्ता लेते हुए अखबार पढ़ रहा है।) रुपाली!

रुपाली : हां पापा।

जीवन : इतने सवेरे कॉलेज?

रुपाली : आज शनिवार है। मैं ट्यूशन पर जा रही हूं।

जीवन : इतने सवेरे।

रुपाली : नौ बजने को हैं पापा। अरुणा रास्ते पर इन्तजार कर रही है।

रेखा : देखा किस तरह के तंग कपड़ों से तुम्हारी दुलारी ट्यूशन के लिए जा रही है।

जीवन : यही तो उसकी उमर है पहनने संवरने के।

रेखा : ऐसा ही कहकर तो तुमने उसे सिर पर चढ़ा रखा है।

जीवन : तुम तो रेखा आज भी लकीर का फकीर बनी हुई हो। हमारा जमाना कुछ और था। इन नौजवानों का जमाना है यह। उन्हें अपने जमाने को अपने ढंग से जीने दो।

रेखा : भूल गए जब मैं नई-नई आई थी तब और जब सासू मां मुझे मेरे कपड़ों के लिए डांटती रहती थी तो तुम भी कह जाते कि मेरी चोली मेरी कमर और पीठ सही नहीं ढकती।

जीवन : तब की बात कुछ और थीं । समय और फैशन के साथ तो चलना ही पड़ता है।

रेखा : हमारे पड़ोस में भी तो एक लड़की है। आखिर अरुणा भी रुपाली की तरह बेढ़ंगे कपड़े क्यों नहीं पहनती?

जीवन : मेरी बेटी स्टार कॉलेज में पढ़ती है और धीरज की बेटी गांव के कॉलेज में। फर्क तो होना चाहिए।

रेखा : आप ही जैसे बाप के लाड़ प्यार से बेटियां बिगड़ती हैं।

जीवन : दकियानूसी बातें बन्द करो। क्लास और स्टेटस भी तो कोई चीज होती है। अब चुहिए के सिर पर चमेली का तेल तो मुमकिन नहीं।

रेखा : अरुणा को चुहिया कह गये?

जीवन : मुहावरा भी तो समझा करो ।

रेखा : हां मैं तो बेसमझ हूं। सारी समझदारी का ठेका तो तुमने ले रखा है। मेरा चले तो रुपाली के सभी बेढ़ंगे कपड़े को जला दूं।

जीवन : आखिर जल गई न मेरी बेटी के पहनावे से। अरे उसका बाप जमकर के कमाता है उसे जमकर पहनने संवरने दो। मां-बाप के राज में बच्चे मौज-मस्ती नहीं करेंगे तो कब करेंगे?

रेखा : आकर देखो अरुणा भी तो अच्छी आमदनी वाले मां-बाप की बेटी है। उसकी सादगी और सुन्दरता तो देखो। कितनी सौम्यता है। कितनी प्यारी लग रही है।

जीवन : कहते हैं न कि दूर के ढोल सुहाने लगते हैं।

अरुणा - तुम कभी तो वक्त पर घर से बाहर निकला करो रुपाली ।

(रास्तें का दृश्य। रुपाली और अरुणा साथ-साथ चल पड़ती है।)

दृश्य - 2

दृश्यः कॉलेज का प्रांगन।

समयः दिन।

कुछ छात्र वॉली-बॉल खेलते हुए रुपाली और अरुणा के सामने से निकलते हैं। विशाल और धीरज के दोनों के बीच आ जाते हैं।

विशाल : (रुपाली से) बड़ी स्मार्ट लग रही हो?

रुपाली : लगता है पहली बार मुझे स्मार्ट पा रहे हो।

विशाल : स्मार्ट तो तुम हमेशा रहती हो पर आज हमेशा से अधिक छबीली लग रही हो ।

(धीरज पीछे से आकर रुपाली की आंखों को हाथों से ढांप लेता है।)

रुपाली : यह शैतानी माधुरी के अलावा और किसी की नहीं हो सकती।

अरुणा : गलत।

रुपाली : *(धीरज के हाथों को टटोल कर)*.धीरज! *(उसके हाथों को अपनी हाथों से हटाकर)* पूछो कैसे पहचाना।

धीरज : मेरे हाथ के कड़े से।

रुपाली : नहीं। तुम्हारी हाथों में आ रही लड़कियों की क्रीम की गंध से।

धीरज : आफ्टर शेव लड़कियों की क्रीम कब से हो गई।

रुपाली : बच्चे भी आफ्टर शेव इस्तेमाल करने लगे हैं क्या?

विशाल : बता रही है कि अब बच्चा नहीं रहा शेव करने लगा है। लड़कियों को छेड़ भी सकता है और ....

अरुणा : पर कल तक तो लड़कियां इसे छेड़ती रहती थी।

धीरज : लड़कियां नहीं लड़की। सिर्फ तुम मुझे छेड़ती आई हो।

अरुणा : लो। करे कोई और भरे कोई और। सबसे पहले तो रेखा ने तुम्हें असरानी कहना शुरू किया था। मैं तो तुम्हें प्यार से माधुरी दीक्षित कहती हूं।

विशाल : इसलिए नहीं तुम्हारा चेहरा माधुरी दिक्षित जैसा है बल्कि इसलिए कि तुम चलती हो तो माधुरी दिक्षित की तरह।

धीरज : वाह! मेरी बिल्ली मुझसे म्याऊं। यह मत भूलना कि रेखा और अरुणा से मैंनें तुझे मिलाया था। तू तो इन लड़कियों से भी अधिक शर्मिले थे।

विशाल : ठीक है ठीक है। चलो आज मैं चाय पिलाता हूं।

धीरज : यह तो आदमी द्वारा कुत्ते को काटे जाने वाली खबर हो गई। चलो चलें वरना यह व्यक्ति इरादा बदल भी सकता है।

दृश्य - 3

दृश्यः पांप्लेमुस का बाग

समयः दोपहर।

कॉलेज के कुछ छात्र पिकनिक पर। धीरज और विशाल ढोलक और झाल बजाने लगते हैं।

धीरज : काफी फिल्मी गाने और अंताक्षरी हो गई। अब कोई अच्छा सा भोजपुरी गाना हो जाए।

रुपाली : माधुरी की बारी है।

अरुणा : हां माधुरी सुनाओ कोई बढ़िया भोजपुरी गीत।

माधुरी : मुझे पूरा गीत याद नहीं...

रुपाली : जो भी याद हो वही गाओ।

(रुपाली गाती है)

: बगिया में फूल खिले देखो रंग-बिरंगे डाली-डाली फूदके चिरैया गायें चीं चीं नाचेला झूमेला हब सबके मनवा नदी बहे कल कल हवा बहे झर झर झनन झनन झाल बजे ढोलक करे धमधम।

दृश्य - 4

दृश्यः घर का कमरा

समयः शाम।

रुपाली, अरुणा और माधुरी आपस में बातें करती हुईं।

रुपाली : मैं विशाल से प्यार करती हूं। लेकिन जब लड़का होते हुए भी वह आज तक मुझे कह नहीं पाया कि वह मुझे प्यार करता है, तो फिर लड़की होकर मैं यह साहस कैसे कर सकती हूं?

माधुरी : हो सकता है कि वह पहले तुमसे यह बात सुनना चाहता हो। यह भी जान लो कि कुछ लड़के लड़कियों से अधिक शर्मीले होते हैं। अब धीरज को ले लो वह तो विशाल से अधिक गत्स लिए होता है। उसमें न तो विशाल वाला शर्मीला भाव है और ना ही किसी तरह की झिझक, जबकि विशाल उतना खुला हुआ नहीं है।

अरुणा : यही वजह है कि वह अपने दिल की बात कह जाने में झिझक रहा होगा।

माधुरी : मुझे तो लगता है कि अब तुम ही को विशाल के सामने अपनी मुहब्बत जाहिर करनी होगी।

रुपाली : यह बात तो मैं कई बार सोचकर भी बोल नहीं पाई। एक बात से दहल उठती थी और आज भी मेरे भीतर वह डर बना हुआ है।

माधुरी : कैसा डर?

रुपाली : कहीं वह यह न कह दे कि वह मुझे प्यार नहीं करता तो...

अरुणा : कयामत थोड़े आ जाएगी। तू न सही कोई और सही।

माधुरी : एक काम किया जा सकता है। अरुणा क्यों न यह काम तुम ही को सौंपा जाए।

अरुणा : मुझसे यह नहीं पूछा जा सकता। इस चाल में तुम ही हम तीनों में अधिक काबिल हो।

माधुरी : जाकर उसे यह पूछूं कि वह रुपाली को प्यार करता है या नहीं?

अरुणा : अरे नहीं बाबा।

माधुरी : तो फिर?

अरुणा : उससे यह तो पूछ ही सकती हो कि वह रुपाली के बारे में क्या सोचता है।

रुपाली : इसके तो कई जवाब हो सकते हैं। वह बोलता भी तो रहा है - बड़ी स्मार्ट। आगे यह भी बोल सकता है - अच्छी लड़की है। खूबसूरत है। पर जो उत्तर हमें चाहिए वह तो मिलने से रह जाएगा।

अरुणा : माधुरी। तुम क्या सोचती हो।

माधुरी : मुझे एक चाल सूझी है।

रुपाली : बताओ तो सही।

माधुरी : मैं उससे सीधे यह कह कर उसे चौंकाना चाहती हूं कि मैं उससे प्यार करती हूं।

रुपाली : और वह कबूल कर ले तो?

माधुरी : तो तुम हाथ मल कर रह जाओगी। अरे नहीं। अभी से ही चेहरे पर मातम न आने दो। अगर वह तुम्हें प्यार करता है। तो मेरे सवाल का सीधा जवाब वह यह देगा - नहीं ब्यूटी मैं किसी और को चाहता हूँ फिर तो वह नाम बता कर ही रहेगा। तब तक अपनी धड़कनों को नियंत्रण में रखो।

अरुणा : यह क्या होता है।

दृश्य - 5

दृश्यः मंदिर का प्रांगण।

समयः सुबह।

माधुरी हाथ में पूजा की थाली लिए मंदिर से बाहर आती है। विशाल को देखकर ठिठक जाती है।

माधुरी : विशाल! यह तो कमाल का संयोग रहा।

विशाल : संयोग। किस बात का?

माधुरी : यह अचानक की हमारी मुलाकात। मैं तो तुम्हारे घर आने की बात सोच रही थी।

विशाल : कहते हैं न कि शैतान को याद करो और वह सामने आ ही जाता है।

माधुरी : मंदिर के आंगन में शैतान की बात?

विशाल : खैर। यह बताओ कि मेरे घर आने का नेक ख्याल तुम्हें आया कैसे?

माधुरी : एक बहुत ही व्यक्तिगत बात के लिए। पर इत्तिफाक से जब मिल ही गए तो वह बात पूछ ही लूं। पर देखो मेरी बात का बुरा मत मानना।

विशाल : ऐसी क्या बात हो सकती है जिसे बुरा मानने की नौबत आ सकती है।

माधुरी : पहले यह तो बताओ कि तुम और भगवान...

विशाल : मैं तुम्हें नास्तिक लगता हूं क्या?

माधुरी : वह तो मानना पड़ेगा कि खाली हाथ तुम पूजा करने तो नहीं आए हो।

विशाल : मैं अपनी प्यारी भाभी के लिए बेल के पत्ते लेने **आया** हूँ। इस नेक काम का फल यह रहा कि तुम मौके से मिल गई।

माधुरी : विशाल मुझे तुमसे एक अत्यन्त ही गंभीर बात करनी है। पर पहले तुमसे यह विनती है कि मेरी बात को अन्यथा नहीं लोगे।

विशाल : ऐसी क्या बात हो सकती है...

माधुरी : तुमसे एक बात जाननी है।

विशाल : बात जानने के लिए तो सवाल किए जाते हैं।

माधुरी : यही करने जा रही हूं। कल रुपाली और अरुणा के साथ बातें हो रही थी। उसी वक्त यह सवाल पैदा हुआ था। तुम्हारे सामने उस सवाल को रखते हुए झिझक तो हो रही है पर रुपाली...

विशाल : पूछो तो सही क्या पूछना है।

माधुरी : नाराज मत होना।

विशाल : निश्चिंत रहो मैं नाराज नहीं होऊंगा। तुम इस सस्पेंस को तो खत्म करो।

माधुरी : तुम रुपाली को चाहते हो?

विशाल : न चाहने की कोई वजह।

माधुरी : मेरा मतलब है तुम उसे प्यार करते हो?

विशाल : वह ठीक तुम्हारी तरह मेरी दोस्त है। दोस्तों से नफरत थोड़े ही की जाती है।

माधुरी : रुपाली तुम्हें बेहद प्यार करती है। कसम से...

विशाल : मैं तो तुम तीनों में से जिसे प्यार करता हूं उसके सामने होकर बेजुबान हो जाता हूं। और वह लड़की किसी भी हालत में रुपाली नहीं हो सकती।

(दृश्य धीरे-धीरे समाप्त होता है)

दृश्य - 6

दृश्यः रुपाली का घर।

समयः सुबह।

नाश्ते पर बैठे रुपाली, जीवन और रेखा टोस्ट तैयार करती हुई।

रेखा : इस ठंड के मौसम में तुम इतने हलके कपड़ों में कॉलेज जाओगी?

रुपाली : माँ तुम सुबह शाम मेरे कपड़ों के पीछे पड़ी रहती हो।

रेखा : तुम्हारे कॉलेज के अध्यापक भी कैसे लोग हैं जो अपने छात्रों को बेढंगे कपड़ों के लिए मना नहीं करते।

जीवन : रेखा। तुम बार-बार रुपाली को उसके पहनावे के लिए उसे क्यों कोसती रहती हो?

रेखा : क्योंकि शरीफ परिवार की लड़कियां इस तरह के लिबास में नहीं हुआ करती। ब्लाऊज़ तो स्लीवलेस है ही लहंगे भी घुटनों से ऊपर। टी.वी. पर आने वाली इन हिन्दी फिल्मों ने तो संस्कृति का सत्यानाश कर रखा है।

जीवन : फिर भी तुम उन्हें देखते रहने से तुम थकती नहीं हो। (रुपाली उठने लगती है)

रेखा : बाहर सर्दी पड़ रही है। कम से कम एक स्वेटर तो अपने ऊपर रख लो।

रुपाली : मुझे ठंड नहीं लगती। समझी।

रेखा : (पति से) तुम्हारे ही बिगाड़े तो यह बिगड़ी है। शरम तो जैसे कि घोल कर पी गई है। वेश्या होने की भी हद होती है।

जीवन : तुम मेरी बेटी से इतनी ज्यादा जलती क्यों हो?

रेखा : अच्छा जी। सही बातें करूं तो जलना हो गया। इसी तरह इसे सहलाते रहो। सिर पर चढ़ाए रहो। (खिड़की से झांक कर) मैं जब रुपाली को अरुणा की बगल में देखती हूं तो सोच बैठती हूं कि काश! रुपाली की जगह अरुणा मेरी बेटी होती।

जीवन : तुम कहो तो मैं अरुणा के बाप से कहकर दोनों की अदला-बदली कर लें।

रेखा : गंभीर बातों को भी तुम मजाक बना देते हो।

दृश्य - 7

दृश्य: मंदिर का प्रांगण।

समय: शाम।

रुपाली और माधुरी बरगद की छाया में बैठे हुए। सामने से धीरज और अरुणा आती हुई।

रुपाली : कम से कम अब तो मैं झूठी उम्मीद के साथ तो नहीं जिऊंगी। तुमने दोस्ती निभाई माधुरी। प्यार भी किसी जुए के खेल से कम नहीं। जीत की उम्मीद के साथ हार को भी स्वीकार कर जाने की शक्ति तो होनी चाहिए।

माधुरी : मुझे खुशी है रुपाली कि तुमने अपने को हताश नहीं होने दिया। सपने के टूटने से जिन्दगी नहीं टूटती। तो अरुणा भी आ गई।

धीरज : कहते सुना है कि बरगद के नीचे भूत बसते हैं।

माधुरी : अब तक तो नहीं था। क्यों अरुणा यह भूत तुम्हें कहां मिल गया?

अरुणा : काली बिल्ली की तरह रास्ता काट कर आ गया।

रुपाली : बिल्ली का रास्ता काटना हमेशा अशुभ नहीं होता।

धीरज : यह हुई न बात। पर अरुणा की समझ में मेरी बात आए तब तो।

माधुरी : खोखली उम्मीद के सहारे मत रहो।

धीरज : खोखली क्यों?

माधुरी : क्योंकि पहले भी तुम्हारी दाल नहीं गली और अब तो उसका गलना एकदम नामुमकिन समझो।

धीरज : सचमुच अरुणा?

अरुणा : क्या सचमुच।

धीरज : यही कि मेरी दाल गलने से रही।

अरुणा : तुम्हारे बिन सिर पाँव की बातें हमेशा मेरी समझ से बाहर रही।

(माधुरी अपने बैग से एक पत्र निकाल कर अरुणा को थमाती है।)

माधुरी : किसी ने दिया है तुम्हारे हवाले करने के लिए।

दृश्य - 8

दृश्यः समुद्री इलाका - चट्टान। रुपाली, अरुणा, माधुरी, विशाल, धीरज।

समयः सूर्यास्त से पहले।

दो अलग कारों से सभी का उतरना। चटाई बिछा कर बैठना।

विशाल : मैं अपने मित्रों के बीच कोई औपचारिकता निभाना नहीं चाहता फिर भी मेरी दावत को कबूल कर तुम सभी इस पिकनिक में आ गए इसके लिए मैं सभी का शुक्रगुजार हूँ।

धीरज : खाने-पीने के अवसर को चुकने की बेवकूफी हम क्यों करते हैं यार।

विशाल : मेरी झिझक और खामोशी के कारण मेरे जिस भी साथी को ठेस पहुंची है उसके लिए मैं शर्मिन्दगी का एहसास कर रहा हूं।

माधुरी : जंग जीत कर हारे हुए की तरह बातें करना बंद करो और सही बात करो।

विशाल : सही बात तो यह है कि अरुणा ने मेरे प्यार को स्वीकार करके मुझे खुशनसीब बना दिया। पहले दिन से मैंने अरुणा को अपनी प्यार की सहयात्री बनाना चाहा था पर छह महीने बाद ही कर पाया। वह भी अपनी दिली दोस्त रुपाली की बदौलत। अगर वह माधुरी के जरिए प्यार का सवाल नहीं उठाती तो मैं आज भी अपनी खामोशी में छटपटाता रहता।

रुपाली : विशाल हम दोस्त थे और दोस्त बने रहेंगे। मैं तुम्हें इस बात के लिए बधाई देती हूं कि तुम अरुणा जैसी नजाकत से भरी लड़की को पा

सके और अरुणा को इस बात की बधाई देती हूं कि वह विशाल जैसे विशाल दिल वाले को अपना पाई।

(तालियां)

विशाल : मेरा पत्र पढ़ने के बाद अरुणा ने मुझसे पूछा था कि मैंने उसमें कौन सी ऐसी खुबी देखी जिसके लिए मैंने उसे अपने प्यार के योग्य समझा। मैंने उससे केवल इतना कहा- तुम्हारी सादगी। गुलाब का फूल न तो रंगों का मोहताज होता है और ना ही खूबसूरती और खुशबू का।

अरुणा : मैं भी एक बात कहना चाहती हूं। मैं भी पहले ही दिन से अपने प्यार को खामोशी में जकड़े रही। आज मैं रुपाली की बदौलत उस प्यार का इकरार कर पाई। आई लव यू रुपाली और विशाल तुम्हारा प्यार मेरे जीवन की सबसे बड़ी सम्पत्ति है।

(रुपाली अपनी जगह से उठ कर अरुणा और विशाल के गालों को चूमती है।)

●●●

8

स्वरलहरी

दृश्य - 1

समय:घर का भीतरी भाग।

दृश्य: रात

विवेक और सुप्रिया के बीच तकरार।

विवेक : यह तीसरी है जो चली गई। इसे तुमने खुद पसंद किया था इसलिए यह मत कहना कि दोनों बच्चों के लिए गलत आया ले आया था।

सुप्रिया : पर यह गलत निकली। दोनों बच्चों को टी.वी. के सामने बैठा कर दिन भर अपने बॉय फ्रेंड से फोन पर बातें करती रहती थी। जानते हो फोन का बिल कितना है इस महीने का।

विवेक : तुमसे पहले देख चुका हूं। अठारह सौ रुपये।

सुप्रिया : जबकि कठिनाई से हम दोनों ने दो-तीन सौ रुपये के फोन किए होंगे।

विवेक : लेकिन प्रिया, बच्चों की देखभाल के लिए तुम्हें मेरी मां बहुत गंवार लगती थी। तुम्हारे ताने सुन सुनकर वह मेरे बड़े भाई के घर चली गई। दो बेबी सीटर तो पहले ही जा चुकी थी इस तीसरी आया को भी तुमने भगा दिया।

सुप्रिया : भगा दिया या कि मेरी सोने की अंगूठी चुरा कर भाग गई।

(दोनों बच्चों का प्रवेश)

मन्नू : मां तुम फिर पापा से झगड़ने लगी।

सुप्रिया : लो। मर्द का बच्चा मर्द ही के पक्ष में बोलने लगा।

सीमा : हां मां तुम पापा के साथ इतनी जोर-जोर से बातें क्यों करती हो?

सुप्रिया : कमाल है। चॉकलेट और आइसक्रीम मैं लाऊं और उलटे बिल्ली मुझ पर ही झपटे। तुम दोनों के सोने का समय नहीं हुआ क्या?

मन्नू : हम तो सोने ही जा रहे थे तुम्हारी आवाज...

सुप्रिया : ऐ चुप। वह बेबी सीटर हमारे बच्चों को भी बगावत सिखा गई।
विवेक : जब हम समूह परिवार में सभी एक साथ रहते थे तो तुम कहती थी कि हमारे बच्चे मेरे परिवार के लोगों से दकियानूसी बातें सीखने लगी हैं। अब कह रही हो...
सुप्रिया : मैं वही कह रही हूं जो गलत है। यह आया तो...
विवेक : तुम्हारे बच्चों को एकदम बिगाड़ गई यही न?
सुप्रिया : और नहीं तो क्या?
विवेक : वैसे भी गलती तो तुम्हारी कभी होती ही नहीं। सारी भूल मेरी ही होती है। मैंने तुम्हारे भाई दी ग्रेट डॉ. बलवंत की बात नहीं मानी।
सुप्रिया : उसने तुम्हें यह राय दी होगी कि औरत तो बस मुसिबत की पुड़िया होती है। इसीलिए तो अभी तक शादी नहीं कर पाया।
विवेक : किस्मत वाला है।
सुप्रिया : क्या कहा?
विवेक : तुम्हारे भाई ने मुझे एक बहुत बढ़िया सुझाव दिया था।
सुप्रिया : कि औरत को ज्यादा मुंह लगने मत दो। यही न?
विवेक : नहीं। उसने यह कहा था कि औरत के सामने अपनी भूल को चुपचाप मान लिया करो और अगर भूल तुम्हारी न होकर उसकी रही तो मुंह बंद किए रहो। साले ने कितना सही कहा था।
सुप्रिया : *(बच्चों से)* तुम दोनों अभी भी यहीं हो। चलो सोने के कमरे में जाओ।
विवेक : मैं भी जाता हूं।
सुप्रिया : तुम यहीं ठहरो।

दृश्य - 2

दृश्य: आंगन।

समय: दिन

एक कार आंगन में प्रवेश करती है। डॉक्टर बलवंत पंद्रह साल की लड़की के साथ कार से उतरता है। भीतर से मन्नू और सीमी बाहर आकर, बारी-बारी से।

मन्नू : मामू। मामू।।
सीमी : प्रणाम मामू।
मन्नू : प्रणाम मामू। मामू यह लड़की कौन है?
डॉ. बलवंत: भीतर तो चलो पहले। फिर बताता हूं।
(सुप्रिया भी बाहर आ जाती है। अपने भाई के गाल को चूमने के बाद उन्हें भीतर ले जाती है। सभी बारी-बारी से बैठते हैं। लड़की मधुरिमा खड़ी रहती है।)

डॉ. बलवंत: मधुरिमा तुम भी बैठो। *(वह झिझकती है।)*

सुप्रिया : मधुरिमा। प्यारा नाम है। आओ, यहां बैठो। *(उसके बैठने के बाद)* भैया यह...

डॉ. बलवंत: हां प्रिया, मैंने इसी की बात की थी। बाप नहीं है। मां है पर बीमार रहती है। *(अपने दोनों भांजे से)* आज से यह नई दीदी तुम दोनों का ख्याल रखेगी।

सीमी : इतनी छोटी आया?

डॉ. बलवंत: यह तुम्हारी आया नहीं तुम्हारी देखभाल करने वाली तुम दोनों की दीदी है। तुम दोनों इसे दीदी कहोगे।

सीमी : आया को दीदी कहेंगे।

मन्नू : आया को दीदी कहेंगे।

सुप्रिया : कहा न यह आया नहीं तुम दोनों की देखरेख करने वाली तुम्हारी दीदी है। मधु दीदी। तुम्हारी मधु दीदी तुम्हें कहानियां सुनाएगी, गाने सुनाएगी।

सीमी : तो बोलो हमें अभी ही एक गाना सुनाए।

सुप्रिया : अभी-अभी आई है। कुछ आराम करने दो। कुछ पी लेने के बाद तुम्हें जरूर गाना सुनायेगी। *(सुप्रिया सभी पेय परोसती है। पीने के बाद)*

डॉ. बलवंत: सीमी। अब तुम अपनी मधु दीदी से एक गीत गाने को कहो।

सीमी : मधु दीदी। हमें एक गाना सुनाओ।

मन्नु : मधु दीदी। हमें...

सीमी : सस्ससस्। चुप।

गान–

चंदा मामा ओ चंदा मामा
तू बदरवा से बाहर तो आना
मुन्ना मुन्नी आए बुलाने तोहे
धरती मैया को तू चांदनी दे दे
मुन्ना मुन्नी दोनों उदास भयलो
अब तो लुका छुपी को बंद करो
दूध भात और मलाई हलवा
सोने के थरिया में मामा लाता आना

(पहले सुप्रिया वाह-वाही करती है फिर सभी ताली बजाते हैं।)

दृश्य - 3

दृश्यः रसोई।

समयः दोपहर।

खाने पर बैठे विवेक, सुप्रिया, बच्चे और डॉ. बलवंत।

विवेक : अच्छा बलवंत यह तो बताओ कि इतने सुरीले स्वर में गाने वाली लड़की तुम्हें कहां से मिली।

डॉ. बलवंतः बताया न कि बिन बाप की बच्ची है और मां बीमार रहती है।

विवेक : यह तो ठीक है पर किस परिवार किस जाति...?

डॉ. बलवंतः तुम्हें आम खाने से मतलब है या गुठली गिनने से?

विवेक : ठीक है भाई पर लड़की सचमुच प्यारी है।

सीमी : मामू। आपने कहा कि हम उसे दीदी कहें तो फिर दीदी हमारे साथ खाने पर बैठ क्यों नहीं सकती?

सुप्रिया : वह हमारे यहां काम करने आई है। काम करने वाले को अलग से खाना दिया जाता है। वह साथ नहीं बैठ सकती।

सीमी : लेकिन मां। गाना गाते समय तो वह हमारे साथ बैठी थी।

मन्नू : हां वह हमारे साथ बैठी थी।

सुप्रिया : वह अपने कमरे में खाना खाएगी। तुम दोनों चुपचाप खाना खाओ।

सीमी : उस कमरे में तो मन्नू की आया सोती थी। फिर तो वह हमारी दीदी नहीं मन्नू की आया है।

सुप्रिया : सीमी। आजकल तुम कुछ ज्यादा ही बोलने लगी हो।

दृश्य - 4

दृश्यः बच्चों का कमरा।

समयः सुबह।

मधुरिमा सीमी को स्कूल के लिए तैयार करती हुई।

सीमी : तुमने किससे गीत गाना सीखा दीदी?

मधु : अपने बाप से।

सीमी : तुम्हारा बाप बहुत अच्छा गाता होगा तभी तो तुम भी इतना अच्छा गाती हो।

मधु : मेरा बाप रेडियो, टी.वी. तथा शादी ब्याह में गाया करता था।

सीमी : मैं भी तुम्हारी तरह गाना चाहूंगी। सिखाओगी मुझे।

मधु : जरूर सिखाऊंगी।

सीमी : हमारी स्कूल की हिन्दी टीचर हमें फिल्मों के गीत सिखाती है।

मधु : फिल्मों के कुछ गाने तो बहुत ही प्यारे होते हैं। अच्छा तो अपनी अध्यापिका से सीखा एक गाना सुनाओ तो।

सीमी : वे गाने मुझे अच्छे नहीं लगते।

मधु : तुम्हें फिल्मों का कौन सा गाना सबसे ज्यादा पसंद है सुनाओ तो।

सीमी : किसका है ये तुमको इंतजार मैं हूं ना
देख लो इधर तो एकबार मैं हूं ना...

मन्नू : *(प्रवेश)* मुझे भी गाना आता है। ज़रा झूम झूम...

मधु : यह तो सचमुच ही बहुत प्यारा गाना है। तुम्हारी आवाज तो बेहद ही मीठी है।

मन्नू : और मेरा गाना।

मधु : तुम्हारा तो और भी मीठा चीनी से भी मीठा है।

मन्नू : कल मेरा जन्मदिन है...

मधु : अच्छा।

मन्नू : गाना गाओगी ना?

मधु : क्यों नहीं जरूर गाऊंगी।

सीमी : तो फिर मुझे गाना सिखाओगी न?

मधु : पहले तुम्हें जी जान से पढ़ना-लिखना है। अपनी कक्षा में तुम्हें सभी बच्चों से आगे होना है।

सीमी : मैं अपनी क्लास में सेकंड आई हूं।

मधु : तो फिर जब तक तुम अपनी कक्षा में प्रथम यानी कि जब तक पहली नहीं आ जाती मैं तुम्हें गाना नहीं सिखाऊंगी।

सीमी : फिर तो मैं जरूर फर्स्ट आकर रहूंगी।

मधु : फिर तो मैं तुम्हें सुंदर-सुंदर गाने सिखाऊंगी।

(सुप्रिया की आवाज आती है।)

सुप्रिया : सीमी। तुम्हारी स्कूल की बस आ गयी।

दृश्य - 5

समय: रात

दृश्य: घर का भीतरी भाग।

सजावट के साथ मन्नू के जन्मदिन के मौके पर मेहमानों का आना। हंसी-खुशी का माहौल। केक काटने की रस्म। बारी-बारी से बधाई और तोहफे दिए जाते हैं। डॉ. बलवंत अपने भांजे का हाथ थामे लोगों के सामने आते हैं।

डॉ. बलवंत: प्यारे ब़च्चो, हमारे सभी दोस्त और मेहमान आज हम मन्नू की सालगिरह मना रहे हैं। अभी कुछ मिनट पहले मेरे एक दोस्त ने मुझे कहा कि जन्मदिन के मौके पर हम केंडल बुझा कर केक काटते हैं पर यहां तो केंडल के बिना ही सालगिरह की रस्म को पूरा कर दिया गया।

जो बात मैंने अपने दोस्त से कही वही आपसे भी कहने जा रहा हूं। हमारी संस्कृति में दीये का बुझना मौत का प्रतीक माना गया है और दिये का जलाना शुभ माना जाता है। इसलिए हमने दीया जलाकर इस जन्मदिन की बधाई मन्नू को दी। मन्नू आपसे कुछ कहना चाहता है।

मन्नू : मैं आप सभी की बधाइयों और तोहफों के लिए दिल से धन्यवाद कहता हूं।

(तालियां बजती हैं।)

डॉ. बलवंत: खाने पर बैठने से पहले आपके सामने एक बच्ची को प्रस्तुत करना चाहता हूं जो इस महफिल में चार चांद लगाने आ रही है। मधुरिमा! (मधुरिमा सामने आकर खड़ी हो जाती है) आप सभी इस देश के मशहूर गायक राज चन्दन के नाम से अनजान नहीं हैं। मधुरिमा उसी महान कलाकार की बेटी है। वैसे तो ऐसे अवसरों पर प्राय: आप फिल्मी गाने सुनते रहे हैं मगर आज मधुरिमा अपने पिताजी के लिखे और गाए गाने को आपको सुनाने जा रही है। मधुरिमा!

मधु : यह गीत मेरे बाप ने मेरे जन्म दिन के मौके पर खास करके लिखा था और गाया था। आज मैं यह गीत मन्नू को भेंट में दे रही हूं।

गान—

इस देश के रंगबिरंगे फूल हैं हम सभी
जग में फैलाएंगे अपनी खुशबू हम सभी
बंटकर जीएंगे तो बिखर कर रह जाएंगे।
मिलजुल कर यहां जीना है हरदम हमें
साथ-साथ चलकर देश को चमकाना है
दुनिया में अपना नाम हमें रोशन करना है
आओ पढ़े लिखें हाथों की लकीरें चमकाए हम
चलो मिलजुल कर रचें देश की तकदीर हम।

(तालियों की गड़गड़ाहट। सुरजीत आगे बढ़कर मधुरिमा को दाद देता है।)

सुरजीत : वाह! क्या सुर और क्या माधुरी। (डॉ. बलवंत से) डॉ. बलवंत यार तुमने तो मुझे गदगद कर दिया। मैं चाहता हूं कि इस मधुर आवाज को घर-घर तक पहुंचाए।

दृश्य - 6

दृश्यः वही घर, बड़ा कमरा।

समयः दिन।

सुरजीत का कार से उतरना। साथ में टी.वी. प्रोड्यूसर फिरोज़, डॉ. बलवंत और विवेक का आंगन में उनका स्वागत करना।

सुरजीत : बलवंत मैंने तुमसे कहा था न कि तुम्हारे यहां कोयल को दोबारा सुनने तुम्हारी बहन के घर जरूर आऊंगा। और जैसा कि मैंने फोन पर तुम्हें बताया मैं अपने टी.वी. प्रोड्यूसर को साथ लेकर ही आया हूं।

डॉ. बलवंतः और जैसा कि मैंने फोन पर तुम्हें बताया कि मधुरिमा के गानों पर क्लीप्स बनाने का अधिकार तुम्हें मुझसे नहीं बल्कि मधुरिमा से ही मांगना होगा।

(सुप्रिया मधुरिमा के साथ सामने आ जाती है।)

सुप्रिया : पर मधुरिमा की इजाजत से पहले आपको मेरे सवाल का जवाब देना होगा साहब।

डॉ.बलवंत : तुम्हारा सवाल क्या है सुप्रिया?

सुप्रिया : आपको कितने गाने गवाने हैं?

फिरोज : इस सवाल का जवाब तो हम गाना सुनने के बाद ही दे सकेंगे।

सुप्रिया : ठीक है। मधुरिमा तुम इन्हें अपने गानों में से कोई एक सुना दो।

मधु : कौन सा गीत सुनाऊं?

सुरजीत : कल वाला वह भोजपुरी गाना सुनाओ।

(मधुरिमा गाती है)

गाना–

काहे आज थिरक गईल जमुना के पानी
काहे न खनके होरी राधा की चुड़ियां
होरी गोपियन की गगरी काहे बा खाली
हाय रे काहे न बाजे कान्हा के मुरलिया
पूछे सभी ग्वालन पूछे बार-बार गोपियां
होरी कहां हो हम सबन के किसन कन्हैया
काहे को दरसन ना देवत बानी गोपाल
अब कल रचैबों हमरे बीच तू रासरसैया
होरी गयवन के अंखियन से भी बहत है लोरवा
मोरवन भी भूल गइल अपन नाच नचैया
आजा घनश्याम मुरलीधर अब तो आजा
होरी रहत नहीं जात तोर बिन जग के रचैया

सुरजीत : *(तालियां)* वाह। क्या सुर है। क्या आवाज।

प्रोड्यूसर : क्या गीत है क्या बानगी। *(डॉ. बलवंत से)* डॉ. बलवंत जिस स्वरलहरी की तलाश में मैं भटकता रहा आज आपके यहां उसे पा लिया। *(मधुरिमा सें)* तुमने तो मुझे गदगद कर दिया। धन्य है तुम्हारे मां-बाप जिन्होंने तुम्र जैसी कोयल को जन्म दिया।

(मधुरिमा बिन कुछ कहे हाथ जोड़ लेती है।)

सुरजीत : सुप्रिया जी मधुरिमा पिंजरे में बंद रखने वाला पंछी नहीं है।

सुप्रिया : मधुरिमा तो कुछ ही दिनों में मेरे दोनों बच्चों की जान बन गई है। और हमारे घर को अब पिंजड़ा न समझें। सेविका होकर भी मधुरिमा इस घर की सदस्या बन गई है। आप इसे हमारे यहां से ले जाने की बात सपने में भी मत सोचिएगां

दृश्य - 7

समय: रात।

दृश्य: होटल का कमरा।

टी.वी. चल रहा है। भारत की एक क्लीप्स निर्माता भवानी मधुरिमा को टी.वी. पर गाते सुनकर एम.बी.सी. को फोन करती है।

नि. भवानी : हैलो रिसेपशन। कूड यू प्लीज पूट मी टू योर नेशनल टी.वी. स्टेशन... थैंक यू *(इंतजार)* हैलो मैं एम.बी.सी. से बात कर रही हूं।... अभी टी.वी. पर एक लड़की को गाते सुना और देखा। क्या आप मुझे उसका पता दे सकते हैं.. हां... यस आई केन वेट.. हैलो हां... मधुरिमा, केयर ऑव मिस्टर विवेक, 32 तालिपो लेन... कात्र बोर्न। स्पेलिंग प्लीज.. हां क्यू यू ए टी आर ई, बी ओ आर एन ई एस... एनी फोन नंबर... खैर कोई बात नहीं, मैं डायरेक्टरी में देखती हूं।

(डायरेक्टरी में फोन नंबर पा लेने के बाद फोन करना।)

निर्माता : हैलो। मैं मिस्टर विवेक से बात कर सकता हूं।... अच्छा तो आप ही हैं।... देखिए मैं भारत से आई हूं। दूरदर्शन तथा अन्य टी.वी. के लिए मैं क्लीप्स बनाती हूं...। मैंने आपकी बेटी को टी.वी. पर गाते सुना... ओह सॉरी... क्या कहा... आपके यहां काम करती है... क्या मैं आपसे मिल सकती हूं...। पता मेरे पास है।... कल शाम साढ़े पांच बजे... ठीक रहेगा। शुक्रिया... कल मिलते हैं।

दृश्य - 8

समयः शाम।

दृश्यः विवेक का घर।

टैक्सी घर के सामने रुकती है। निर्माता उतर कर घंटी बजाता है। विवेक दरवाजा खोलकर निर्माता को भीतर ले जाता है।

विवेक : प्लीज बैठिएगा।

निर्माता : आपका घर बहुत सुंदर है।

विवेक : शुक्रिया। यह आप की पहली मॉरिशस यात्रा है।

निर्माता : यह मेरी तीसरी यात्रा है। एक बार सरकारी मिशन पर आई थी। दूसरी बार एक फिल्म शूटिंग के लिए आई हुई थी।

विवेक : सचमुच आपको मधुरिमा का गाना पसंद आया।

निर्माता : बेहद।

(सुप्रिया सामने आ जाती है)

विवेक : मेरी पत्नी सुप्रिया। सुप्रिया ये हैं...

निर्माता : मेरा नाम शिरिन खान है।

सुप्रिया : आपसे मिलकर खुशी हुई। क्या लेना चाहेंगी आप, चाय या कॉफी।

निर्माता : चाय।

(सुप्रिया मधुरिमा को पुकारती है)

सुप्रिया : मधु। चाय ले आओ।

निर्माता : मधुरिमा अपने नाम की ही तरह मधुर स्वर लिए हुई है। मैं आप लोगों से यह मांग करने आई हूं कि मधुरिमा को आप लोग संगीत की ऊंचाई को छूने का मौका दें।

सुप्रिया : वैसे आपकी योजना की कोई खास जानकारी हमें तो है ही नहीं।

निर्माता : यह बताने तो मैं आपके घर आई हूं। मधुरिमा आपके यहां नौकरानी है तो फिर इसके मां-बाप...

सुप्रिया : मधुरिमा हमारे यहां नौकरानी नहीं है बल्कि मेरे दो बच्चों की देखभाल करती है और...

(मधुरिमा चाय लिए आ जाती है। चाय रखकर प्रणाम करती है।)

निर्माता : आपके बच्चों का भाग्य बहुत अच्छा है। इतनी बड़ी अदाकार का सानिध्य मिला है उन दोनों को। *(मधुरिमा के हाथों से)* मिसिज़ विवेक मैं मधुरिमा से हमारे बीच बैठने की मांग कर सकती हूं।

विवेक : *(मधु से)* मधु। आजा बैठो यहां।

निर्माता : मधुरिमा। मैंने तुम्हें टी.वी. पर गाते सुना, तुम्हारे कंठ में तो सरस्वती बसती है। मैं भारत से आई हूं और तुम्हारे गानों के मैं क्लीप्स

बनाना चाहती हूं। पर इसके लिए मुझे तुम्हारे परिवार और मिस्टर एंड मिसिज विवेक की इजाजत लेनी है।

सुप्रिया : लेकिन...

विवेक : सुप्रिया। हमें तो कोई आपत्ति नहीं होनी चाहिए। यह तो हमारे परिवार के लिए भी खुशी और गर्व की बात होगी।

निर्माता : मैं अपने खर्च पर मधुरिमा को भारत ले जाना चाहती हूं और..

सुप्रिया : मधुरिमा को इस घर की जिम्मेवारी से इतना समय थोड़े ही मिल पाएगा कि वह भारत जा सके। *(सीमी और मन्नू का प्रवेश)* लो मेरे दोनों बच्चे भी आ गए। ये तो मधुरिमा के बिना तनिक भी नहीं रह पाते। सीमी, मन्नू आंटी को प्रणाम तो करो।

(दोनों दो तरफ से मधु की गलबांही कर जाते हैं।)

बच्चे : प्रणाम आंटी।

निर्माता : प्रणाम बच्चों। *(सुप्रिया से)* मिसिज विवेक मैं एक बहुत अच्छी रकम का कांट्रैक्ट मधुरिमा के सामने रखने जा रही हूं।

सुप्रिया : मधु को भारत भेजने की इजाजत हम आपको नहीं दे पाएंगे।

निर्माता : मधुरिमा, क्या तुम एक मशहूर गायिका बनने को तैयार नहीं।

मधु : मैं तो खुशी-खुशी चाहूंगी लेकिन...?

सुप्रिया : मैं फिर कह रही हूं आप मधुरिमा को भारत ले जाने की बात न सोचें।

नर्माता : बस एक ही महीने की तो बात है।

सुप्रिया : हमारे बच्चे एक दिन के लिए भी अपनी दीदी के बिना रहना नहीं चाहेंगे, क्यों मधु?

मधु : मैं भी अपने को मन्नू और सीमी से दूर नहीं कर पाऊंगी।

निर्माता : और मैं तुम्हारे गानों पर क्लीप्स बनाने के अपने इरादे को छोड़ नहीं पाऊंगी। भारत न सही मैं अपनी यूनिट के साथ यहीं पहुंच कर अपनी इस ख्वाहिश को पूरा करूंगी। अब तो आप लोग इंकार नहीं कर सकते।

विवेक : हमें मंजूर है।

आवाज : दो सप्ताह बाद।

(टी.वी. के सामने गाने की शूटिंग के दृश्य।)
वाही वाही के साथ आवाज़ - संगीत की
दुनिया में आज एक नए सितांरा का जन्म हुआ।

●●●

9

आशियाना

दृश्य - 1

दृश्य -पोर्ट लुई का सम्पन्न इलाका। एक शानदार घर जिसके फाटक पर लिखा है 'Apana Jahan' (उर्दू में थी)

पुराने जमाने का लिबास 1980। धोती-बिन कॉलर की कमीज़। फेज़ टोपी।

स्वर : यह कहानी उन दिनों की है जब गांव के लोग नए-नए शहरों की ओर जाने और बसने लगे थे। इस शानदार इमारत के मालिक का नाम है दाऊद सुलेमान। गांव में रहकर कड़ी मेहनत करके जब कुछ रुपया कमा सका तो एक दिन उसके मन में यह ख्याल आया कुछ वह गांव की ज़मीन और घर बेच कर अपने परिवार के साथ शहर में आ बसे। गांव के उसके सबसे जिगरी दोस्त रामलाल ने जब उसे गांव न छोड़ने की सलाह दी तो दाऊद सुलेमान ने कहा था-

दाऊद : *(अपने आप से)* रामलाल मेरे दोस्त! मैंने तुम्हारी बात नहीं मानी। क्यों पीछे छोड़ आया अपनी इस दुनिया को। रामलाल भाई तुम मुझे जुदा होने से नहीं रोकोगे तो और कौन रोकेगा। लेकिन यार मैंने तय कर लिया है कि मैं अब शहर में जा बसूं।

रामलाल : इसकी कोई खास वजह?

दाऊद : मैं यह चाहता हूं कि इतना कुछ कमा लेने के बाद मेरे दोनों बच्चे गांव में रहकर गांव के पिछड़े हुए लड़कों की तरह न होकर शहर में बसकर अपनी अलग पहचान बना सकें।

रामलाल : पर दाऊद गांव अब बदलने लगे हैं। धीरे-धीरे अच्छे स्कूल भी बनने लगे हैं। बदलाव तेजी के साथ आ रहा है। गांवों को अब पिछड़े हुए रहना मंजूर नहीं होगा।

दाऊद : मेरे दोनों बच्चे भी अब गांव में रहना नहीं चाहते।

रामलाल : और मेरी भाभी? क्या मरियम भी गांव छोड़ने को तैयार हो गई है।

दाऊद : बस वही है जो आनाकानी कर रही है। कहती है कि – ना बाबा, हम शहर में ना रहे सकब, हुवां के लोगन के त जुबान ही हमर समझ में नै आवैला।

रामलाल : जायज है यार। वहां की क्रिओली में बात कर पाने और समझने दोनों में दिक्कत पेश आएगी।

(धीरे-धीरे दृश्य समाप्त होता है)

दृश्य - 2

आलिशान घर 'अपना जहान' के भीतर पूरा परिवार बैठकर समस्या पर विचार करते हुए।

रोशन : मैं तो फिर यही कहूंगा कि आशियाना को बेच कर हम लोग अपनी फैक्टरी को बचा पाएंगे।

जमाल : और मैं अब भी यही चाहूंगा कि फैक्टरी को बचाने के लिए कपड़ों की दोनों दुकानों को बेच दिया जाए।

हमीदा : पर मैं इन दोनों धरोहरों में से किसी भी एक के बेचे जाने के खिलाफ हूं।

खतीजा : तो फिर यह तो बताओ कि फैक्टरी को दिवालियेपन से बचाने के लिए पांच मिलियन की रकम कहां से आएगी?

दाऊद : अगर तुम दोनों भाइयों ने मेरी बात मान ली होती और सौ के करीब मजदूरों को नौकरी से नहीं हटाया जाता तो आज फैक्टरी इस नाजुक हालत को नहीं पहुंचती।

जमाल : हमारे सामने कोई दूसरा चारा नहीं था।

दाऊद : मजदूरों को नौकरी से हटाने की वजह से ही फैक्टरी में खलबली शुरू हुई थी। दो बार यूनियन की मदद से हड़ताल हुई। अपने साथियों के हटाए जाने से मजदूर नाखुश हैं। माल वक्त पर तैयार नहीं हो पा रहे और हम सप्लाई करने में नाकामयाब हैं।

खतीजा : यह बात है तो फिर फैक्टरी को ही बेच कर नया धंधा...

दाऊद : खतीजा! यह क्या कह रही हो। मरियम टैक्स्टाइल तुम्हारी सास के नाम लिए हमारा वजूद है। हमारे खानदान की शान है। तुम हमारी शान की नीलामी की बात कर रही हो। मरियम को मरते दम तक इस बात का फक्र था कि उसकी फैक्टरी के जरिए चार सौ परिवारों की जिन्दगी बनी हुई थी।

रोशन : अब्बा! आप जिन्दा लोगों की बात कीजिए...

हमीदा : हमारी अम्मी मरहूम होकर भी अपनी यादों को हमारे बीच जिन्दा

रखे हुई है। मरियम टैक्सटाइल को बेचने की बात सोचना भी मुझे गुनाह सा लगता है।

रोशन : सब से आसान तरीका तो यही है कि समंदर वाले बंगले को ही बेच दिया जाए। वैसे भी हम लोग बिरले ही वहां जाते हैं।

हमीदा : अब्बाजान के किए कराए का वह तो एक चीज़ है जो अब्बा के अपने नाम है। सारा कुछ हम लोगों के नाम कर दिया गया है। हम अपनी चीज़ें बेचने को आजाद हैं। अब्बाजान की अमानत बेचने का हमें कोई हक नहीं।

दाऊद : मैं आशियाना को बेचने की हिम्मत नहीं कर पाऊंगा। उसमें तुम लोगों की मां की रुह है। इसीलिए उसकी देख-रेख के लिए मैंने किसी और पर यकीन न करके अपने बचपन के जिगरी दोस्त रामलाल को चुना।

दृश्य - 3

समयः सूर्यास्त।

दृश्यः रामलाल 'आशियाना' के सामने बैठा है। दूर से दाऊद को आते देख आगे बढ़ता है।

रामलाम : *(उससे गले मिलने के बाद)* पैदल आ रहे हो, कार कहां?

दाऊद : तुम कार की बात छोड़ो मेरा हालचाल तो पूछो। मुद्दत बाद मिल रहे हैं।

रामलाल : यार! तुम मिलने नहीं आते, कई बार फोन किया फोन पर भी नहीं मिलते हो। 'आशियाना' संभालने की जिम्मेवारी मुझे क्या दे दी बस अपने ही इस बंगले से नाता ही तोड़ बैठे हो। महीने में भी तो एक बार आ सकते थे।

दाऊद : तुम महीने की बात कर रहे हो मैं तो यहां रहने के लिए आया हूं। रामलाल आज से मैं आशियाना में ही रहूंगा।

रामलाल : तुम्हारे मज़ाक करने की आदत आज भी बनी हुई है।

दाऊद : मैं मज़ाक नहीं कर रहा रामलाल। मैं सचमुच यहां रहने आया हूं।

रामलाल : महल जैसा आलिशान घर छोड़ कर यहां...

दाऊद : वह आलिशान घर अब मेरे लिए दोज़ख बन गया है।

रामलाल : ऐसा क्या हो गया जो तुम...

दाऊद : ऐसा क्या नहीं हुआ? बनाया तो जन्नत था पर *(लंबी सांस लेकर चुप रह जाता है।)*

रामलाल : आखिर ऐसा क्या हुआ जिससे तुम इतनी दुखी लग रहे हो?

दाऊद : जन्नत अब जहन्नम में बदल गया।

रामलाल : पर यार आखिर ऐसा हुआ क्या? लड़कों ने...

दाऊद : हां राम। दोनों लड़के अब बुढ़ापे की लाठी न होकर... छोड़ो इन बातों को... प्यास लगी है पानी ला दो। *(पानी पीने के बाद)* यह तो अच्छा हुआ कि मैंने इस आशियाना को बेटों के नाम नहीं किया।

रामलाल : बेटों ने तुम्हें घर से निकाला।

दाऊद : धक्के देकर तो नहीं निकाला पर हालात ऐसे होकर रहे के उस घर में मेरा रहना मुमकिन नहीं रहा।

रामलाल : तुम्हें याद है दाऊद जब तुम अपनी जायदाद लड़कों के नाम कर रहे थे तो मैंने तुमसे कहा था कि इतनी जल्दबाजी मत करो...।

दाऊद : मुझे याद है पर...

रामलाल : पर बेटों ने तुम्हें मजबूर कर दिया।

दाऊद : रामलाल भाई, हज पर जाने से पहले मुझे अपने को जमीन जायदाद का मोह तो छोड़ना ही था। मुझे किसी तरह का शिकवा नहीं। वैसे भी बेइज्जत होकर भी उस घर में पड़ा ही रहा तो सिर्फ सुरैया की वजह से। वह पोती की तरह नहीं मां की तरह मेरा ख्याल रखती है। बस उसी से दूर हो जाने का दुख है।

रामलाल : लोगों को मालूम है कि तुम घर को हमेशा के लिए छोड़ आए हो?

दाऊद : बस सिर्फ सुरैया को मालूम नहीं।

दृश्य - 4

रामलाल और दाऊद समुद्र किनारे बालू पर चहलकदमी करते हुए।

रामलाल : जिसके लिए खून पसीना एक करो। जिसके लिए कुरबानी दो वही पराए की तरह पेश आने लगता है। क्या हो गया है आज की इस नई दुनिया को।

दाऊद : दुनिया का तो यही दस्तूर रहा है रामलाल भाई। बेटी जब बड़ी हो जाती है तो उसे पराए घर भेज दिया जाता है। इसी तरह...

रामलाल : जब मां-बाप बूढ़े हो जाते हैं तो उन्हें यतीमखाने में पनाह लेना पड़ जाता है। मैं तो दो बेटियों के बाद एक बेटे के लिए तरस रहा था। अब सोचता हूं कि बेटे न होने का न मेरी पत्नी को किसी तरह का पछतावा है और ना ही मुझे।

दाऊद : औलाद का सुख और औलाद का दुख यह तो नसीब की बात है।

रामलाल : नहीं। मैं इसे नसीब की बात नहीं मानता। मैं तो मां-बाप को ही कसूरवार मानता हूं। बहुत अधिक प्यार और सहुलियत का नतीजा है यह।

दाऊद : शायद तुम्हारा यह कहना सही हो।

रामलाल : पर एक बात मेरी समझ में नहीं आ रही। यह आशियाना तो

दाऊद : इसीलिए तो बहुत अधिक दुखी नहीं हूं। अपने ही बनाए बंगले में अपने को पनाह दे रहा हूं। यतीम नहीं मान रहा। हां एक बात जरूर है मुझे कि मेरी बड़ी बहू अमीदा और उसकी बेटी सुरैया की कमी बहुत खटकती रहेगी।

रामलाल : उन्होंने तुम्हें अपने जहान छोड़ने से रोका नहीं?

दाऊद : वे दोनों तो बार-बार यही कहते रहे कि मैं घर न छोड़ूं...। घर जो कल तेरा अपना जहान था।

रामलाल : मैं भी यही कहूंगा कि तुम्हें घर नहीं छोड़ना चाहिए था। *(सुरैया आ जाती है)*

रामलाल : अरी सुरैया बेटी तुम और यहां?

सुरैया : सलाम चाचा जान! आप ठीक तो हैं। घर का क्या हाल...?

दाऊद : देखा न तुम्हें देखते ही दादा को भूल बैठी।

सुरैया : दादा आज तो मैं आपसे घर वापसी का वायदा लेकर ही जाऊंगी।

रामलाल : बिटिया। तुम एकदम सही फर्मा रही हो। मैं भी रोज दाऊद से यही कह रहा हूं कि वह घर लौट जाए।

सुरैया : रामलाल दादा आप ही दादा से कहें कि अब वे आपके यहां अधिक दिन नहीं रह सकते।

दाऊद : बिटिया। तू यह क्यों भूल रही है कि यह भी तो मेरा ही घर है। इसी को लेकर तो तुम्हारे बाप और चाचा मुझसे उतने नाराज थे।

सुरैया : दादा मेरी सहेली बाहर खड़ी है। आप से मैं यह वायदा लेकर ही यहां से जाऊंगी कि पुराने गुस्से को थूककर घर वापस लौटेंगे।

दृश्य - 5

दृश्यः मेरा जहान। घर के भीतर बड़ी ही सक्रियता। प्रतीक्षा और बेचैनी खतीजा अपने ससुर के कमरे की सफाई करती हुई।

खतीजा : *(प्रवेश)* यह क्या? अपने ससुर को इस कमरे में ठहराने को सोच रही हो क्या?

हमीदा : अरे नहीं। हम उन्हें उनका ही कमरा दे रहे हैं।

खतीजा : पर वह तो अब सलीम का कमरा है।

हमीदा : सलीम को हिन्दुस्तान से लौटने में अभी और दो साल बाकी है।

खतीजा : पर अगले महीने वह अपनी छुट्टी बिताने तो आ रहा है।

हमीदा : वह आ जाता है तो देखेंगे। मुझे यकीन है कि अगर हम अब्बाजान को मना लेते हैं तो वह अपने इसी कमरे में जिन्दगी बसर करना चाहेंगे।

खतीजा : हूं हूं।

सुरैया : लगता है कि दादाजी की वापसी से चाची जान खुश नहीं।

खतीजा : हमीदा, मुझे तो अभी भी इस बात का डर बना हुआ है कि कहीं घर में फिर से हंगामा न शुरू हो जाए।

हमीदा : ऐसा मत कहो खुदा के वास्ते। अब्बाजान की ओर से कभी भी कोई हंगामा नहीं हुआ। दो भाइयों की तकरार से ऊब कर अब्बा ने इस घर को अलविदा कहा था।

खतीजा : मेरे नहीं तुम्हारे खाविन्द के कारण तकरार होती रही।

सुरैया : देखो दादाजान मेरे बहुत मनाने के बाद ही लौटने को राजी हुए हैं। अगर आप लोगों का यह रवैया बना रहा तो वे यहां रहना नहीं चाहेंगे। मन को सुकून देने के लिए उन्होंने आशियाना में पनाह ली है। वह सुकून उन्हें यहां नहीं मिल पाया।

खतीजा : अपने दादा के खैरमकदम के लिए शहनाई बजवाना शुरू कर दी।

(खतीजा अकड़ के साथ बाहर हो जाती है।)

सुरैया : इस घर में तीन-तीन गाड़ियां हैं। दादा चाहते तो एक कार अपने साथ लिए जाते। पर उन्होंने ऐसा नहीं किया। आज उनके पास है ही क्या? फैक्टरी, दुकानें यह घर 'अपना जहान' सभी कुछ तो वे हमें दे चुके। एक आशियाना उनके नाम है उसे भी बेचने की बात हो रही है।

हमीदा : नहीं बेटी। ये दोनों भाई कुछ भी कर लें पर मैं आशियाना के बेचने की बात सपने में भी नहीं सोच सकती। मैं किसी भी नोटेरी कागजात पर दस्तखत करने को तैयार नहीं होऊंगी।

दृश्य - 6

आशियाना। दाऊद और रामलाल बरामदे में बैठे बातें करते हुए।

रामलाल : आशियाना बेचने की बात तुम ख्वाब में भी मत सोचो। इसकी नींव मरियम भाभी ने डाली थी। यह आशियाना नाम भी उसी का दिया हुआ था।

दाऊद : और उसने दम भी यहीं तोड़ा था। आखिरी सांसों के साथ बोली थी।

आवाज़ : मैं ख्वाबों में यहां तुमसे मिला करूंगी। मेरे दोनों लड़कों की जिद के सामने तुम पिघल मत जाना। मेरी अपनी आंखों के सामने वे लोग तुमसे चीखते-चिल्लाते रहते थे। उनकी बातों में आकर बूंद-बूंद पसीने से हासिल अपनी विरासत को बेचने की बात कभी मत सोचना। गांव की विरासत को बेच कर, शहर नहीं जाते, तो आज वह सारा कुछ झेलने को नहीं मिलता। मेरी बात को न मान कर, तुमने हमारे दोनों बच्चों को शहरी जिंदगी और गांव के लोगों से बेहतर तालीम देने का ख्वाब देखा था। अपनी इस भारी भूल को मत दोहराना। यह मत भूलना कि तुम्हारे दोनों लड़के, अब बच्चे नहीं रहे। उन्हें खुद अपने पैरों पर खड़े रहने दो। उसी तरह अपना जहान, और आशियाना को भी अपना ही बने रहने दो।

रामलाल : इतने गंभीर क्यों हो गए?

दाऊद : मरियम की याद आ गई।

दृश्य - 7

अपना जहान। अटालिका पर से सुरैया अपने दादा को रास्ते में आते हुए पाकर सीढ़ियां उतरती हुई फाटक पार करके रास्ते पर आ जाती है।

सुरैया : दादाजान! आप पैदल आ रहे हैं?

दाऊद : इस उम्र में पैदल चलना, सेहत के लिए बहुत अच्छा होता है।

सुरैया : पर दादा ड्राइवर कार लेकर आपको लाने गया है।

दाऊद : मैं तो पहले ही आशियाना से निकल चुका था।

सुरैया : शहर तक टैक्सी से आए क्या?

दाऊद : टैक्सी से अधिक बड़ी गाड़ी, बस से आया।

सुरैया : आपसे ऐसी उम्मीद नहीं थी दादा। जिस घर में तीन कारें हो उस घर का मालिक बस से सफर करे। यह कैसी बात हुई।

दाऊद : मालिक हम लोग थोड़े ही हैं। मालिक तो बस वह है वह नीली छतरी वाला।

(हमीदा आकर आदाब करती है)

हमीदा : खुदा की रहमत! अब्बा जान अपना जहान आपकी गैरहाजिरी में उदास ही उदास रहा।

दाऊद : कैसी हो बहू?

हमीदा : आपके आने से बेहद खुशी हो रही है।

(घर के भीतर से तकरार की आवाज आती है)

प.आवाज: अगर यह घर मैंने नहीं बनाया तो तुमने भी नहीं बनाया। समझे!

दू.आवाज.: पर मैं तुम्हारी तरह इसे अपनी मिलकियत नहीं मानता। तुम भी इसे अपनी मिलकियत मत समझो।

दाऊद : ये रोशन और जमाल को क्या हो गया?

सुरैया : दादा जब से आप गए हैं इस घर के भीतर मेरा-तेरा और तेरा-मेरा हो रहा है, मैं और मां तो तंग आ गए इस रोज़-रोज़ के बखेरे से।

दाऊद : यह तहज़ीब तो 'अपना जहान' की कभी नहीं रही।

(आवाज जारी रहती हैं)

प.आवाज: मैं किसी हालत में दुकानों की निलामी नहीं होने दूंगा।

दू.आवाज: और मैं फैक्टरी की हिफ़ाजत के लिए दोनों दुकानों को बेच कर रहूंगा।

हमीदा : अब्बा! आप आइए, अपने कमरे में चलिए।

दाऊद : लगता है किसी अखाड़े में आ गया हूं।

सुरैया : मैं जाकर उन्हें यह झमेला बंद करने को कहती हूं।

हमीदा : कोई फायदा नहीं। अभी वह घड़ी नहीं आई है।

दाऊद : घड़ी नहीं आई का मतलब?

सुरैया : दादाजान जब तक किसी चीज़ के फूटने की आवाज़ नहीं आएगी तब तक यह जंग चलती ही रहेगी। दादा आप चलिए अपने कमरे में।

दाऊद : मेरा कमरा?

सुरैया : जो कमरा हमेशा से आपका था।

दाऊद : सुरैया! बिटिया मैं यहां ठहरने नहीं आया हूं। तुम्हें कुछ देने आया हूं।

हमीदा : नहीं अब्बा। आप अपने घर को वापस आए हैं। हमारे साथ रहने।

दाऊद *अपने हाथ के बस्ते से एक लिफाफा बाहर करता है और सुरैया को थमा देता है।*

सुरैया : यह क्या है दादाजान?

(ऊपर से दोनों आवाजें फिर आती है।)

प.आवाज: दुकानों को बेचकर मैं फैक्टरी को तबाह होने से रोक कर रहूंगा।

दू.आवाज: और मैं तुम्हें तुम्हारे इस मकसद को नाकामयाब करके रहूंगा।

दाऊद : अपनी दुकानें और अपना जहान मैं परायों को दे चुका हूं। इस घर की सारी उम्मीदों की तो नीलामी लगभग हो ही चुकी है। फिर भी मेरे भीतर यकीन की चंद धड़कनें अभी भी बनी हुई हैं। आज का दिन इस घर के लिए एक बहुत बड़ा दिन है जो खुद इस घर को अब याद नहीं रहा।

सुरैया : नहीं दादाजान! अगर मैंने आपको हर हालत में आज यहां हाजिर होने का कहा तो सिर्फ इसी बात के लिए कि आज के दिन की खासियत मुझे मालूम है। आज 12 जून है और इसी 12 जून को आज से चालीस साल पहले मेरे दादा और दादी का निकाह हुआ था।

दाऊद : तुम्हें याद है बिटिया। इस बात की मुझे बेहद खुशी है। इस नागफनी के जंगल में तुम्हीं तो एक फूल हो। कल तुम अठारह साल की हो रही हो। इस लिफाफे में तुम्हारी सालगिरह का तोहफा है। एक चाभी और एक चिट्ठी। बस तुम्हें यही देने आया था। एक दिन पहले ही मैं तुम्हें तुम्हारे जन्म दिन का मुबारकबाद दे रहा हूं।

सुरैया : यह मुबारकबाद आप कल दीजिएगा दादा।

दाऊद : मैंने कहा था न मैं वापस नहीं आया हूं बस तुम्हारी बात मानकर तुमसे मिलने आ गया। अब इजाजत दो इस परिंदे को अपनी आशियाना में लौटने की। तुम दोनों सलामत रहो। खुदा हाफिज़।

•••

10

वापसी सूरज की

दृश्य - 1

समयः सुबह।

दृश्यः लम्बा सीधा रास्ता। लालमन अपनी धुन में चला जा रहा है।

राघव का स्वरः

यह राही जो अपने साथ अपनी परछाईं को लिए हुए इस लंबे रास्ते पर चलता चला जा रहा है लालमन है। यह रास्ता वैसे तो सागर के तट पर जाकर समाप्त होता है लकिन... इससे आगे की बात क्यों न हम राही लालमन से ही सुनें।

लालमन : समंदर तो एकदम करीब दिखाई पड़ रहा है फिर भी वहां पहुंचने में इतनी देर क्यों हो रही है। रास्ता एकदम सीधा होने के कारण शायद हर राही को समंदर समीप ही प्रतीत होता है। लोग हमेशा सीधे रास्ते की तलाश में होते हैं। शायद इसीलिए कि सीधे रास्ते पर की मंजिल दूर होकर भी पास दिखती है। कितना झूठा दिलासा है यह?

स्वर : लालमन। इसी झूठे दिलासे पर तो दुनिया टिकी हुई है। तुम तो सात समंदर पार का सफर कर आए हो और तुमने अपनी मंजिल को पास देखा था पर सफर के दौरान वह तो बहुत ही दूर थी।

लालमन : कौन हो तुम?

स्वर : तुम अकेले नहीं हो लालमन।

लालमन : मैं जानता हूं कि मेरे साथ मेरी परछाई भी चल रही है।

स्वर : तुम्हारा साथ तुम्हारा अतीत, तुम्हारी यादें भी तुम्हारे साथ चल रही है। पहचानो मेरी आवाज को। हम दोनों मिस्र में साथ-साथ थे। पायोनीयर कोर में सर्जेंट था। हम इजिप्ट में।

लालमन : राघव तुम। मुझे वहम तो नहीं हो रहा।

स्वर : नहीं। पर चलते चलो। तुम समुंदर जा रहे हो। जिस मकसद से जा रहे हो वह मुझे मालूम है। याद है मिस्र के रेगिस्तान में एक बार तुम्हारे दिमाग में ऐसा ही ख्याल पैदा हुआ था?

लालमन : तुम हो कहां? दिख क्यों नहीं रहे।

स्वर : मैं तो तुम्हारी राह देख रहा हूं। जानता हूं कि तुम उस रास्ते पर चल रहे हो जो राही को किसी मंजिल पर पहुंचा ही नहीं पाता। मैं समंदर किनारे तुम्हारा इंतजार कर रहा हूं। आ जा फिर बातें करते हैं। हो सकता है कि वहां तुम्हें ताहेरा भी मिल जाए।

लालमन : ताहेरा! मॉरिशस में?

स्वर : यादें तो क्षण भर में कहां से कहां पहुंच जाती है।

दृश्य - 2

दृश्यः समुद्र का किनारा।

राघव को एकाएक सामने पाकर लालमन डर जाता है।

लालमन : नामुकिन! मैं सपना तो नहीं देख रहा?

राघव : तुम मुझे आंखों से नहीं बल्कि अपने दिमाग से देख रहे हो।

लालमन : पर राघव तुम तो...

राघव : इस समय तुम्हारे जेहन में मॉरिशस के सैनिकों की छावनी से लेकर कायरों तक की वे तमाम घटनाएं तुम्हारे सामने झिलमिला उठी है। बेंगाजी की वे रातें।

लालमन : राघव मेरा तो न वर्तमान है न भविष्य तो फिर तुम अतीत की यादें क्यों दिला रहे हो?

राघव : मैं तुम्हें थोड़े ही बीते हुए दिन याद दिला रहा हूं। मैंने तो तुम्हारी ही तरह अपने अतीत की नीलामी करके अपने वर्तमान और भविष्य को गिरवी से छुड़ाने की कोशिश की थी।

लालमन : तुमने रास्ते में ताहेरा की बात की थी...

राघव : वह देखो! समंदर के बीच से वह चली आ रही है...

(राघव एकाएक गायब हो जाता है। ताहेरा सामने आ जाती है। जोरदार ज्वार भाटों के बीच।)

लालमन : *(आगे बढ़कर)* राघव! राघव! तुम कहां गायब हो गए?

स्वर : अगली याद के लिए पिछली यादों को भूलना पड़ता है।

लालमन : ताहेरा। तुम और यहां?

ताहेरा : *(लालमन की जेब से कलम निकालकर)* यह तो वही कलम है लालमन जो तुमने पोर्ट साईद की हमारी दुकान से खरीदी थी।

लालमन : इससे पहला खत तुम्हें ही तो लिखा था।

ताहेरा : उस खत में तुमने लिखा था कि मेरी सूरत वालादी-व-किफ़ा की हीरोइन से मिलती-जुलती है, जो कि सच न होकर सिर्फ खुशामद थी।

लालमन : मैं अपने अंग्रेज लेफ्टीनेंट को चकमा देकर तुमसे मिलने आ जाता था।

ताहेरा : एक बार सजा भी भुगतनी पड़ी थी फिर भी मेरे कारण तुम अपने तीन साल पूरे होने पर दो साल और रहना चाहते थे... मगर दो कारण से नहीं कर पाए थे। एक तो अंग्रेज मिस्र से हट रहे थे और मेरा निकाह तय हो गया था।

लालमन : मैं अपने भीतर के दर्द को भीतर ही भीतर झेलकर चुप रह गया था।

ताहेरा : मैं तो बेबस थी ही पर तुम्हारी भी बेबसी थी। अपने वतन में अपनी बीवी और दो बच्चों को छोड़ आए थे।

लालमन : आज तो चार बच्चों और बीवी को पीछे छोड़ आया हूं। अंग्रेज सरकार की गुलामी करके, तीन साल अपने देश और परिवार से दूर रहकर भी सरकार में नौकरी का हकदार नहीं हो पाया।

ताहेरा : याद है एक बार तुमने मुझसे कहा कि खुदकुशी गुनाह होती है।

लालमन : याद है।

ताहेरा : तो फिर?

लालमन : अपने परिवार को भूखे रखना तो इससे भी भारी गुनाह है।

ताहेरा : वह देख रहे हो सामने? उस चट्टान पर...

लालमन : एक लड़का मछली फंसा रहा है।

ताहेरा : उसके पास जाओ।

लालमन : क्यों?

ताहेरा : मेरी यह छोटी-सी बात नहीं रख सकोगे?

लालमन : और तुम...। तुम भी राघव की तरह ओझल हो जाओगी क्या?

ताहेरा : तुम अपने देश के अखबार पढ़ते हो... रेडियो तो सुनते होगे।

लालमन : सुन लेता हूं पड़ोसी के घर से।

ताहेरा : तुमने कानाल सुएज की नाव दुर्घटना की खबर सुनी थी?

लालमन : जिसमें कोई चालीस लोगों की मृत्यु हुई थी?

ताहेरा : खैर!

(वह ठीक राघव की तरह ओझल हो जाती है)

धीरे-धीरे दृश्य समाप्त होता है।

दृश्य - 3

दृश्यः वही समुद्र तट।

लालमन चट्टान की ओर बढ़ता है कि तभी दो बच्चे हाथ में सीपियों के हार लिए लालमन को पार करके दो सैलानियों के पास आ जाते हैं।

आशा : बोंजूर मेस्ए मादाम... त्रे जोली कोलिए।

सैलानी : वात इज़ योर नेम?

आशा : माई नेम इज़ आशा।

महिला सैलानीः ही इज़ योर ब्रजर?

रवि : हां... मैं... भाई हू...।

आशा : मेरी ब्यूटीफूल... सीपियों का हार...।

महिला : हाव मच?

आशा : फिफ्टी रुपीज... होटल में टू हंड्रेड रुपए। जेनविन सी शेल्स।

(महिला उसके हाथ से हार लेकर देखती है।)

महिला : आईल गिव यू फोर्टी।

रवि : मैदम होटल में दो सौ रुपए से कम में नहीं मिलेगा।

सैलानी : ओके वी बाई वान...

रवि : यस... मेरा वाला...

आशा : नो बाई फ्रोम मी...

सैलानी : बाईंग फ्रोम यू फ्रोम हर इट्स जी सेम थींग।

रवि : नो सेम... मुझसे खरीदो।

आशा : मादम यू बाई माईन...

सैलानी : नो वान पिस ओनली।

(भाई बहन तू-तू मैं-मैं कर उठते हैं।)

रवि : मेरा वाला।

आशा : नहीं मेरा वाला।

मादाम : वाट्स रोंग?

आशा : वेरी रोंग मादाम... मिस्टर बाई वान मादाम बाई वान!

(दोनों सैलानी आपस में बातें करके)

मादाम : ओके आशा आई बाई फ्रोम यू।

सैलानी : एंड यू क्लेवर बोय वाट्स योर नेम।

रवि : मेरा नाम रवि है।

सैलानी : ओके रवि। गिव इट टू मी।

(दोनों बच्चे रुपए लेकर एक साथ थैंक्यू बोलते हैं और दौड़ जाते हैं।)

दृश्य - 4

दृश्य: लालमन बिन कुछ कहे चट्टान की ओर बढ़ता है। मछली फंसा रहे बच्चे की बगल वाली चट्टान पर बैठ जाता है। लालमन जेब से कलम और कागज निकाल कर पत्र लिखता है।

लालमन चुपचाप बच्चे को देखता रहता है।

बच्चा : *(कांटे को खाली पाकर)* यह भी चारा खा कर भाग गई।

लालमन : कितनी बढ़िया जगह है आखिरी खत लिखने की।

बच्चा : *(मुड़कर)* ओ चाचा जी। बैठना है तो चुपचाप बैठिए। पा फेर मोफिन।

लालमन : भैया तुम अपने काम करो मैं अपने काम करता हूं।

बच्चा : आप कर क्या रहे हैं?

लालमन : चिट्ठी लिख रहा हूं।

बच्चा : मछलियों को।

लालमन : अपने परिवार को।

बच्चा : तो घर पर बैठकर लिखते। यहां क्या झक मारने बैठ गए?

लालमन : तुम यहां कब से हो।

बच्चा : सुबह आठ बजे से।

लालमन : कहां रहते हो।

बच्चा : जहां आप रहते हैं।

लालमन : त्रिओले? किस ओर?

बच्चा : शिवालय के पास। आपको कई बार मंदिर के आंगन में देखा है।

लालमन : क्या नाम है तुम्हारा?

बच्चा : लोचन।

लालमन : स्कूल नहीं जाते?

बच्चा : स्कूल जाता तो यहां होता क्या?

लालमन : आठ बजे से अभी तक यहीं हो? वह भी इस भारी धूप में।

बच्चा : धूप हो या बरसात काम तो करना ही पड़ता है।

लालमन : *(अपने आप से)* काम! इसी काम का मारा तो यहां आना पड़ा।

दृश्य - 5

वही दृश्य। सूरज डूबने की तैयारी में।

लालमन : *(सूरज को ढलते देख)* लगता है सूरज मुझसे बाजी मार गया। कुछ ही लम्हों में समंदर में डूबकर आत्महत्या कर बैठेगा। लहरें तो अभी से बिछड़ने की सिसकियां लेने लगीं।

बच्चा : किससे बातें कर रहे हो चाचू?

लालमन : अपने आप से।

बच्चा : मेरी मां कहती है अपने आप से बातें करने वाले पागल होते हैं।

लालमन का पुराना घर। पत्नी से बात करते हुए।

लालमन : प्रभा। एक मर्द के लिए यह कितना दर्दनाक, कितनी शर्मनाक बात है कि पत्नी काम करे और मर्द बेकार फिरे। दूसरा साल होने को है जब से नौकरी के लिए दर-दर भटक रहा हूं। गन्ने के खेतों के मालिक भी यह कह कर टाल देते हैं कि मुझसे अब गन्ने थोड़े ही कट और लद पाएंगे।

प्रभा : भगवान के यहां देर हो सकती है अंधेर नहीं। हिम्मत मत हारो।

लालमन : तुम तीन बच्चों के साथ-साथ इस निकम्मे को भी अपनी कमाई से पाल रही हो।

प्रभा : तुम्हें नौकरी मिल जाए फिर मैं यह नौकरी छोड़ दूंगी।

लालमन : इसी का तो रोना है। और कितना इंतजार करूं। हमारी तारा की शादी सिर पर है। क्या करूं क्या न करूं?

प्रभा : तुमने हम चार प्राणियों के लिए परदेश में रहकर तीन लंबे सालों के लिए कमाया। उससे पहले वर्षों तक गन्ने काटते लादते रहे। मैं तो बस इधर दो साल से नौकरी कर रही हूं। पत्नी हूं तुम्हारी। अपने कर्तव्य का पालन कर रही हूं। कोई एहसान नहीं कर रही।

लालमन : काश! तुम मेरे भीतर के ज्वालामुखी का अंदाजा लगा पाती। काश! सच मानो अब मेरे भीतर का दर्द सहा नहीं जाता।

(लालमन अपनी चट्टान से उठकर बच्चे के करीब आ जाता है।)

लालमन : लोचन। सूरज डूबने को है। घर नहीं जाओगे।

लोचन : जब तक मछलियां नहीं मिलें, नहीं जाऊंगा।

लालमन : तुम्हारी मां नाराज नहीं होगी।

लोचन : मेरी अपनी मां नहीं है।

लालमन : अब तक कितनी मछलियां पकड़ पाए।

लोचन : *(टोकरी लालमन को सामने करके)* लो देख लो।

लालमन : *(झांकने के बाद)* बस ए ही चार ची रूजे़। सुबह से हो यहां, फिर भी...

लोचन : आजकल समंदर खराब है।

लालमन : अभी कितनी और मछलियां पकड़ने का तुम्हारा इरादा है।

लोचन : कम से कम आधी टोकरी तो होनी ही चाहिए।

लालमन : अभी से यह एकदम नामुमकिन है।

लोचन : क्यों?

लालमन : कब तक रहोगे यहां?

(तभी कांटे में एक मछली फंसी। लोचन ने बांस को उठाया। मछली को कांटे से छुड़ाकर टोकरी में डाला।)

लोचन : मैंने पूछा अभी और कब तक रहोगे?

लालमन : पर कुछ ही समय में रात हो जाएगी।

लोचन : मैं तो कभी यहां आधी रात तक रहता हूं। खास कर अंजोरिया में।

लालमन : रात भर बिन खाए?

लोचन : घर से कभी-कभी रोटी लाता हूं। आज रोटी नहीं मिली। दो पपीते खा चुका हूं। वह देखो चट्टान पर एक पपीता अभी पड़ा हुआ है। अगर आप खाना चाहें तो खा सकते हैं।

लालमन : नहीं मुझे भूख नहीं। आधी टोकरी मछली पकड़कर तुम उन्हें...

लोचन : बेच देता हूं।

लालमन : कहां?

लोचन : गांव में। शिवालय के आस-पास के लोगों को।

(मछली फिर फंसी। बच्चे ने बांस को उठाया।)

लालमन : वाह यह तो टोकरी की सभी मछलियों से बड़ी है।

लोचन : मेरा बाप कहता था कि इंतजार का फल मीठा होता है। एक बात कहूं। आपका मेरे पास आते ही एक बढ़िया मछली मिल गई। आपने तो किस्मत बना दी।

लालमन : जो अपनी किस्मत का खुद मालिक न हो वह किसी दूसरे की किस्मत क्या बना पाएगा?

लोचन : मैं समझा नहीं।

लालमन : ताहेरा ने ठीक ही कहा था।

लोचन : कौन है यह ताहेरा?

लालमन : जिसने मुझे तुम्हारे पास भेजा।

लोचन : मेरे पास। आखिर क्यों?

लालमन : सबक पाने के लिए।

सूर्यास्त

दृश्य - 6

वही दृश्य

समयः चांदनी रात। धड़ाधड़ चार-पांच मछलियां फंसाने के बाद लोचन ने कहा

लोचन : अब चलना चाहिए। टोकरी लगभग भर चुकी है। अधिक देर रुकने से मछलियां खराब होने लगेंगी।

लालमन : ये सारी मछलियां गांव पहुंचकर कितने में बेचोगे।

लोचन : बारह आने में।

लालमन : और अगर मैं आपको एक रुपया दूं तो।

लोचन : तो आपको तुरत दे दूं।

लालमन : *(रुपया थमाकर)* पर टोकरी के साथ।

लोचन : एक अच्छा मछुआरा अपनी टोकरी कभी दूसरों को नहीं देता। *(सोचकर)* पर खैर मैं आपको टोकरी सहित दे रहा हूं। आपने मेरी किस्मत जो खोली।

(लालमन ने अपनी जेब से पत्र निकालकर टुकड़े-टुकड़े करके लहरों के हवाले कर दिया।)

लोचन : आपने अपना पत्र क्यों फाड़ दिया।

लालमन : क्योंकि तुमने मेरी आंखें खोल दी।

लोचन : हां चाचू।

लालमन : आज से सचमुच मैं तुम्हारा चाचा हूं।

(लोचन से मछली की टोकरी लेकर। वह अपना पुराना कोट उसकी पीठ पर रख देता है। उसका हाथ थामे आगे बढ़ता है।)

लालमन : समंदर में डूब गए सूरज को सुबह उगते हुए देखने को बेताब हूं मैं।

•••

11

तलाश जारी है

दृश्य - 1

समयः शाम

दृश्यः फुटबॉल का मैदान। बगल में गन्ने का खेत। गांव के बच्चे फुटबॉल खेलते हुए।

मुकेश : *(बॉल को सलीम के सामने उछाल कर)* सलीम! अपने सामने के दोनों खिलाड़ियों को छका करके पैनल्टी एरिया को पार करो।
(कामेरा उसका पीछा करता है। सलीम वैसा ही करता है)
(मुसीबत में फंसे टीम के खिलाड़ी शोर कर उठते हैं। एक खिलाड़ी सलीम को ढकेल देता है। रैफ्री सीटी नहीं बजाता। सलीम नाराज हो उठता है। मुकेश उसे आश्वासन देता है। खेल जारी रहता है। मुकेश उससे लिपट कर शाबासी देता है।)

मुकेश : अभी और बीस मिनट है। एक और गोल करके आगे बढ़ जाने का मौका है।

सलीम : कोशिश करते हैं।

(विरोधी पक्ष के गोलकीपर का कीक किया हुआ गेंद मुकेश तक आता है। मुकेश उसे सलीम तक पहुंचाता है। सलीम दौड़ता है पर गेंद मुंडेर पार करके गन्ने के खेत में जा गिरता है।)

मुकेश : सलीम! हम एक मौका चूक गए हैं अभी और मौके आएंगे।

(सलीम गेंद को वापस लाने के लिए गन्ने के खेत की ओर लपक पड़ता है। सलीम के न लौटने पर सभी खिलाड़ियों में खलबली मच जाती है।)

मुकेश : *(आवाज देकर)* सलीम! जल्दी करो दूसरे हाफ टाइम के बीतने में अब दो-ही तीन मिनट बाकी हैं।

(खिलाड़ियों के बीच कोलाहल)

एक स्वर : सलीम मौका चूक जाने की शरम के कारण मैदान छोड़कर भाग गया।

मुकेश : सलीम! सलीम... सलीम... सलीम...। *(मुकेश की आवाज की प्रतिध्वनि होती रहती है। मुकेश की आवाज आती है।)* सलीम! यार बॉल तो ले आओ *(वह स्थल पर आ जाता है पर तब तक कार दूर निकल जाती है। पढ़ना चाहकर भी वह कार का नंबर नहीं पढ़ पाता।)*

दृश्य - 2

समय: वही।

दृश्य : गन्ने का खेत-पगडंडी। सलीम गेंद उठाने में सफल हो जाता है पर तभी एक दृश्य देखकर वह डर जाता है।

आवाज 1: चलो यहां से निकल चलें नहीं तो रंगे हाथ पकड़े जाएंगे।

जॉनी : लेकिन रॉकी इस लड़के ने सारा कुछ देख लिया है। हमारे चेहरे भी...।

आवाज 1: फिर तो साले को दबोचो और अपने साथ ले चलो। न रहेगा बांस न बजेगी बांसुरी।

(दूर पर खड़ी एक कार रिवर्स होकर पास आना चाहती है।)

जॉनी : कार इधर मत लाओ। प्लेट नंबर पर किसी की भी नजर नहीं पड़नी चाहिए।

रॉकी : जॉनी! तुम दौड़ कर जाओ और कार की नंबर प्लेट पर कीचड़ लपेट दो ताकि...

जॉनी : मैं भी यही सोच रहा था...

(रॉकी सलीम को अपनी गिरफ्त में लेकर चिल्ला उठता है।)

रॉकी : साले हरामजादे की औलाद! यही वक्त था, तुम्हें हमारे बीच टपक पड़ने का?

सलीम : मैं फूटबॉल खेल रहा था। देखो मेरे हाथ में गेंद है। मैं तो इसे ही लेने इधर आ गया था। मेरे दोस्त इंतजार कर रहे हैं। मुझे जाने दो। मैंने कुछ नहीं देखा।

जॉनी : साले बन रहे हो। अब आगे भी तुम कुछ देख नहीं पाओगे।

(रॉकी सामने आ जाता है और अपनी जेब से रुमाल निकाल कर सलीम की आंखों पर पट्टी बांध देता है।)

सलीम : मैंने कुछ नहीं देखा... मैं कुछ नहीं जानता। मुझे छोड़ दो। मेरी टीम जीतने जा रही है। मुझे जाने दो।

(एक लड़की के रोने-चिल्लाने की आवाज आती है)

रॉकी : *(सलीम से गेंद छीन कर)* साले खामोश रहो नहीं तो तुम्हें भी लड़की के साथ जिंदा गाड़ देंगे।

सलीम : मैंने कुछ नहीं देखा। कुछ नहीं जानता। मुझे जाने दो- जाने दो। *(लड़की के चिल्लाने-रोने की आवाज)*

दृश्य - 3

समय: सुबह

स्थान: पुलिस स्टेशन, दो सी.आई.डी. मुकेश और नज़ीर से बातें करते हुए।

सी.आई.डी. 1: तो तुम मुकेश हो। *(सिर हिलाकर हामी भरना)* और तुम...

नजीर : मेरा नाम नजीर है।

सी 1 : सलीम के बॉल ले आने में देर करने पर सबसे पहले तुम दोनों में से कौन उसे देखने पहुंचा?

मुकेश : मैं।

सी. 1 : और नजीर तुम कब पहुंचे?

नजीर : मैं जब पहुंचा तो कार दूर जा चुकी थी।

सी 1 : लेकिन मुकेश तुम जब वहां पहुंचे थे तो तुमने क्या देखा?

मुकेश : एक आदमी कार का दरवाजा खोले खड़ा था और दूसरा एक लड़की को कार के भीतर ढकेल रहा था।

दूसरा सी.: और तुम्हारा दोस्त सलीम कहां था?

मुकेश : कार के भीतर।

दूसरा सी.: मतलब?

मुकेश : कार के भीतर से उसकी आवाज़ सुनाई पड़ी थी।

दूसरा सी.: फिर क्या हुआ?

मुकेश : कार चल पड़ी थी।

दूसरा सी.: तुम दोनों में से कोई उसका नंबर नहीं देख पाया?

मुकेश : नहीं।

नजीर : मैं सिर्फ दो आखिर नंबर देख पाया।

मुकेश : केवल दो ही क्यों?

नजीर : पहले नंबर दिख नहीं रहे थे।

दूसरा : क्या थे वे दो नंबर?

नजीर : दो और दो।

पहला : यानी कि ट्वेंटी टू?

नजीर : हां।

दूसरा : कौन सी कार थी? यानी कि ट्रेड मार्क क्या था? (मुकेश नजीर

को देखता है और नजीर मुकेश को)

मुकेश : पता नहीं। पर मैं सोचता हूं टोयोटा... या तो निशान... भी हो सकता है।

पहला : मुकेश, तुमने तो दोनों आदमियों को देखा था कैसे थे उनके चेहरे?

मुकेश : ठीक तरह से नहीं देख पाया?

पहला : क्यों?

मुकेश : जो ड्राइवर की सीट पर जा बैठा उसकी तो सिर्फ मैं पीठ ही देख पाया। दूसरा उससे कुछ लंबा था।

पहला : उसका रंग कैसा था?

मुकेश : आप जैसा। उसकी आवाज मोटी थी। काला चश्मा पहने हुए था।

पहला : और क्या खास?

मुकेश : उसके बाल कंधे तक थे।

पहला : अच्छा! और...

मुकेश : उसने अपने घुंघराले बाल वाले साथी को रॉकी नाम से पुकारा था...।

पहला : रॉकी? और...

मुकेश : और उसने उसके साथ भोजपुरी में बात की थी।

पहला : पोंइट टू बी नोटेड।

दूसरा : यानी कि रोकी से भोजपुरी में बात हुई तो वह और किसी कौम का न होकर भारतीय वंशज का हो सकता है।

दृश्य - 4

दृश्य: सलीम का घर।

समय: शाम।

(उसकी मां पागल की सी स्थिति में सिर धुनती हुई। उसका पति उसे धीरज बंधाते हुए।)

करीम : सबर करो रहिमा सबर करो।

रहिमा : सात लड़कियों के बाद अल्लाह मियां ने हमारी दुआएं कबूल कर एक लड़का दिया था।

विमला : भाभी भगवान के घर देर होती है पर अंधेर नहीं। भरोसा रखो। सलीम को सिर्फ तुम ही ने नहीं खोया है भाभी आसपास के हम सभी लोग उसके लिए तड़प रहे हैं।

विमला : हद हो गई पुलिस के भरोसे और वायदे की। पहले तो सात घंटे की बात हुई थी फिर कहा गया था कि सात दिन के भीतर सलीम को ढूंढ़ निकाला जाएगा आज सात हफ्ते हो गए।

करीम : विमला बहन। मैं तो आज पुलिस वालों से पूछ कर रहूंगा कि क्या सलीम को आसमान उड़ा ले गया या धरती निगल गई उसे।

रहिमा : या खुदा! और कब तक रुलाते रहोगे। अब तो आंखों के सभी आंसू भी सूख गए।

विमला : मेरे दफ्तर में तो लोग यह कहने लगे हैं कि यह तो अजीब बात है कि अगर सलीम का अगवा किया गया है तो अब तक किडनैपर उसकी रिहाई के बदले रुपयों का तकाजा तो करता।

रहिमा : मैं तो पहले ही दिन से बोले जा रही हूं कि वे लोग ले जाए रुपए और लौटा दे मेरे बच्चे को। *(रोना)* कहां होगा मेरा सलीम? क्या कर रहा होगा? सलीम। कहां हो बेटे? मेरी गोदी खाली है मेरे लाल।

विमला : नहीं भाभी ऐसा नहीं कहते। आप फिर से बीमार पड़ जाएंगी।

रहिमा : इस से अच्छा तो यही होता कि ऊपर वाला मुझे उठा लेता।

करीम : नहीं रहिमा। धीरज धरो...।

रहिमा : धीरज? कहां से लाऊं?

करीम : हमारा बच्चा हमें मिलकर रहेगा। मुझे आज पूरा यकीन है।

रहिमा : किस गुनाह की सजा दे रहे हो खुदा? ए सात हफ्ते तो हमारी पूरी जिंदगी से भी लंबे रहे।

दृश्य - 5

समयः रात।

दृश्यः चीफ सी.आई.डी. का घर। चीफ सी.आई.डी. फाइल देखते- देखते खयालों में खो जाता है। उसकी पत्नी अनामिका (गूंगी) का प्रवेश। अनामिका के सभी संवाद आफ वाइस रहेंगे।)

अनामिकाः *(इशारों से)* अभी तक उस लापता लड़के का कोई भी सुराख नहीं मिला?

चीफ. : नहीं अनामिका। प्रेस और जनता सभी पुलिस के खिलाफ लिखे और बोले जा रहे हैं। कार का नंबर भी अधूरा है...। पहले दो नंबर से उस कार का पता लगा पाना कठिन है।

अनामिकाः *(इशारे से)* क्या है वह नंबर?

चीफ : दो और दो यानी कि बाइस। पहले के ट्वेंटी टू तो कई कारों में हो सकते हैं।

अनामिकाः सिर्फ दस कारों के लास्ट नंबर ट्वेंटी टू हो सकता है।

चीफ : यह तो मुझे भी मालूम है पर दस व्यक्तियों को कतार में खड़ा करके सवाल करना उतना आसान नहीं।

अनामिका: तुमने बताया था कि वे लोग भोजपुरी में बातें कर रहे थे। इसका मतलब यह हुआ...

चीफ : मैं भी तो उन्हीं लोगों पर अपने जांच को केंद्रित किए हुए हूं जो इस जुबान में बोलते हों। ट्रैफिक अथॉरिटी से हमें जो जानकारी मिली उससे तो लगता है कि प्राय: सभी कार मालिक भोजपुरी बोलने वाले हो सकते हैं।

अनामिका: पर सभी के सभी कंधे तक बाल रखने वाले तो नहीं हो सकते।

चीफ : अरे! यह बात हमारे दिमाग में भी तो आई थी पर...

अनामिका: पर क्या?

चीफ : यही कि उस कार का ट्रेडमार्क लड़के हमें बता नहीं पाए और उस तरह के ग्रे रंग की पांच गाड़ियों का हमने निरीक्षण किया। कुछ भी हाथ नहीं लगा?

अनामिका: यानी कि लंबे बाल वाला कोई नहीं मिला।

चीफ : उनमें कोई लंबे बाल वाला नहीं।

अनामिका: उनके इर्द-गिर्द के लोगों से बातें की?

चीफ : कल करने जा रहे हैं।

अनामिका: नाई की दुकान से...

चीफ : अरे हां अनामिका आखिर यह बात हमारे भेजे में क्यों नहीं आई। *(चीफ उसका माथा चूम लेता है।)*

दृश्य - 6

समय: शाम (सूर्यास्त)

दृश्य: फुटबॉल मैदान। बच्चे फुटबॉल खेलते हुए। कुछ ही दूरी पर मुकेश और नजीर पेड़ के नीचे बैठे।

मुकेश : दो सप्ताह हो गए नजीर अभी भी पुलिस सलीम का पता नहीं लगा पाई।

नजीर : मैं तो डरने लगा हूं कि कहीं...।

मुकेश : मनहूस बात मत सोचो। सलीम जिंदा है। हम उसे पाकर रहेंगे।

नजीर : कल टी.वी. पर एक अनजान लड़के की लाश दिखाई गई थी कहीं वह....

मुकेश : फिर बे सिर पांव की बात करने लगे। वह लाश तो एक पंद्रह साल के लड़के की थी। हमारा सलीम 8 साल का है।

नजीर : मुझे पुलिस को बता देना चाहिए था मुकेश।

मुकेश : क्या? क्या बता देना चाहिए था।

नजीर : अब तो पुलिस मुझे...।

मुकेश : क्या बता देना चाहिए था। बताओ तो सही।

नजीर : जिस दिन नजीर को उठाया गया था उस दिन मुझे उस कार के पास से एक चीज मिली थी।

मुकेश : क्या थी वह चीज़।

(नजीर जेब से कुछ निकालता है।)

दृश्य - 7

समय : रात। लछमन अपनी पत्नी के साथ बात करते हुए।

अनामिका: *(इशारों सं)* उस केस का क्या हुआ लछमन?

चीफ : किस केस का?

अनामिका: जिससे तुम इतने ज्यादा परेशान हो?

चीफ : न गुमशुदा लड़के का पता चला और ना ही अगवा करने वाले उन दो व्यक्तियों का।

अनामिका: और जो लड़की उनके साथ थी?

चीफ. : तब तक कोई सुराख नहीं मिल पाया। अरे हां आज मैं सलीम के दोनों साथियों से मिला और एक चीज़ हाथ आई है।

अनामिका: क्या?

चीफ : एक घड़ी। मेंस वाच। जिसे नजीर ने अगवा करने वाली कार के पास से उठाया था। घड़ी कीमती है - ओमेगा।

अनामिका: इसका मतलब है कि अपराधी धनी घर का है। पर यह सबूत इतनी देर से क्यों....।

चीफ : नजीर उसे अपने पास रख लेना चाहता था। उसका दोस्त मुकेश उसे हम तक ला पाया।

अनामिका: एक बात तो खुल कर आई।

चीफ : क्या?

अनामिका: यही कि इतनी महंगी घड़ी पहनने वाला व्यक्ति और साधारण कार?

चीफ : तो इससे हैरानी कैसी?

अनामिका: कार के मालिक को तलाशना बंद करो। वह कार किराए की होगी या किसी दोस्त की।

चीफ : अरे हां यह बात तो मेरे दिमाग में आ जानी चाहिए थी।

अनामिका: अब जब आ गयी तो कार की तलाश छोड़ो और घड़ी की दुकान पर पता लगाओ कि इतनी महंगी घड़ी बेचने वाली दुकान इस देश में बहुत कम है।

दृश्य - 8

दृश्यः दुकानें।

दोनां सी.आई.डी. अफसर लोगों से अलग-अलग बातें करते हुए। चीफ सी.आई. डी. अपने सहयोगी के साथ तहकीकात करते हुए। सिर्फ अभिनय आवाज़ बिल्कुल नहीं। दूसरी दुकान। वही तरीका चौथी दूकान।

दृश्य - 9

दृश्यः चीफ का घर।

समयः रात। अनामिका के साथ चीफ सी.आई.डी. खाने की मेज पर।

अनामिकाः अभी तक कार का पता चला ही नहीं?

चीफ : घड़ी बेचने वाले दुकान का भी नहीं।

अनामिकाः तब तो वह गलियों में बिकने वाली ओमेगा होगी।

चीफ : नो... बिलकुल नहीं... अनामिका वह घड़ी एकदम जेनवीन ठहरी।

अनामिकाः तब तो दो बातें हो सकती हैं।

चीफ : जैसे कि?

अनामिकाः एक तो यह कि वह घड़ी मुजरिम को तोहफे में मिली होगी या उसने विदेश में खरीदी होगी।

चीफ : तुम यह कहना चाहती हो अनामिका कि मुझे अपनी इस छानबीन के लिए विदेश जाना होगा?

अनामिकाः मैंने तो ऐसा नहीं कहा।

चीफ : तो फिर?

अनामिकाः पिछली बार जब तुम सिंगापुर से लौटे थे तो मेरे लिए जो सेईको घड़ी लाए थे उसके लिए हवाई अड्डे पर कस्टम वालों ने ड्यूटी चार्ज के लिए तुम्हारी नाक में दम किया था न?

चीफ : हां! पर मेरी औकात पहचान कर ड्यूटी कुछ हलकी कर दी गई थी।

अनामिकाः और उस ड्यूटी की वह रशीद जो आज भी हमारे पास है उसकी एक प्रति तो आज भी कस्टम विभाग में होनी चाहिए है न?

●●●

12

समझौता

दृश्य - 1

धुपीली दोपहर। गन्ने के खेतों के बीच रामचरितर बोतल से पीते हुए। उसकी बहू जसोदा पंजे में अगौरें की पुलियां थामे उस तक पहुंचाती है। मजदूर गन्ने काटने लादने में जुटे हुए।

चम्पा : सुबह से चौथी बोतल पानी पी रहे हो। सभी मजदूर खाना खा चुके और तुम पानी से पेट भरते जा रहे हो।

भगतवा : ए बहू भौजी ई त नाहक सरकार सें लड़ाई मोल रहल बा। भला सरकार से लड़कर कोई जीत सकता है क्या?

राम : मैं सरकार से नहीं बल्कि सरकार के दरिंदों से लोहा ले रहा हूं। यह आदमी अपने ओहदे का नाजायज फायदा उठा रहा है।

भगत : ठीक है। ऐसे लोग सरकार को बदनाम कर जाते हैं पर इन से झगड़ कर पार पाना मुश्किल है। जीत नहीं पाओगे।

राम : जीतने की उम्मीद लेकर तो सभी लड़ लेते हैं, मैं बिना उम्मीद लिए लड़ रहा हूं। मुझे हार और जीत का नहीं, अपने गाँव की बेचारगी की चिन्ता है। मेरा गाँव घूटने टेक चुका है। इसकी चिन्ता है मुझे।

चम्पा : देखो अगर आप नहीं खाएंगे तो मैं यहां से नहीं हटूंगी। घास यहीं सूख जाएगी और उधर गाय-बकरियां भी भूखी रह जाएंगी।

राम : ठीक है खा लेता हूं, पर तुम बोझ उठाओ और घर जाओ। मैं तुमसे तो कभी जीत पाया ही नहीं सरकार से जीतने निकला हूं।

चम्पा : अभी भी समय है। अपने इस इरादे से बाज आ जाओ। तुम्हारी इस नेतागिरी का हमारे बच्चों पर बहुत बुरा अंजाम हो सकता है।

भगत : यही बात तो मैं इसे समझाते थक गया।

दृश्य - 2

घर का भीतरी भाग

चम्पा : हम फिर कहत बानी कि तुम नाहक जिद किए बैठे हो। इज्जत के साथ झुक जाना बेइज्जत होकर झुकने से बेहतर होता है। तुम अपनी जमीन सरकार को दं दो और नई ले लो।

राम : क्या लड़ने से पहले हार मान जाना बहादुरी होगा, बहू?

चम्पा : जो भी लोग आपके साथ लड़ने को तैयार थे वे सभी आपको छोड़ते चले गए। अब आप किसके बल सरकार का मुकाबला कर पाएंगे?

राम : भगवान के बल।

चम्पा : आप तो हमेशा यह कहते रहे थे कि आदमी को किसी के सहारं नहीं रहना चाहिए, भगवान के भी नहीं।

राम : उस तरह की बात किसी अलग परिस्थिति में बोला होगा।

बेटा : पापा आप तो हमेशा यह भी कहते थे कि एक अकेला चना जांते को नहीं तोड़ सकता।

राम : ऊपर वाले की मदद से...

बेटा : बस कीजिए अपने खोखले विश्वास का सहारा लेना। मैं आप के इस पागलपन भरी जिद में शामिल नहीं हो सकता।

चम्पा : इस घर के सभी लोगों की बातों को आप ठुकराते चले आ रहे हैं पापा।

देवंती : आपके इस रवैए से गाँव के सभी लोग हमसे कन्नी काटने लगे हैं। अब लोग हमारी ओर देखते तक नहीं।

गन्ने के खेतों के बीच ट्रैक्टर द्वारा सफाई का काम चल रहा है। रामचरितर और भगत नौकरी।

भगत : देख रहे हो न। जो काम हम सप्ताह भर में भी नहीं कर पाते उसे यह मशीन घंटे में कर दिखाती है।

राम : ऐसा ही रहा तो कल हमें बेकार हो जाना पड़ेगा।

भगत : भैया उपज बढ़ेगी।

राम : मालिक की उपज बढ़ेगी और हमारी? इन तमाम नए साधनों के लाभ का हकदार मजदूर भी क्यों नहीं होता? पसीना हम मजदूरों का बहता है और तिजोरी मालिकों की भरती है।

भगत : लोग बता रहे थे कि अगले साल तो एक ऐसी मशीन भी आ जाएगी जो खुद गन्ने काटकर लाद भी सकेगी।

राम : इसका मतलब यह है कि कोठी के मालिक को हमारी जरूरत नहीं रहेगी?

भगत : आम खा कर हमें गुठलियों की तरह फेंक दिया जाएगा।

राम : तुम मशीन की बात कर रहे हो। वह सरकारी अफसर तो कल यहां तक कह गया कि मैं अपनी जमीन छोड़ने को तैयार नहीं होऊंगा तो मेरे आंगन में ट्रैक्टर चला कर मेरे घर को ढाह दिया जाएगा।

भगत : इसीलिए तो बार-बार यही कह रहा हूं कि सरकार नए कारखाने और नया रास्ता बना रही है। तुम्हें अपनी जमीन उसे देनी ही पड़ेगी। बुद्धिमानी तो इसी में है कि बदले में वह जमीन ले लो जो सरकार दे रही है।

दृश्य - 3

शाम का समय। अपने बेटे के साथ राम उस ट्रैक्टर को देखता रहा जो उसके पड़ोस के घर को धराशाई करने में लगा हुआ था।

राम : आज सुबह इब्राहीम भाई का यह घर यहां अपनी हस्ती लिए हुए था। कल सुबह उसका यहां नामोनिशान भी नहीं होगा। और परसों सुबह हमारे घर की बारी होगी। बूलडोजर को मेरी लाश के ऊपर से गुजर कर मेरे घर को गिराना होगा।

देवंती : पापा हम सभी आपकी बात को समझ रहे हैं लेकिन हमारे अकेले से क्या हो सकता है?

बेटा : पापा। हमें सरकार की बात मान कर कल सुबह घर खाली कर देना होगा। लोग एक-एक करके घर खाली करने लगे हैं।

राम : नहीं बेटा। तुम लोग चाहो तो घर खाली करके जा सकते हो। पर मैं किसी भी हालत में अपनी इस जमीन और इस घर को गिरने नहीं दूंगा। यह घर मेरे पसीने और खून से सन कर बना है।

चम्पा : आप एकदम सही कह रहे हैं पापा मगर जब पुरा गांव सरकार की बात पर राजी हो गया है तो हम अकेले कर ही क्या सकते हैं?

बेटा : पापा हम अगर अपनी जिद पर अड़े रहेंगे तो सरकार हमसे जबरदस्ती यह घर और जमीन ले नहीं सकती?

राम : मेरे दादा ने मेरे बाप के लिए एक झोपड़ी छोड़ी थी। मेरे बाप ने मेरे लिए दो कमरों का एक बड़ा टीन का घर छोड़ा था।

देवंती : पर पापा आपने अभी अपने जीवन काल में ही घर जमीन हम लोगों के नाम क्यों कर दिया?

राम : मैंने तुम दोनों के लिए कर्जा-गुलामी करके सीमेंट का यह घर बनाया। तुम्हारी पीढ़ी बड़ी किस्मत वाली है। जो किया-कराया मिल

रहा है। इसलिए इस घर की सही कीमत तुम दोनों को कभी मालूम नहीं होगी।

सुबह। रामचरितर के घर का आंगन। मंगरू का पहुंचना।

भगत : राम भैया! देखो मैंने अपने परिवार की मान कर अपनी जिद छोड़ दी। तुम भी जिद छोड़ो और सरकार की बात मान लो। हुकमरान पहुंचने ही वाले हैं। पानी में रहकर मगरमच्छ से बैर नहीं किया जा सकता।

चम्पा : ये मानने वाले नहीं हैं चाचा।

भगत : यह बात नहीं है बेटी।

राम : यह तुम कह रहे हो भगत। जब कि हम दोनों ने गाँव के सभी लोगों के सामने यह प्रण किया था कि हम गाँव के सौ से अधिक परिवारों के साथ यह अनर्थ नहीं होने देंगे? अब तुम भी मुझे अकेला छोड़ गए? आखिर क्यों? भगत क्यों?

भगत : क्योंकि हमें समय के तकाजे को मानना होगा। जो कुछ हो रहा है हमारे गांव तथा देश के हित और प्रगति के लिए हो रहा है।

चम्पा : देखा न भगत चाचा। आजकल ये वोट मांगने वालों की जुबान बोल रहे हैं।

राम : पर यह रास्ता हमारे गांव के बीच से न निकाल कर कोठी वाले मालिक के जंगल से भी निकल सकता था। सरकार जंगल न काटकर बसे बसाए गांव को क्यों उजाड़ रही है?

भगत : निकल तो जरूर सकता था पर जैसा कि इंजिनियर बता रहे थे। वैसा करके सरकार के खर्च को चार गुना ज्यादा बढ़ाना पड़ता।

राम : सरकार के लिए एक रुपए और चार रुपयों से क्या फर्क आ जाता? और यह मामला, केवल गांव के घरों की ही बात नहीं है। यह नया रास्ता गांव के मदरसे और बैठक को भी ढाह कर निकलेगा।

भगत : मालूम है। पर सरकार तो यह आश्वासन दे रही है कि बैठक और मदरसे को इससे भी अच्छी जगह पर नए सिरे से बना देगी।

चम्पा : हम भी तो हर रात यह कहते आ रहे हैं कि सरकार बैठक और मदरसे और भी सुंदर ढंग से बनाने को तैयार है। हमें जगह से क्या लेना देना।

राम : सवाल जगह का नहीं है। इतिहास का है। हमारे पूर्वजों की धरोहर की बात है। मुझे जितना मेरा घर प्यारा है उससे कहीं अधिक ये दोनों जगहें प्यारी है। ये मदरसा और बैठक हमारी भाषा और संस्कृति के वाहन रहे हैं। यहीं से हमने अपने देश की आजादी की स्वर बुलंदी की थी।

राम एक चट्टान पर जा खड़ा होता है। भगत से कहता है।

राम : यहां से आकर देखो। हमारा गांव इतिहास की गवाही दे रहा है।

भगत : इतिहास के करवट बदलने की गवाही। अब तो यहां से एक नया इतिहास शुरू होगा।

राम : नहीं भगत। अगर हम नाकामयाब रह गए तो यह इतिहास के दफनाने की कहानी हो जाएगी।

भगत : हम नौजवानों को अपने साथ नहीं ले सके। वे लोग तो हमें अतीत के गुलाम मान बैठे हैं।

राम : ये अगर टिके हुए हैं तो अपनी नहीं हमारी अपनी बुनियाद पर।

भगत : फिर तो हम इन नौजवानों को अपनी सच्चाई समझा ही नहीं पाए।

भगत भी चट्टान पर चढ़ जाता है। पूरे गांव का दृश्य।

दृश्य - 4

शाम का वक्त। कुछ दूर पर खेलते हुए बच्चे। गांव के बीच ट्रैक्टर दहाड़ता हुआ आगे बढ़ता है। औरतें सरकारी नल से पानी भरती आपस में बातें करती हैं।

बेटा : ई त बुझाता कि सचमुच के हमनी के घर उजड़ के ही रही।

देवंती : कोई तो बता रहा था कि समंदर के पास की माटी हमें मिल रही है।

रमेशर : कोई अपन लयका दूसर कं देके ओकर से जस्ती सुंदर लयका लेई के तैयार बानी का?

देवंती : देखो चम्पा। हमारे इस छोटे गांव से कुछ ही दूरी पर कपड़ों के कारखाने बनने जा रहे हैं। उसके लिए यह नया रास्ता बनना बहुत ही जरूरी है।

रमेसर : कारखाने बनाने से हम लोग थोड़े ही रोक रहे हैं। पर नया रास्ता व दूसर जगह भी बनाई जा सकते हैं। हमारे गांव को उजाड़ने की क्या जरूरत है।

चम्पा : हमारे घर दो मर्द शक्कर कोठी की धूप और बारिश में खून पसीना एक करते हैं। कारखाने बन जाने पर उन्हें अच्छी नौकरी मिल सकती है।

बेटा : मैं अब इस झमेले में नहीं पड़ना चाहता। हद हो गई। घर के सभी लोग आपको समझाते-समझाते थक गए। आप अपने मन का करें हम अपने मन का करेंगे।

देवंती : कोई तो बता रहा था कि सरकार को पूरा अधिकार होता है कि वह नए रास्ते के बीच आने वाली सारी रुकावटों को हटा दे।

चम्पा : पापा तो कहते हैं कि वह अपनी जान पर खेल कर अपनी जमीन और घर की रक्षा करेंगे।

देवंती : सरकार की ताकत के सामने हमें तो झुकना ही पड़ेगा।

चम्पा : अरे यह सरकार तो हम लोगन के बनावल से बनती है। हम ही लोग बनाकर आखिर उसकी पूरी मदद क्यों न करें।

देवंती : वाह चम्पा! तुम तो टी.वी. पर फिल्म देख-देख कर अब बड़ी-बड़ी बातें बोलने लगी हो।

बेटा : चम्पा! पापा तुम्हें बहुत चाहते हैं। तुम ही उनको मनाने की कोशिश करो। अगर वह अपने इरादे को नहीं बदलेंगे तो हमारी हालत एकदम नाजुक हो जाएगी।

चम्पा : ठीक है। जाकर एक आखिरी कोशिश करती हूँ।

चम्पा उस ठौर पर पहुंचती है जहां उसका बाप चहलकदमी कर रहा है।

चम्पा : सरकार यहां पर नया रास्ता बना रही है। हम लोग उसके काम में रुकावट पैदा नहीं कर सकते।

राम : मैं सरकार को रास्ता बनाने से नहीं रोक रहा हूं। मैं तो अपने गांव और घरों को उजड़ने से रोक रहा हूं।

चम्पा : पापा हमारे इस गांव के बहुत सारे लोग अपनी जमीन और घर के पैसे ले चुके हैं। नई जमीन भी पसंद कर चुके हैं।

राम : पर पूरा गांव इस सौदे के लिए तैयार नहीं है।

चम्पा : सरकार के पास यह अधिकार होता है कि...

राम : कि वह हमारे वर्षों की कमाई और त्याग से बने हमारे घर हम से छिन ले?

चम्पा : बात छिनने की नहीं है। सरकार आपसे खरीद रही है।

(देवंती का प्रवेश)

राम : कोई खरीदने वाला तो तभी खरीद सकता है जब बेचने वाला बेचने को तैयार हो। यह जबरदस्ती क्यों?

देवंती : सरकार को देश का विकास करना है और...

राम : हमारी दुनिया उजाड़ कर?

देवंती : बदले में...

राम : क्या तुम अपनी जवान आंखें मेरी बूढ़ी आंखों के बदले में देने को तैयार हो?

चम्पा : देखो पापा, आपके साथी मंगरू जो कि मंत्रालय तक अपना विरोध करता रहा था आखिर में अपनी जमीन और घर की कीमत से दोगुनी कीमत सरकार से लेकर रहा।

राम : कितनी खुदगर्जी आ गई है हम लोगों में। बाप दादों के किए कराए को मटियामेट कर रहे हैं।

देवंती : आपके साथ आवाज से आवाज मिलाने वाले लोग भी आपको अकेला छोड़ गए। आपको अपना इरादा बदलना ही होगा।

राम : इसी का तो रोना है। अपनी बपौती को किसी भी कीमत में न बेचने का आंदोलन शुरू करने वाले आज खुद समझौता करके ही रहे।

दृश्य - 5

विकास कार्य निगम के निदेशक का दफ्तर। अफसर तथा गांव के प्रतिनिधि।

अफसर : डायरेक्टर साहब हम इन लोगों को मनाते-मनाते थक गए।

डायरेक्टर: आप लोगों में रामचरितर कौन है?

राम : *(आगे आते हुए)* मैं हूं?

डायरेक्टर: आप लोग बैठिए।

अफसर : चालीस घरों में बाइस घर के मालिक अपनी जमीन और घर छोड़ने को तैयार हो गए हैं। केवल अठारह व्यक्ति सरकार के खिलाफ बगावत कर रहे हैं।

डायरेक्टर: और इन बगावत करने वालों के मालिक आप रामचरितर जी हैं?

राम : हम बगावत नहीं कर रहे।

डायरेक्टर: सरकार की मांग को मंजूर न करने के अपने इस रवैए को क्या कहेंगे आप?

राम : हम अपने पूर्वजों की थाती को गंवाना नहीं चाहते।

डायरेक्टर: देश की प्रगति आपको स्वीकार नहीं?

राम : बात यह नहीं...।

डायरेक्टर: तो फिर बात क्या है?

राम : हम सरकार से केवल यह मांग करने आए हैं कि वह नए वाले रास्ते को थोड़ा-सा मोड़ देकर बस्ती को बस्ती बना रहने दे।

डायरेक्टर: रास्ते को चक्करदार बनाने में जानते हो सरकार को कितना खर्च करना पड़ेगा?

राम : हम समझते हैं मगर...।

डायरेक्टर: नहीं रामचरितर जी आप कुछ नहीं समझते। आप यह चाह रहे हैं कि चालीस मिलियन का खर्च सरकार के लिए सौ मिलियन का हो जाए। देखिए! अगर सीधी अंगुली से घी नहीं निकलता तो हमें टेढ़ी अंगुली से घी निकालना ही पड़ेगा।

राम : धमकी मत दीजिए। डायरेक्टर जी हमारे गाँव की बगल में दूर तक फैला जंगल है...।

डायरेक्टर: आप चाहते हैं कि उस जंगल को हम काट कर उसी पर रास्ता बना दें।

राम : ऐसा हो सकता है।

डायरेक्टर: ऐसा नहीं हो सकता। होना वही है जो सरकार और मेरा विभाग तय कर चुके हैं।

राम : आपको मालूम है कि बस्ती में एक पुरानी बैठक और एक पुराना मदरसा है...

डायरेक्टर: मुझे मालूम है। आपको एक बात मालूम नहीं।

राम : मुझे क्या मालूम नहीं?

डायरेक्टर: यही कि बैठक के प्रधान और मदरसे का इमाम दोनों इस बात के लिए तैयार हो गए हैं कि सरकार उन्हें नई जमीन पर नए बैठक और मदरसा बना कर दे।

राम : यह नहीं हो सकता।

डायरेक्टर: यह हो चुका है। वे जमीन भी देख चुके हैं और रकम भी ले चुके हैं। जब मदरसा और बैठक हटाया जा सकता है तो फिर साधारण घर को क्यों नहीं हटाया जा सकता।

राम : साधारण घरों में भी रामायण कुरान और बाइबिल होते हैं।

डायरेक्टर: *(अफसर से)* वे कागजात दिखाओ इन्हें।

अफसर : *(बैग से कागजात निकाल कर दिखाते हुए)* बैठक का प्रधान और मदरसे का इमाम के साथ दो नौजवान भी दस्तखत करके चैक ले चुके। नए घर और जमीन की पूरी रकम।

राम : दो नौजवान से क्या मतलब?

अफसर : यानी कि आपके दोनों बेटे अपनी जमीन और घर सरकार के नाम कर गए।

(रामचरितर अपने सामने के खालीपन को देखता रह जाता है।)

दृश्य: ट्रैक्टर द्वारा घरों का गिराना, रमेशर पहले अपने घर को देखता है फिर आसमान को।

हनुमान जी के चौथरे के पास जाता है। प्रणाम कर माथे से लगाता है। अपने आंगन से एक मुट्ठी माटी उठाता है और सूर्यास्त की ओर बढ़ जाता है।

•••

13

गवाही

दृश्य - 1

पुलिस स्टेशन का दफ्तर।
समय : रात
फोन बज उठता है।

पुलिस : *(फोन उठाकर)* हैलो! पुलिस स्टेशन...। आप कौन हैं। पहले अपना नाम तो बताइये। क्या कहा। रमेश...। सतीश...। ठीक है... पर आप पहले यह तो बताइए कि इंस्पैक्टर से...

इंस्पैक्टर : कौन है?

पुलिस : सतीश...।

इंस्पैक्टर : सतीश रामनाथ।

पुलिस - हां।

इंस्पैक्टर : (फोन लेकर) देखो जैसा कि मैं बता चुका हूं पुलिस पूरी तरह से तहकीकात कर रही है। पूरे द्वीप की पुलिस स्टेशन आपकी पत्नी की तलाश में लगी हुई है।

दृश्य - 2

समयः वही
सतीश रामनाथ का घर। (आधुनिक) फोन पर हो रही बातें।

सतीश : इंस्पैक्टर!! आज तीसरी रात है। आप पुलिस वाले पहले दिन से यही एक ही बात कहते आ रहे हैं। अब भी आप वही कहे जा रहे हैं.... मिल जाएगी.... पुलिस खोज निकालेगी... आप लोग कहे जा रहे हैं कि मेरी पत्नी को खोजने में पुलिस कोई कसर नहीं छोड़ रही...। *(झटके के साथ फोन क्रेडल पर रख देता है।) (नौकर को पुकारता है)* धनेश! तुमसे कॉफी लाने को कहा था।

(प्रवेश करता है – कॉफी के साथ)

धनेश : मेसये मधु को मना रहा था। मा की रट लगाये जा रहा है। चुप *(कॉफी थमाते हुए)*

सतीश : मधु को मेरे पास ले आओ। और देखो शाम का अखबार भी लेते आना।

रमेश का कमरे से बाहर होना। कॉफी की एक घूंट पीकर सतीश कप के साथ कमरे का चक्कर काट जाता है। दूसरे कमरे से बीमार मां की .खांसी सुनाई पड़ती है।

सतीश : *(रमेशर से)* मेरी मां को रात वाली दवा दे दी?

रमेशर विक्की और अखबार के साथ दोबारा भीतर आता है। 6 वर्षीय मधु के साथ।

रमेशर : *(अखबार थमाते हुए)* हां मेसये।

मधु : पापा! मां कब आएगी?

(रमेशर बाहर हो जाता है)

सतीश : आ जाएगी बेटा! नाना बीमार हैं न। वह उसकी देखभाल करके कल दिन में जरूर आ जाएगी।

(सतीश का अखबार के पन्नों के उलटने के क्लोज-अप शॉट।)

(अपने आप) ये साले अखबार वाले पाठकों की सूचना भी नहीं छापते। पहले पन्ने से आखिरी पन्ने तक केवल राजनेताओं की तस्वीरें और चर्चे...

मधु : पापा! मां कल आ जाएगी न?

सतीश : हां बेटी।

मधु : आज मैं दादी के कमरे में सोऊंगी?

सतीश : दादी तुम्हें बहुत प्यार करती है।

मधु : पर खांसती रहती है। (अपने हाथ के टेडी बेयर को गले लगाकर) मेरी गुड़िया दादी के खांसने से रो उठती है।

मां का प्रवेश

मां : सतीश बेटे! हेमा को आज भी मायके से नहीं ले आये?

सतीश : आ जाएगी न। तुम चिंता मत करो।

मधु : दादी! आज कौन सी गुड़िया की कहानी सुनाओगी?

मां : दादी बीमार है। कल तबीयत ठीक रही तो जरूर कहानी सुनाउंगी।

मधु : पापा से कहो मेरे लिए पिस्तौल खरीदने को।

मां : इस गुड़िया से मन भर गया क्या?

मधु : राकेश भैया की वह पिस्तौल मेरे इस खिलौने से अधिक सुंदर है। यह तो गूंगी है। राकेश की पिस्तौल से तो आवाज आती है।

सतीश : *(बच्चे को डांटते हुए)* दादी को तंग मत करो। तुम लड़का नहीं हो। पिस्तौल लड़कों का खिलौना है। लड़कियों का नहीं।

मधु : *(दीवार से टंगी मां की तस्वीर तक जाकर)* मां बोली थी वह पिस्तौल खरीदेगी मेरे लिए।

सतीश : *(नौकर को आवाज देकर) (रमेशर आकर सामने खड़ा हो जाता है।)* रमेशर! मधु को मां की चारपाई पर रख आओ, इसके सोने का वक्त हो गया है। मां तुम भी जाकर सो जाओ।

मां : कल बहू को घर ला रहे हो न?

सतीश : कल वह आ जाएगी। तुम जाकर सो जाओ।

दृश्य - 3

समय: सुबह

सतीश के घर का आंगन। जीप से दो पुलिस का उतरना। सतीश कमरे से बाहर आकर

सतीश : कुछ पता चला इंस्पैक्टर?

पुलिस : हमारी तलाश जारी है।

सतीश : आप बार-बार तोते की तरह एक ही बात रटे जा रहे हैं। तलाश जारी है। कब तक जारी रहेगी?

पुलिस : देखिए हम अपने काम को सही ढंग से कर रहे हैं। हमने आपके बताए ससुराल और तीन परिवारों के घर भी आदमी भेजे पर उन जगहों पर आपकी पत्नी पहुंची ही नहीं।

पुलिस 2 : हम अपनी कोशिश में कुछ भी बाकी नहीं छोड़ रहे हैं।

सतीश : इंस्पैक्टर तो गई कहां? मुझे तो लगता है कि आप लोग मामले को पूरी गंभीरता के साथ नहीं ले रहे हैं।

पुलिस : हमें आपकी पत्नी की एक तस्वीर चाहिए मिस्टर सतीश रामनाथ।

सतीश : आप यहीं ठहरिए, मैं तस्वीर लाता हूं...

पुलिस : पहले आप हमें यह बताइए कि आपके घर में कौन-कौन हैं?

सतीश : मेरी मां। मेरा नौकर और मेरी बेटी।

पुलिस : मैं आपके नौकर और आपकी मां से पूछताछ करना चाहूंगा।

सतीश : नौकर तो सब्जी लाने बाजार गया है।

पुलिस 2 : कब तक लौटेगा?

पुलिस : मां को भेजो।

सतीश : इंस्पैक्टर मेरी मां बीमार है। उसे नहीं मालूम कि मेरी पत्नी गायब है। मैंने उसे यह कह दिया है कि वह अपने मायके में है।

(पुलिस गाड़ी का फोन बज उठता है।)

पुलिस : *(फोन पर)* हां। हम उसी के यहां हैं। दफ्तर के उसके साथियों से बात कर आए? अच्छा यानी कि श्रीमती रामनाथ को उस आखिरी दिन लोग बहुत अधिक परेशान पा रहे थे।... ठीक है। श्रीमती रामनाथ की उस घनिष्ठ सहेली से कुछ और बात जानने की कोशिश करो। हो सके तो उसे थाने ले आओ।

(सतीश का घर से निकलकर सामने आना)

सतीश : यह रही तस्वीर।

पुलिस 2 : यह तो मुद्दत की तस्वीर लग रही है।

पुलिस : हां, पुरानी लग रही है।

सतीश : शादी से पहले की है।

पुलिस : हमें उनकी कोई नई तस्वीर चाहिए।

सतीश : एलबम में तो है पर पता नहीं कहां रख दिया उसने।

पुलिस : कोई नई तस्वीर तो होनी चाहिए।

सतीश : छह-सात महीने पहले की तस्वीर है पर फ्रेम की हुई है। दीवार से टंगी है।

पुलिस : वही ले आइए। आपको बाद में लौटा दी जाएगी।

दृश्य - 4

सतीश के घर का भीतरी भाग

मां : हमारे घर पुलिस क्या करने आई थी सतीश? और दीवार पर की हेमा की तस्वीर तुमने पुलिस को क्यों दी?

सतीश : मां तुम बीमार हो। इन छोटी-मोटी बातों से अपने आपको परेशान मत करो।

मां : सतीश! सच-सच बताओ मेरी बहू कहां है?

सतीश : *(नौकर को आवाज देता है)* धनेश। कहां गायब हो गए?

धनेश : *(प्रवेश)* मधु को खाना खिला रहा था।

सतीश : खिला पाए?

धनेश : वह तो बस मां-मां की रट लगाए हुई है।

मां : बेटे मैंने तुम से पूछा कि मेरी बहू कहां है?

सतीश : बता चुका हूं बीस बार बताउंगा क्या?

मां : वह अपनी मां के घर नहीं है।

सतीश : वह अपनी मां के पास है।

मां : मैं फिर पूछ रही हूं। कहां है हेमा?

सतीश : मुझे खुद नहीं मालूम तो तुम्हें क्या बताऊं! धनेश मां को उसके कमरे में पहुंचा दो। मैं घर देर से लौटूंगा। मां और मधु का ख्याल रखना।

सतीश का प्रस्थान। विकी का प्रवेश।

मधु : दादी! मां आज आएगी न?

मां : रमेशर! रागिनी आज आएगी न?

मधु : कब तक मायके में रहेगी? आज नहीं तो कल जरूर आ जाएगी।

मां : नहीं रमेशर। मेरी बहू अपनी मां के घर नहीं है। मैंने फोन पर अपनी समधन से बातें की थी। तुने ही तो नंबर मिलाया था। मेरी समधन मुझसे अपनी बेटी का हाल पूछ रही थी। अगर हेमा वहां होती तो फिर उसकी मां मुझसे उसका हांल क्यों पूछती?

धनेश : मधु! तुम्हारी नाक मेरी नाम जैसी क्यों नहीं। मैं तो सांवला हूं। तुम गोरी कैसे हो गई?

दृश्य - 5

दोपहर। पुलिस स्टेशन। सतीश का प्रवेश

इंस्पैक्टर : आइए मिस्टर रामनाथ। बैठिए।

सतीश : *(खड़े होकर)* आपने फोन पर कहा था कि त्रुओ बीश के होटल में...

इंस्पैक्टर : हां, वहां एक औरत को देखा गया है जो लाल साड़ी पहने हुए थी।

सतीश : इंपोसिबल! मेरी पत्नी होटल में जाना या खाना पसंद नहीं करती।

इंस्पैक्टर : वह महिला अभी भी वहीं है।

सतीश : वह मेरी पत्नी नहीं हो सकती।

इंस्पैक्टर : उसे बिन देखे आप यह कैसे बता सकते हैं?

सतीश : क्योंकि मैंने कहा न कि मेरी पत्नी को होटल में आना जाना पसंद नहीं।

इंस्पैक्टर : अच्छा हमें एक बात बताइए। आपका कोई दुश्मन है।

सतीश : सभी का कोई न कोई दुश्मन तो होता ही है। आपका भी होगा!

इंस्पैक्टर : आपकी पत्नी का कोई दोस्त...

सतीश : मेरी पत्नी की सहेलियां हैं दोस्त नहीं।

इंस्पैक्टर : आप मेरी बात को गलत मान बैठे। खैर आप हमारे साथ एक बार चलकर उस महिला को देख लीजिए।

सतीश : मेरी पत्नी किसी भी हालत में किसी होटल में नहीं हो सकती?

इंस्पैक्टर : आपको कोई ख्याल है कि वह कहां हो सकती है?

सतीश : यह तो आपको बताना है कि मेरी पत्नी आज पांच दिन हो गए घर नहीं लौटी। आखिर कहां है वह?

इंस्पैक्टर : आपको पूरा यकीन है कि वह गायब है और जिन्दा है?

सतीश : ... मैं कह रहा हूं कि मेरी औरत घर से गायब है। पिछले शुक्रवार को वह नौकरी से घर नहीं लौटी। आज पांच दिन हो गए। मैं उसके दफ्तर की सभी सहेलियों से बात कर चुका हूं। उस दिन वह आधे ही दिन काम कर पाई थी।

इंस्पैक्टर : आधे ही दिन क्यों?

सतीश : शायद तबीयत खराब हो गयी हो या...

इंस्पैक्टर : या!

सतीश : यह किसी काम के लिए आधे दिन की छुट्टी लेनी पड़ी हो! आप कहां मेरी समस्या का हल करेंगे। खुद बेकार के सवाल करने लगे।

इंस्पैक्टर : देखिए मेसये रामनाथ। पुलिस का काम सवाल करके छिपे हुए सच को बाहर निकालना होता है। और मैं वही कर रहा हूं।

(सतीश का प्रस्थान। दूसरी ओर से सलमा का प्रवेश)

सलमा : *(पुलिस से)* मुझे इंस्पैक्टर राघव से मिलना है।

पुलिस : आपको उनसे क्या काम है?

सलमा : उन्होंने फोन करके मुझे बुलाया है।

पुलिस : आपका नाम।

सलमा : सलमा गुमानी।

पुलिस के साथ सलमा का इंस्पैक्टर के दफ्तर में प्रवेश।

पुलिस : आइए! वे आप ही का इंतजार कर रहे हैं।

इंस्पैक्टर : *(फोन को उसके स्थान पर रखकर)* मिस सलमा गुमानी। आई एम सॉरी। अपनी व्यस्तता के कारण मैं फोन पर आपसे अधिक विस्तार के साथ बातें नहीं कर पाया।

सलमा : इंस्पैक्टर, कोई बात नहीं। हर हालत में मुझे तो आपके आमने-सामने तो होना ही था।

इंस्पैक्टर : बैठिए। आप मुझे अपनी सहेली हेमा रामनाथ के बारे में कुछ खास बात बताने वाली हैं....

सलमा : हां। पर क्या मैं इसे बयान...

इंस्पैक्टर : अभी के लिए आप इसे बयान न समझें। हम तो बस आपकी सहेली के नदारद होने के मसले पर ज्यादा से ज्यादा बातें जानना चाहते हैं। पहले आप मेरी एक बात का जवाब देने की तकलीफ करें। क्या आप की सहेली खुदकुशी कर बैठने की सोच सकती है?

सलमा : कभी नहीं, किसी भी हालत में नहीं?

इंस्पैक्टर : ठीक है। अब आप अपनी बात बताइए।

सलमा : इधर तीन-चार महीनों से हेमा बेहद परेशान दीख रही थी। जिस दिन उसने आधे दिन ही काम किया था उस सुबह वह मुझे एक बात बता गई थी।

इंस्पैक्टर : बताइए।

सलमा : उसने कहा था कि एक औरत उसकी जिंदगी को तबाह करने में लगी हुई है।

इंस्पैक्टर : उस औरत का नाम...

सलमा : उसका नाम तो नहीं बता पायी थी पर एक बात जरूर है।

इंस्पैक्टर : क्या?

सलमा : हेमा की डायरी से एक तस्वीर उस दिन दफ्तर में गिर पड़ी थी। उसके चले जाने के बाद मुझे वह फोटो दिखाई पड़ी थी।

इंस्पैक्टर : किसकी फोटो थी वह?

सलमा : हेमा के पति की।

इंस्पैक्टर : बस?

सलमा : सतीश के गले में बांहें डाले एक औरत की भी तस्वीर उस फोटो में थी।

इंस्पैक्टर : कहां है वह फोटो?

(सलमा अपने बटुवे से तस्वीर निकाल कर इंस्पैक्टर के सामने रखती है।)

इंस्पैक्टर : *(फोटो को गौर से देखकर)* आप कभी इस औरत से मिली हैं।

सलमा : कभी नहीं।

इंस्पैक्टर : आपकी सहेली ने कभी इसका नाम नहीं बताया।

सलमा : नहीं।

इंस्पैक्टर : खैर हम इसे ढूंढ़ निकालेंगे। इस फोटो को हम अपने पास रखेंगे।

दृश्य - 6

फ्लैश बैक। सतीश और हेमा होटल के एक कमरे में।

हेमा : आखिर तुम मुझे यहां क्यों लाए हो सतीश?

सतीश : क्योंकि, तुम्हें होटल पसंद नहीं और जो बातें आज मैं तुमसे करूंगा वे बातें भी तुम्हें पसंद नहीं आएंगी।

हेमा : पसंद न आने वाली बातें तो मुझे तुमसे करनी है। तुम्हारी फाइलों से तुम्हारी कोई बहुत ही प्यारी चीज गायब नहीं हुई?

सतीश : जानता हूं। तुमने चुराई है।

हेमा : चुराई नहीं है। सफाई करते समय उस पर नजर पड़ गई थी।

सतीश : कहां है वह तस्वीर?

हेमा : मेरे दफ्तर में है।

सतीश : मैंने सोचा उस तस्वीर से जल कर उसे जला दी होगी। खैर! तुमसे एक बात पूछूं? मधु की आंखें मेरी आंखों जैसी क्यों नहीं?

हेमा : वह सवाल तुम मुझसे पहले भी कर चुके हो।

सतीश : मैं अपनी क्रिस्मस में मिले तोहफों में पिस्तौल को टुकड़े-टुकड़े करके बिखेर देता था। पर मधु बार-बार गुड़िया की जगह पिस्तौल की मांग क्यों करती रहती है। वह मुझसे इतनी खिन्न क्यों है। क्या तुम यह नहीं समझ पा रहे हो कि यह सब कुछ करके तुम अपनी कमजोरी का ऐलान कर रहे हो।

हेमा : सतीश। तुम अपनी बेवफाई को अपनी घटिया हरकत को छिपाने के लिए मुझे लांछित करने की कोशिश कर रहे हो। इतने नीचे मत गिरो। तुम मुझे नहीं अपनी मासूम बच्ची को बदनाम कर रहे हो।

सतीश फोन पर डायल पर डायल करके खीज उठता है।

सतीश : आखिर यह शम्मी फोन क्यों नहीं उठा रही है। शम्मी (3) ये साले नाकाम पुलिस वाले।

मधु : *(प्रवेश)* पापा मेरी पिस्तौल। मैं पुलिस बनूंगी।

सतीश : चुप रहो हरामी की औलाद। *(दरवाजे पर दस्तक होती हैं।)*

बाहर का दृश्य। पुलिस शम्मी के साथ खड़ी दिखाई पड़ती है। रमेशर आगे आकर दरवाजा खोलता है।

सतीश : *(शम्मी से)* शम्मी! तुम...?

शम्मी : हां राकेश। हैरान हो गये।

सतीश : पर... शम्मी.... यह क्या...

इंस्पैक्टर : मैं बताता हूं। शम्मी सरकारी गवाह है।

सतीश : सरकारी गवाह!

इंस्पैक्टर : हां! आपकी पत्नी के कत्ल के मामले में इनके सहयोग से हम गांव के एक पुराने कुएं से आपकी पत्नी की लाश को बरामद कर पाए। इस समय लाश का मेडिकल मुआइना हो रहा है।

सतीश : शम्मी! तुम... तुम... तो

शम्मी : सतीश! मैंने बार-बार तुमसे कहा था कि हेमा के साथ कोई भी गलत कदम उठा करके हम दोनों अपनी मुहब्बत को बरकरार नहीं रख पाएंगे। पर तुम अपनी जिद पर अड़े रहे।

सतीश : यू बास्टर्ड!

वह आगे बढ़ता है। शम्मी का गला दबोचने के लिए। पर तभी पीछे से दो पुलिस अफसर उसे अपनी पकड़ में जकड़ लेते हैं।

शम्मी : तुमने बार-बार कहा था कि हम दोनों के बीच के प्यार के लिए तुम किसी भी हद तक जा सकते हो। गलत! लेकिन तुम इस हद तक पहुंच सकोगे इसकी मैंने कल्पना तक नहीं की थी।

सतीश : शम्मी तुमने मेरे विश्वास को खंडित कर ही डाला न। तुमसे तनिक भी ऐसी उम्मीद नहीं थी।

शम्मी : एकदम गलत। तुमने हमारे प्यार के लिए ऐसा नहीं किया था। तुम एक बहुत खुदगर्ज और इर्ष्यालु व्यक्ति हो। अपनी बीवी पर शक करके अपनी जलन की खुमारी में डूबकर तुमने उसकी हत्या की। कल तो मेरे साथ भी ऐसा ही कर सकते हो। तुमने बच्ची तक को अपनी बच्ची मानने से इंकार किया। लानत है, तुम पर।

इंस्पैक्टर : सतीश। हम तुम्हें अपनी पत्नी की हत्या के जुर्म में गिरफ्तार कर रहे हैं।

सतीश : लेकिन...

इंस्पैक्टर : बाकी बातें पुलिस स्टेशन में होगी।

●●●

14

नदी की गोद से

दृश्य - 1

समयः रात
एक भव्य परिवार
परिवार के सदस्य (4) टीवी पर खबरें सुनते हुए।
खबरें नस्ल करने वाली

आवाज : इस महीने की सबसे सनसनी खेज खबरें यह है कि देश की कोई तीन जगहों पर तीन नवजात बच्चे मिलते हैं। इनमें दो लड़कियां और एक लड़का जिन्हें जन्म देने वालों ने बेरहमी से एकान्त जगहों पर छोड़ दिया है। इनमें से एक लड़का और एक लड़की तो जीवित मिली है और एक मरी हुई।

दिलीप : यह भी कोई सुनने वाली खबर है। बन्द कर दो इस टीवी को।

रागिनी : क्या हो गया है हमारे समाज को। अभी कुछ दिन पहले डकैती और हत्यारों की भरमार थीं और अब नाजायज बच्चों के फेंके जाने की खबरें।

दिलीप : आखिर ये कैसी खबरें हैं जो बच्चों को जनमने से रोकने की हिम्मत कर पाते हैं।

रागिनी : पाप खुद करते हैं और उसकी सजा भगवान स्वरूप बच्चों को दे जाते हैं। कहां कुछ लोग जीवन भर औलाद के लिए तड़पते हैं और कहां कुछ लोग भगवान के दिए उपचार को मां के पेट में ही हत्या कर जाते हैं।

दिलीप : मेरा चले तो ऐसे लोगों को गोली से उड़ा दूं।

रंजीता : मुझे नींद आ रही है मां मैं सोने जा रही हूं। वैसे भी कल कॉलेज के लिए मुझे पहले ही घर से निकलना होगा।

दिलीप : ठीक है बेटी तुम जाकर आराम करो।

रंजीता : हां पापा। *(चली जाती है)*

दिलीप : *(अपनी पत्नी से)* आजकल पहले जैसे हंसमुख न होकर इस कदर उदास क्यों रहती हो।

रागिनी : उसका इम्तिहान सर पर है। देर तक जागती रहकर परीक्षा की तैयारी में लगी रहती है।

दिलीप : हमारे बहुत अधिक लाड प्यार से हमारा रीतेश न तो पढ़ाई पूरी कर पाया और न ही अपनी बुरी लत से बाज आ सका। अब तो रंजीता ही हमारे सपनों को पुरा करेगी।

रागिनी : वह अगर वकील बनना चाहती है तो आप हैं कि बार-बार उससे यह कहते हैं कि बेटी परिवार की पहली डॉक्टर बनोगी।

दिलीप : कानूनी झमेले को हम काफी भुगत चुके हैं। मैं नहीं चाहता कि रंजीता इस दांव पेंच के चक्कर में पड़े। डॉक्टरी ने तो सेवा भाव........

रागिनी : कल तो कह रहे थे कि अब तो डॉक्टरी भी पैसे कमाने का धंधा बनती जा रही है।

दिलीप : मैंने यह थोड़े ही कहा था, मैं तो यह बोला था कि कुछ डॉक्टर इस पाक पेशे को बदनाम करने में लगे हुए हैं। खैर ...... मेरा ड्रींक ले आओ।

दृश्य - 2

समयः दिन

पब्लिक बाग

दृश्यः कॉलेज के कुछ छात्र आपस में गाते नाचते हुए।

(रीतेश का प्रवेश) वह कुछ दूरी पर खड़ा दृश्य को देखता है फिर आगे बढ़ता है। पेड़ के नीचे बैठे रंजीता अपने भाई को देखकर झिझकते हुए उस तक पहुंचती है।

रीतेश : रंजीता। तुम्हें तो इस समय कॉलेज में होना चाहिए था। यहां क्या कर रही हो?

रंजीता : भैया आज ......

रीतेश : तुम तो घर से वर्दी में निकल रही थी। कहां है तुम्हारा कॉलेज का यूनिफ़ोर्म?

रंजीता : बैग में। *(छात्रों का जलसा रुक जाता है।)*

रीतेश : बैग में?

शालिनी : बात यह है रीतेश भैया कि कुछ कक्षाओं की परिक्षाएं चल रही है इसलिए हमारी क्लासेज के अध्यापक परीक्षाओं में...

रीतेश : ऐसा है तो तुम दोनों को घर पर जाना चाहिए था। तुम तो कई दिनों से सिर दर्द की शिकायत करती रही हो। यहां रंगरेलियां मनाने....

रंजीता : मैं तो पेड़ के नीचे अलग बैठी हुई थी। *(रंजीता का दोस्त अजय सामने आ जाता है)*

अजय : एनी प्रॉब्लम रंजू?

रीतेश : यू गेट एवे एंड माईंड योर ओन बिजनेस।

अजय : कौन होते हो तुम ....

रंजीता : ये मेरे भाई हैं ..... और भैया यह....

रीतेश : चलो कार में बैठो।

अजय : रंजीता हमारे साथ है हम एक दोस्त की सालगिरह ....

रीतेश : रंजीता चलो कार में....

शालिनी : रंजीता। प्लीज हमारे साथ चलो।

स्वर : रंजीता स्टे वीथ अस ..... रंजीता रेस्त आवेक नं रंजीता हमारे साथ रहोगी।

रीतेश : रास्ता छोड़ो।

अजय : रंजु तुम्हें हमारे साथ रहना होगा।

रंजीता : भैया मैं ....

रीतेश : मुझे कुछ भी सुनना नहीं। *(हाथ थाम लेता है)*

आवाज : साला भाई है या कसाई।

रीतेश : रीपिट। फिर से बोलो।

(रंजीता अपने भाई की कार की ओर झपट जाती है।)

दृश्य - 3

समयः सुबह

दिलीप के घर का आंगन

साइकिल के साथ घंटी बजाते हुए जगलाल का प्रवेश। रागिनी घर से बाहर निकलकर।

रागिनी : अरे जगलाल भैया आज इतने सवेरे-सवेरे? कहीं आज भी पत्नी से झगड़ा तो नहीं हो गया?

जगलाल : हमार झगड़ा तो सुबह शाम होता ही रहता है।

रागिनी : फिर भी तुम दोनों एक दूसरे पर जान देते हो।

जगलाल : झगड़ने की भी एक खासियत होती है। जिस दिन वह झांसी की रानी मुझसे झगड़ती नहीं उस दिन मैं नौकरी पर निकलता ही नहीं।

रागिनी : पर जगलाल भाई तुम दुनिया के सारे कामों को छोड़कर खाली बोतलों को खरीदने-बेचने के धंधे को ही क्यों चुना?

जगलाल : क्योंकि भरी हुई बोतल खरीदने का औकात तो अपने में ही नहीं।

रागिनी : तुम बातें बहुत अच्छी कर लेते हो।

जगलाल : इसलिए मेरी पत्नी मुझे यह कहती रहती है कि गाल बजाने के अलावा मुझे और कुछ आता ही नहीं बोतलें .....

रागिनी : ठीक है मैं लाये देती हूं। *(वह घर के भीतर से खाली बोतलें लाकर रख देती है।)*

जगलाल : अपने इस धंधे की एक रोचक बात तो यह है कि मुझे वह जानकारी मिल जाती है जो किसी और को नहीं मिल पाती।

रागिनी : बातें करना तो कोई तुमसे सीखे।

जगलाल : आप तो इन खाली बोतलों के पैसे मुझसे लेती हो नहीं जबकि बाकि लोग तो एक के दो मांगते रहते हैं।

रागिनी : तुम्हें ये खाली बोतलें देकर मैं तो राहत की सांस ले उठती हूं। मुफ्त में तुम इन कुड़े कड़कटों को उठा ले जाते हो। *(बोतलों को अपनी टोकरी में रखने के बाद)*

जगलाल : इधर कई दिनों से मैं रंजीता बेटी को नहीं देख रहा हूं।

रागिनी : बात यह है कि...... इन दिनों वह अपनी मौसी के यहां कॉलेज की छुट्टियां .... बीता रही है।

जगलाल : मुझे उसके तोते जैसी नाक बेहद प्यारी लगती है। *(प्रस्थान)*

शालिनी : *(प्रवेश)* चाची रंजीता दीदी घर पर है।

रागिनी : नहीं शालिनी वह घर पर नहीं है।

शालिनी : मैथ्स का सवाल मुझसे हल नहीं हो रहा है। दीदी होती तो बता देती।

रागिनी : तुम्हारे कपड़े सुन्दर हैं।

शालिनी : और मैं!

रागिनी : अरे तुम तो गुलाब का फूल हो।

शालिनी : चाची! *(वह उससे लिपट जाती है)*

दृश्य - 4

समयः दिन

दृश्यः रंजीता बंगले के बन्द कमरे में

(रंजीता अपनी सहेली यासमीन को फोन मिलाती है)

रंजीता : हैलो। चाची जान मैं रंजीता बोल रही हूं ... मैं ठीक हूं... आप कैसी हैं... मैं यासमीन से बात करना चाहती हूं... हा। चाची... हैलो यासमीन।

यासमीन : रंजीता! कहां से बोल रही हो?

रंजीता : मैं खुद नहीं जानती मैं कहां हूं।

यासमीन : यह क्या बात हुई? मैं सप्ताह भर से तुम्हें फोन कर रही हूं। तुम्हारा मोबाइल....

रंजीता : भैया ने जब्त कर लिया है......

यासमीन : तो फिर....

रंजीता : मैं जहां हूं वहां की एक नर्स से उसकी मोबाइल बड़ी कठिनाई से पा सकी हूं।

यासमीन : नर्स? इसका मतलब है कि तुम... तुम किसी अस्पताल में हो क्या?

रंजीता : मैं अस्पताल में नही हूं। हमारे समन्दर किनारे के बंगले में हूं।

यासमीन : पर तुम्हारे बंगले में भी तो फोन है फिर भी तुम.......

रंजीता : मेरा उस फोन तक पहुंचना नामुकिन है।

यासमीन : पर क्यों?

रंजीता : क्योंकि मैं यहां नजरबन्द हूं।

यासमीन : नजरबन्द?

रंजीता : हां यासमीन।

यासमीन : यह क्या पहेलियां बुझाने लगी? आखिर बात क्या है?

रंजीता : यासमीन मैं तुम्हें इससे आगे की बात नहीं बता सकती।

यासमीन : ऐसी क्या बात है जो तुम मुझे नहीं बता सकती।

रंजीता : तुम्हें तो मालूम ही है कि.....

यासमीन : लेकिन रंजीता अजय तो....

रंजीता : अजय मेरे परिवार के सामने जिम्मेवारी कबूल करने को तैयार है लेकिन मेरा परिवार उसकी मांग कबूल करने को बिल्कुल तैयार नहीं।

यासमीन : इसका मतलब यह हुआ कि........

रंजीता : नर्स मेरा दरवाजा खोल रही है ..... शायद मेरा भाई या डॉक्टर..

यासमीन : हैलो ... रंजीता ... रंजीता...

रंजीता : यासमीन। तुम अजय से मिलो। उससे कहो कि वह किसी भी सूरत में मेरे परिवार से मिलने की बात न सोचे।

यासमीन : इसका मतलब यह हुआ कि तुम अपने परिवार के निर्णय को मान बैठी? हैलो.... हैलो रंजीता .... या अल्लाह। फोन कट गया।

दृश्य - 5

समयः सुबह

दृश्यः रंजीता का घर, जगलाल आवाज देता है।

जगलाल : रंजीता बिटिया। अरे रंजू बिटिया। .....रीतेश भैया .... *(रीतेश सामने आ जाता है।)*

रीतेश : कैसे हो जगलाल चाचा। महीने बाद दिख रहे हो।

जगलाल : भैया मैं तो हर दूसरे-तीसरे सप्ताह दिख जाता हूं। आप बहुत कम दिखाई पड़ते हैं।

रीतेश : एक ओर सरकारी नौकरी दूसरी ओर समाज सेवा।

जगलाल : खैर! तुम तो दिख भी जाते हो पर तुम्हारा बाप तो गोया कि चांद हुआ। खैर मालकिन को बता दो कि मैं खाली बोतले लेने आया हूं।

रीतेश : तुम्हारा धंधा भी कमाल का है। लोग भरी बोतलों को खरीदते हैं तुम हो कि ..... खैर मां को भेजता हूं .... *(रीतेश का प्रस्थान)*

जगलाल : इधर काफी दिनों से रंजीता बिटिया दिखाई नहीं पड़ती। *(मां का सामने आ जाना)*

रागिनी : बताया था न कि अपनी बहन के यहां ....

जगलाल : अरे हां..... पर ....

रागिनी : पर क्या

जगलाल : उसे देखे कई महीने हो गए। खैर ....

रागिनी : देखो जगलाल इस समय हमारे घर खाली बोतलें नहीं हैं। तुम अगले महीने आ जाना।

जगलाल : ठीक है। वैसे भी मेरी पत्नी भी रंजिता के बारे में पूछ रही थी। वह तो जब भी उसे देखती है कह उठती है कि काश हमारे घर भी रंजिता जैसी बेटी होती। खैर मैं समझ गया।

रागिनी : क्या?

जगलाल : यानी कि रंजीता के घर पर न होने के कारण आजकल आपके यहां लेमोलेंड और कोला का आना बन्द हो गया है।

रागिनी : हां हां यही समझ लो। ...

मूंगफली खाती हुई शालिनी सामने आती है।

शालिनी : क्यों चाचा आज चाय की टोकड़ी खाली है?

जगलाल : तुम्हारे घर में तो खाली बोतले मिलती ही नहीं।

शालिनी : हमारे यहां बोतले आती ही नहीं तो खाली कैसी होगी।

रागिनी : शालीनी तुम्हारी जवाबदेही का तो जवाब ही नहीं।

दृश्य - 6

समयः रात

दृश्यः यासमिन का घर।

मोबाइल फोन बजता है। यासमिन ऑन करके

यासमिन : हैलो रंजिता। मैं तुम्हारे ही बारे में सोच रही थी। कहां से बोल रही हो?

रंजीता : जहन्नुम से।

यासमिन : तुम अभी भी ...

रंजीता : मैं अभी भी उसी दोजख में हू जहां से पिछली बार तुमसे बातें कर पायी थी।

यासमिन : तुम्हारा परिवार तुम पर इतना बड़ा जुल्म आखिर क्यों करने लगा? पर तुम्हारे पापा....

रंजीता : भैया और मां के सामने पापा का कुछ नहीं चलता। मेरी मां तो यहां तक कह गयी कि अगर उसे मालूम होता है कि मेरी वजह से पूरे खानदान की नाक कट जाएगी तो वह मेरे जन्मते ही मुझे नमक चटाकर मार डालती।

यासमिन : मां तो दया और माफी का नाम है रंजू। औरत जात जब खुद औरत की बेबसी और दर्द को ना समझे तो फिर..... खैर...... मुझे यह बताओ कि तुम्हारी मां और तुम्हारे भाई अपना मकसद ....

रंजीता : वे अपना मकसद पूरा करके रहे.......

यासमिन : यानी कि.....

रंजीता : हां यासमीन .... *(रो उठती है)*

यासमिन : रंजू। प्लीज अपने को संभालो। जो खो बैठी उसे रोने धोने से वापस पा लोगी क्या?

रंजीता : मैं अपने आपको माफ नहीं कर पा रही.....

यासमिन : गुनाह तो तुम्हारे परिवार ने किया, तुम किस गुनाह की माफी चाह रही हो?

रंजीता : मेरी मां और मेरा भाई कुछ ही देर पहले मेरे पास थे। मेरे भाई ने मेरा फोन अभी भी नहीं लौटाया। मैं अभी भी नर्स के मोबाइल से बात कर रही हूं।

यासमिन : रंजिता। तुम इतना सारा कुछ सहकर चुप रही।

रंजीता : कर ही क्या सकती थी। मेरे जिगर के टुकड़े को मेरा भाई नोचकर गया।

यासमिन : मैं तुमसे मिलने आ रही हूं।

रंजीता : यहां मेरे भाई ने पहरेदार रख छोड़ा है। तुम्हारा मुझसे मिलना मुमकिन नहीं।

यासमिन : रंजू! यह क्या हो गया?

दृश्य - 7

समयः सुबह

दृश्यः नदी का किनारा। खेतों में काम करने वाले मजदूर। बच्चे के रोने की आवाज सुनकर नदी तट पर पहुंचते हैं।

पहला मजदूर : *(चट्टान पर बच्चे को देखकर)* अरे यह तो एकदम नवजात बच्चा दिख रहा है।

मजदूरनी : यह बच्चा यहां कैसे पहुंचा? *(गौर से देखकर)*

दूसरा मजदूर : कौन बेरहम इस मासूम को यहां छोड़ गया।

पहला मजदूर : कोई है भाई? यह बच्चा सो रहा है। आप कहां हैं?

मजदूरनी : किसे पुकार रहे हो देखते नहीं इस बच्चे को यहां जान-बूझकर छोड़ा गया है।

दूसरा मजदूर : यह तो नवजात बच्ची लग रही है। कौन पत्थर दिल इसे यहां छोड़ गया?

मजदूरनी : लगता है किसी ने अपने पाप को छिपाने के लिए ऐसा किया है।

दू. मजदूरनी : यह देखो। बगल में दूध की बोतल भी है।

पहला मजदूर : बच्ची प्यासी है। *(पहली मजदूरनी बच्ची को गोद में उठाना चाहती है।)*

दू. मजदूरनी : ए झुनिया इसे हाथ मत लगा यह पुलिस का मामला है।

प. मजदूरनी : हुआ करे। हम बच्ची को इस हालत में नहीं छोड़ सकते। दूध तो पिलाना ही पड़ेगा। *(वह बच्ची को गोद में लेकर दूध पिलाती है।)*

पहला मजदूर : अरे जगलाल भाई तुम गांव के उस छोड़ से इस छोड़ क्या करने आ गये।

जगलाल : आजकल लोग समन्दर की तरह नदी किनारे भी पिकनिक करने जो लग गए।

दू. मजदूर : क्या मतलब?

जगलाल : अब यहां भी खाली बोतलें मिल जाती हैं। और फिर मैंने किसी बच्चे के रोने की आवाज सुनी....... अरे झुनिया भौजी आपकी गोद में यह किसकी बच्ची है।

पहला मजदूर : कोई अपने पाप की निशानी छिपाने के लिए यहां छोड़ गया है।

जगलाल : खाली बोतलों के साथ अब यहां बच्चे भी फेंके जाने लगे। . ..... यह तो बहुत ही सुन्दर बच्चा है।

दूसरा मजदूर : बच्चा नहीं बच्ची है।

पहला मजदूर : हमें पुलिस को खबर करनी होगी।

जगलाल : पुलिस को बाद में खबर करना पहले इस मासूम का पेट भर जाने दो। वैसे भी हममें से कोई......

पहला मजदूर : गोद लेने की बात कर रहे हो क्या? भैया न जाने किस हरामी की औलाद है पुलिस ...

जगलाल : नहीं सुन्दर भैया। अभी पुलिस की बात मत करो। मुझे तो लगता है कि इस समय मां का प्यार और गरमी की जरूरत है।

दूसरा मजदूर : जगलाल भैया आपके घर वाली इस नाजायज...

जगलाल : नाजायज यह बच्ची नहीं इसको जन्म देने वाले मां -बाप आदमी न होकर हैवान होंगे। बच्चे तो भगवान के रूप होते हैं।

दूसरा मजदूर : तो फिर ले जाओ न इस भगवान के रूप को अपने घर। पता नहीं किसका पाप है। न जात का पता न धरम का।

पहला मजदूर : और ना ही मां बाप का।

जगलाल : बच्चों की न तो कोई जात होती है और ना ही धरम। यह... तो हम उन पर लाद देते हैं।

पहला मजदूर : अगर ऐसी ही बात है तो ले जा अपने घर और अपनी पत्नी की खाली गोद को भर दो ना। बिन खानदान की लक्ष्मी। मुफ्त का माल है ले लो।

जगलाल : अपने व्यंग्य को अपने ही पास रखो। यह मुफ्त का माल नहीं भगवान का भेजा हुआ वरदान है।

पहला मजदूर : तुम्हारे लिए।

जगलाल : हां मेरे लिए। इसकी नाक तो तोते की तरह है।

पहला मजदूर : इससे भी घर-घर खाली बोतलें खरीदवाओगे क्या?

जगलाल : इस मासूम की तकदीर तुम्हारे साथ नहीं लिखी जाएगी। यह खुद अपनी नसीब की मालकिन है। भौजी बच्ची का पेट भर गया हो तो मेरी गोद में दे देना। नदी तट पर मिली यह नदी की बेटी आज से मेरी बेटी होगी।

पहला मजदूर : लेकिन यार पहले पुलिस ......

जगलाल : पुलिस की कारवाई बाद में होगी। यह पहले मेरे घर आंगन को पवित्र करेगी। नदी की गोद से मिली है यह अमानत।

(पहला मजदूरनी बच्ची को गोद में ले लेती है।)

(...जगलाल को दूर तक पीछे जाते देखते रहते हैं।)

●●●

15

बदनामी

पात्र : 1. बाप 2. अंकुरिता 3. अहनता 4. अर्चना 5. परिमल
6. मनलित 7. वैभव 8. बच्ची (सारिका) अर्चना की बच्ची ।
9. डायरेक्टर

दृश्य: घर का वरामदा

समय: दोपहर

अंकुरिता और अहनता (दो बहने) एक पत्रिका पढ़ती हुई दूसरी सारिका के लिए स्वेटर बुनती हुई। अर्चना गुड़िया से खेलती हुई।

दृश्य - 1

अहनता : अंकुरिता! लगता है तुम जिन्दगी भर फिल्मी पत्रिकाएं ही पढ़ती रह जाओगी। रानी मुखुर्जी बनने का सपना देखना बंद करो।

अंकुरिता : मुझसे ज्यादा सपने तो तुम देखती हो। कभी कहती हो एअर होस्टेस बनोगी और कभी बैंक मैनेजर बन जाने का सपना देखती रहती हो।

अंकुरिता : अर्चना के बिन शादी किए मां बन जाने के ताने आज भी लोग देते रहते हैं।

अहनता : जसोदा चाची तो आज भी यही कहती रहती है कि उस कुलच्छन बहन के कारण ही हमारी शादी नहीं हो रही है।

अंकुरिता : सच ही तो कहती है। शादी-शुदा आदमी के गले लगकर हमारी शादियां रोके बैठी है। बेशर्मी की भी हद होती है।

अहनता : लकड़ी जल कोयल भयी, कोयला जल भयी राख। मैं अहनता ऐसी जली, कोयला भयी न राख।

अंकुरिता : हम दोनों ही तो सपनों की जिन्दगी जी रहे हैं, जबकि हमारी बहन अर्चना राजकुमारी की जिन्दगी जी रही है।

बाप का प्रवेश

बाप : जब सुनो तब अर्चना के पीछे ही पड़ी रहती हो तुम दोनों। कभी तो शराफत से पेश आओ। यह तो वैसी ही है जैसे कि पेड़ का आम खाओ और पेड़ को गाली दो।

अंकुरिता : पापा हम दीदी को नहीं अपनी किस्मत को कोस रहे हैं। हमारा भाग्य भी अर्चना जैसा क्यों नहीं हुआ।

बाप : उसका वैसा भाग्य जैसा सुखदायक दिखता है उतना ही दुखदायक भी। उसने तो जीवन की एक चुनौती को स्वीकार किया। होटल में काम करके जितना कमाया उतनी ही बदनामी भी झेल रही है। शादी न कर पाकर भी ...

(सारिका नाना के पास पहुंचकर)

सारिका : नाना। मेरे लिए आपको एक और गुड़िया खरीदनी चाहिए।

बाप : क्यों बिटिया। अपनी इस गुड़िया की कोई टांग तोड़ बैठी क्यों?

सारिका : नहीं नाना इसकी टांग नहीं टूटी है। मुझे इसकी शादी करवानी है। मेरे लिए एक दूल्हा गुड़िया ला देना।

अहनता : यहां मैं ब्याह करने की छटपटा रही हूं और तुम गुड़िया की शादी के लिए मचल रही हो। लगता है इस घर में किसी की किस्मत में शादी है ही नहीं।

अंकुरिता : अरी बहना अगर होती तो अर्चना दीदी की बिन हल्दी बिन सिंदूर की शादी से पहले ही ......

बाप : अब चुप भी रहेगी या फिजूल की बातें करती रहोगी? मैं भी तो अपनी पहली बेटी की शादी का ख्वाब ही देखता रह गया। पर इसका यह मतलब नहीं कि जिसकी बदौलत यह परिवार भूखा नहीं मर रहा हो उसको तुम बात-बात पर उलाहने देती रहो।

दृश्य - 2

दृश्य: होटल

समय: शाम

मैनेजर का दफ्तर-परिमल (मैनेजर) फोन पर। अर्चना का प्रवेश। मैनेजर इशारे से उसे बैठने की मांग करता है। अर्चना सोफे पर बैठकर फोन पर की बातें को सुनती है।

परिमल : मैंने कहा न आठ से पहले मेरा घर पहुंचना मुमकिन नहीं...। अगर शाहरुख खान की फिल्म देखने की इतनी बेचैनी है तो अपनी फूफी को साथ लेकर जाओ... मैं काम में उलझा हुआ हूं।

(वह फोन क्रेडल पर रख देता है। अर्चना के पास सोफे पर लुढ़क जाता है।)

अर्चना : कल्पना से बात कर रहे थे?

परिमल : वह मुझसे बात कर रही थी।

अर्चना : अपनी बेटी से बात करने का तुम्हारा यह लहजा मुझे अच्छा नहीं लगा।

परिमल : ठीक है, ठीक है। घर लौटते ही उसकी आरती उतारूंगा और कहूंगा गलती हो गई माफ कर देना प्यारी गुड़िया।

अर्चना : लगता है आज तुम खराब रो में बैठे हो। कम से कम मेरे सामने तो अपना मूड बदलो।

परिमल : आइम सारी अर्चना डार्लिंग।

अर्चना : तुम से एक बहुत ही जरूरी बात करनी है।

परिमल : फिर वही अफवाहों वाली बात?

अर्चना : पहले तुमसे एक बार फिर यह कहना चाहती हूं कि मैं तुम्हारे घर में तुम्हारी स्थिति को समझ सकी हूं। तुम्हारी बेटी चाहे कितनी ही रोब जमाने वाली क्यों न हुई उसके साथ मां और बाप दोनों की ही तरह पेश आना चाहिए।

परिमल : यह बात पहले भी तुम कई बार कह चुकी हो खैर बताओ तुम्हारी परेशानी क्या है।

अर्चना : मैं तुम्हारी मदद से इस होटल में एक गाने वाली की हैसियत से जुड़ी थी। आज तुम्हारी ही बदौलत मैं मनोरंजन विभाग के मैनेजिंग ओहदे पर हूं। लेकिन तुम्हारी प्रेमिका होने का यह मतलब नहीं है कि मैं इस होटल में हर किसी की प्रेमिका हूं।

परिमल : क्यों क्या हुआ?

अर्चना : यही नहीं। मैं इस होटल के किसी मनचले को चप्पल मारने से नहीं झिझकूंगी।

परिमल : कूल डाऊन। यह कहावत नहीं सुनी है कि कुत्ता भौंके हजार हाथी चले बाजार!

अर्चना : मैं हाथी नहीं शेरनी हूं।

परिमल : जानता हूं तभी तो मैं अपने आप को अब शेर ही तो मानता हूं।

अर्चना : एक और बात है। मैं तुम्हारी मदद से आज अपने परिवार को एक बेहतरीन जिंदगी देने में सफल रही हूं। अब अपनी दोनों बहनों के सपनों को भी पुरा करने के लिए मुझे तुम्हारी मदद चाहिए।

परिमल : तुम्हारी दोनों बहनों के लिए तो मैं कुछ नहीं कर सकता।

अर्चना : लेकिन परिमल, तुमने तो वायदा किया था।

परिमल : वायदा मैंने अपनी दोनों सालियों के लिए किया था।

अर्चना : अच्छा तो यह बात है। खैर यही सही *(दोनों का हंस पड़ना)* लेकिन...

परिमल : लेकिन क्या?

अर्चना : हमारे बच्चों को हम दोनों के नाजायज रिश्तों के कारण किसी तरह का सदमा पहुंचे तो शेरनी शेर को दबोचने में नहीं चूकेगी।

परिमल : यह क्यों भूलती हो कि मेरी दो संतानें हैं।

अर्चना : एक और बात है। मेरे प्यार के जुनून में तुम्हें अपनी बेटी के प्यार का मुहताज नहीं होने देना है।

परिमल : इसकी तो पहले ही कसम खा चुका हूं।

अर्चना : और मैं जिंदगी भर तुम्हें इसकी याद दिलाती रहूंगी। वैसे भी मैं अपने इज्जतदार परिवार में अकेली एक ही बदनाम इंसान हूं।

परिमल : ऐसा मत कहो अर्चना। मेरी पत्नी के दूसरे मर्द के साथ भाग जाने के बाद तुम मेरे जीवन में आई। मुझे नई जिंदगी दी। तलाक तो कानूनन मुझे मिल कर ही रहेगा और तुम्हारी बदनामी मिट कर रहेगी।

(धीरे-धीरे दृश्य समाप्त होता है)

दृश्य - 3

समयः रात

दृश्यः पहले घर का भीतरी भाग। बाप और सारिका बैठे हुए। अहनता का प्रवेश।

अंकुरिता : बहार आई थी बड़े जोर के साथ। मिलने को तो कह ही रही थी मगर जालिम किसी और के साथ...।

बाप : अर्चना! अभी तक नहीं पहुंची। साढ़े नौ बजने को हैं। अंकुरिता! तू सारिका को सुला दे।

सारिका : नहीं नाना मैं मां का इन्तजार करूंगी। वह मेरे लिए नयी गुड़िया लाएगी।

अहनता : तुम्हारी गुड़िया आ जाएगी और तुम दुल्हा-दुल्हन की शादी रचाओगी? एक मैं हूं तरस रही हूं। अपनी शादी के लिए कौन रचाएगी मेरी शादी।

आवाज : मैं रचाऊंगी तुम्हारी शादी। *अर्चना भीतर आ जाती है।*

सारिका : ममा! *(वह दौड़कर उससे लिपट जाती है)* मेरी गुड़िया का दूल्हा लाई हो या नहीं?

अर्चना : तुम्हारी गुड़िया का दुल्हा भी लाई हूं और शादी की मिठाइयां भी।

सारिका मां के हाथ से पार्सल लेकर खोलती है।

सारिका : वाव! अरे यह तो बहुत ही सुन्दर दूल्हा है मां।

अर्चना : तुम्हारे लिए तो इससे भी अच्छा दुल्हा आएगा मुन्नी।

अहनता : लगता है मैं तो यूं ही बूढ़ी हो जाऊगी।

अर्चना : अरे नहीं। मेरे होते इस घर का कोई भी आदमी अपनी इच्छाओं से निराश नहीं होगा।

अंकुरिता : मैं तो दीदी निराश हो चली हूं। लगता है किस्मत में हीरोइन बनना लिखा ही नहीं है।

अर्चना : तुम्हारा शौक भी पूरा होगा अंकुरिता। मैं तुम्हारी बहन हूं। अपनी दोनों छोटी बहनों का ख्याल रखना मेरा फर्ज है।

अहनता : शुरू से तो बस यही सुनते आ रहे हैं।

अर्चना : थोड़ी सबूरी करो।

बाप : मैं तो इसे यह कहते-कहते थक गया कि सबूरी का फल मीठा होता है।

सारिका : मेरी दुल्हनिया का नाम तो राजकुमारी है दुल्हे का क्या नाम रखूं।

अर्चना : राजकुमारी का दुल्हा राजकुमार होना चाहिए।

सारिका : तो आज से तू राजकुमार है। समझे?

अंकुरिता : मुझे तो लगता है मेरी ख्वाहिश कभी पूरी नहीं होगी और मैं अपने घर के भीतर ही अभिनय करती रह जाऊंगी।

बाप : घर का रियाज तो करते ही रहना चाहिए। आज किस कलाकार की नकल का नमूना पेश करोगी?

अंकुरिता : पापा आप नकल की बात करके मुझ जैसी अदाकर की बेइज्जती कर रहे हैं। जिस तरह लैला अपने मजनू के लिए तड़पती थी वैसे ही हीरोइन बनने के लिए बिलख रही हूं। कैस जंगल में अकेला है मुझे जाने दो खूंब गुजरेंगे जब मिल बैठेंगे दीवाने दो।

अर्चना : मेरे होटल में भारत का एक मशहूर फिल्म डायरेक्टर ठहरा हुआ है। कल ही मैं तुम्हें उससे मिलाती हूं। वह अपनी नई फिल्म की शूटिंग यहीं मॉरिशस में करने को सोच रहा है।

अंकुरिता : होई! यह रात कैसी कटेगी। सुबह कब होगी। कल कब आएगा।

(धीरे-धीरे दृश्य समाप्त होता है)

दृश्य - 4

दृश्यः आंगन

समयः शाम

सारिका लामारेल खेल रही है। बाप नौकरी से लौटता हुआ पेड़ की छाया में बैठ जाता है।

सारिका : नाना, आज आप काम पर से पहले ही आ गए ।

बाप : हां बिटिया। आज कुछ पहले ही आ गया।

सारिका : आपकी तबियत तो ठीक है न? *(सारिका खेल छोड़ घर के भीतर जाती है।)*

बाप : जोरों की प्यास लगी है। थोड़ा पानी ला देना। *(अपने आप से)* अब तो महीने भर नौकरी है। अगले महीने से क्या करूंगा? एक-एक करके सभी कारखाने तो बन्द हो गए। अब हमारे वाले की भी बारी आ गई।

सारिका पानी लिए आती है।

सारिका : आप इतने उदास क्यों लग रहे हैं नाना?

बाप : मैं और उदास? बस थोड़ी सी थकान है। तुम्हारी मुस्कान से मिट कर रहेगी।

पानी पीना। बाहर से आती हुई अर्चना और अंकुरिता सामने आ जाती है।

सारिका : तो लो मैं मुस्कराती हूं.... *(मुस्कराना)* और ....

अंकुरिता : पापा! आज मैं धन्य हो गई। अब मेरी इच्छा पूरी होकर रहेगी।

बाप : अच्छा।

अंकुरिता : आज मैं हिन्दी फिल्मी दुनिया के बहुत बड़े डायरेक्टर से मिल पाई।

बाप : अच्छा। तब तो...

अंकुरिता : अब तो मैं हीरोइन बन कर रहूंगी।

अर्चना और अंकुरिता बाप की बगल में बैठ जाती है।।

अर्चना : पापा शंकर कोठी के मालिक ने क्या निर्णय लिया।

बाप : अगले महीने से कारखाना बन्द हो रहा है। अब इस उम्र में दूसरी नौकरी मिलना भी आसान नहीं।

दृश्य - 5

समयः रात

रसोई के भीतर। अंकुरिता सभी को भोजन परोसती है।

अर्चना : अब आपको दूसरी नौकरी की जरूरत नहीं है।

बाप : क्यों अपनी बहनों की तरह मेरे लिये भी कोई व्यवस्था कर आई-क्या?

अर्चना : इस घर को चलाने के लिए मेरी कमाई काफी है पापा। हम लोगों के लिए आप बहुत कर चुके हैं। अब आपको आराम करना होगा।

बाप : आराम। कुछ लोगों के लिए आराम में राम होता है कुछ लोगों के लिए हराम। और मैंने हमेशा अपने को इस दूसरी श्रेणी में ही पाया है।

अर्चना : एक बात बहुत अजीब लगती है पापा। हमारे पूर्वजों ने कोई दो सौ वर्षों तक खून-पसीना बहाकर इस देश को खुशहाली और आजादी दी। तिजोरी भरने वाले आज कारखानों को बंद करते जा रहे हैं। कहां जाएंगे क्या करेंगे अब ये बेकार मजदूर?

बाप : रोना तो इस बात का है अर्चना कि जिन लोगों को हम अपने हितैषी समझते रहें हैं वे भी पूंजिपतियों के सामने खामोशी साध लेते हैं।

सारिका : पूंजिपति क्या होता है नाना?

बाप : न जानो तो ही अच्छा है बिटिया।

सारिका : नाना! बताओ न?

बाप : ये बड़े ताकत वाले होते हैं। सभी को झुका लेते हैं।

(धीरे-धीरे दृश्य समाप्त होता है)

दृश्य - 6

समयः रात

दृश्यः रेस्टोरॉ।

अहनता और मनजीत आमने-सामने खाने की मेज पर बैठे।

अहनता : हमारी मुलाकात का आज पूरा तीसरा महीना हो रहा है।

मनजीत : दिन सप्ताह और महीने कैसे बीते पता तक नहीं चला।

अहनता : अगर मैं बैंक में नौकरी नहीं शुरू करती तो शायद हम आज एक दूसरे के सामने होते ही नहीं।

मनजीत : सही कह रही हो यह संयोग ही था मेरी जान पहचान तुम्हारी बहन अर्चना से हुई और उसके जरिए तुम मुझे मिल पाईं। अच्छा मेन्यू देखकर बताओ तुम क्या खाना चाहोगी?

अहनता : हमारी पहली मुलाकात इसी होटल में हुई। उस दिन मैंने इस रेस्टरॉ में तुम्हारी पसन्द का खाना खाया था। उस मधुर घड़ी की याद में आज भी...

मनजीत : उस दिन हमने चाइनीज फूड खाया था।

अहनता : आज भी वही खाते हैं।

इशारे से बैरे को बुलाना। बैरा ऑर्डर लेकर चला जाता है।

मनजीत : (बैरे से) दो फ्राइड राईस स्पेशल, एक चौपसोई, पर इससे पहले एक प्रोण क्रोक्रेट।

अहनता : तुम मुझे हमारी शादी का इनविटेशन कार्ड दिखाने वाले थे।

मनजीत : अरे हां।

वह बैग से पत्र निकालकर अहनता को थमाता है।

अहनता : यह तो बहुत सुन्दर कार्ड है। पर... पर यह क्या? 'श्री दयाचन्द राधव की सुपुत्री और अर्चना जी की छोटी बहन अहनता...' इसमें अर्चना का नाम आना जरूरी था क्या?

मनजीत : अरे क्या बोल गई। तुम्हारी बहन की बदौलत ही तो हमारा मिलन और यह शादी संभव हुई है। और फिर वह तो तुम दोनों बहनों की मां जैसी है।

अहनता : यह किसने कहा तुम्हें?

मनजीत : मुझसे पहले तुम्हारे पिताजी ने चाहा कि निमंत्रण पत्र उनके और बड़ी बेटी के नाम से निकले।

अहनता : बदनाम बहन का नाम?

(धीरे-धीरे दृश्य समाप्त होता है)

दृश्य - 7

समय: दिन

पाम्लेमूसज गार्डेन। अंकुरिता कैमरे के सामने। डायरेक्टर मुहरत का नारियल अर्चना को थमा कर।

डा.वैभव : अर्चना जी चूंकि मेरी इस फिल्म की शूटिंग मॉरिशस जैसे सुन्दर देश में सम्भव हो पाई इसलिए मुहूर्त आपके हाथ ही होना है।

अर्चना : लेकिन वैभव जी... यह मुहूर्त तो आप किसी मंत्री के कर कमलों द्वारा....

डायरेक्टर: पहले तो यही सोचा था पर फिर मैंने इरादा बदल दिया।

अंकुरिता : *(अहनता से)* यह क्या हो रहा है। यह तो मंत्री के द्वारा होना था तो फिर...

अहनता : अब यह मुहूर्त मंत्रानी के हाथ हो रहा है। हम दोनों की प्रसिद्ध बहन के द्वारा।

अंकुरिता : मगर..

अहनता : अगर मगर मत करो। घी का लड्डू टेढ़ा भला। इस फिल्म में तो हीरोइन की सहेली हो अगली फिल्म में हीरोइन बनने के पूरे चांस है। सोने की चिड़िया हाथ लगने वाली है।

अंकुरिता : देखो तो पत्रकारों के कैमरे उसी पर फोकस हो रहे हैं।
कल तो इसकी तस्वीर सभी अखबार में आ जाएगी।

अहनता : और लोग कहेंगे अरे यह तो वही है होटल मैनेजर की रखैल। खुद तो बदनाम थी ही। हमें भी बदनाम करके रहेगी।

अंकुरिता : अच्छा होता यह नारियल अर्चना मेरे सिर पर फोड़ देती तो...।

(अर्चना मंत्रों के बीच नारियल फोड़ती है।)

बन रही फिल्म का टाइटल दर्शकों के सामने आता है–

"नेकी और बदी"

●●●

16

निर्णय

दृश्य - 1

चित्रा दवाई के साथ अश्विन तक पहुंचती है। उसे गोलियां देकर कहती है।

चित्रा : मुंह में रखो मैं पानी पिलाती हूं।

अश्विन : कब तक बेकार की दवाएं पीता रहूंगा।

चित्रा : दवाएं तो लेनी ही पड़ेगी। डॉक्टर की हिदायत है।

अश्विन : पांच महीने से अधिक हो गए। दवा का कोई खास असर तो हुआ ही नहीं।

चित्रा : हड़बड़ाने से गूलर नहीं फूलता।

अश्विन : बदन के बेकार हो जाने का अब कोई खास दुख नहीं है। पछतावा तो अपनी आंखों के लिए है। तुम्हारे खूबसूरत चेहरे तथा तुम्हारी मुस्कान न देख पाने का गम मुझे खाए जा रहा है।

चित्रा : अश्विन! हम दोनों एक दूसरे के सामने हैं। क्या यही संतोष दे जाने वाली बात नहीं?

अश्विन : जब इन बेकार हो गई आंखों के कारण दिन और रात में कोई फर्क ही नहीं पड़ पाता तो फिर संतोष किस बात का। अन्धा ही जनमा होता तो इतना व्याकुल नहीं होता।

वह गोलियों को मुंह में रखता है। चित्रा उसे पानी पिलाती है।

चित्रा : आराम करो मैं रसोई में हूं।

अश्विन : अपने चेहरे को मेरे करीब तो लाओ, क्या बज रहा है?

चित्रा अपने चेहरे को उसके करीब लाती है। अश्विन अपने दोनों हाथों से चित्रा के चेहरे को टटोलता है।

चित्रा : साढ़े दस।

अश्विन : आज अभी तक तुमने न तो बाल संवारे और न ही चेहरे का मेकअप कर पाई हो।

चित्रा : क्या फायदा?

अश्विन : तुम्हें अपनी खूबसूरती को बनाए रखना है। रसोई के कामों से निवृत होकर पूरे सिंगार करके मेरे सामने आना। आंखों से न सही अंगुलियों से तो देख पाऊंगा। प्लीज ! मेरा गिटार मुझे देते जाना।

(चित्रा कोने से गिटार उठाकर उसे थमा जाती है। चित्रा रसोई को बढ़ जाती है। अश्विन अपने गिटार के तारों को छेड़ता है।)

दृश्य - 2

लिविंग रूप में चित्रा डॉ. रंजन से बातें करते हुए।

चित्रा : डॉक्टर! सवाल रुपयों का नहीं है। मेरे पापा अश्विन की आंखों की रोशनी की वापसी के लिए लाखों रुपये खर्च करने को तैयार हैं।

डॉक्टर : आंखों की रोशनी तो वापस लायी जा सकती है। लेकिन कमर और पावों की समस्या काफी जटिल है। और जहां तक मर्दानगी वाली बात है, इस पर तो न्यूरोलॉजिस्ट भी उधेड़बुन में है। देखें।

चित्रा : इतनी सारी प्रगति के बावजूद विज्ञान और मेडिकल सायंस भी बेबस है।

डॉक्टर : इसमें जितनी कोशिशें करनी थीं हम कर चुके। उसे मौत के मुंह से निकाल सके यही हमारी कामयाबी है। इससे आगे भी कोई न कोई हल तो ढूंढ़ना ही होगा। विदेशों में भेजे गए दस्तावेजों की रिर्पोट का इन्तजार है।

चित्रा : मौत से बदतर जिंदगी जीना पड़ रहा है।

डॉक्टर : तीन व्यक्तियों की मौत दुर्घटना के तत्काल क्षण हो गई थी। जो दो बच पाए थे उनमें से एक तो ऑपरेशन के दौरान जवाब दे दिया। बस केवल तुम्हारे पति को हम बचा पाए। आसान नहीं था।

चित्रा : आप सभी डाक्टरों ने कहा था कि वक्त के साथ आवाज नॉर्मल हो जाएगी। पर अभी तक...

डॉक्टर : आवाज में काफी सुधार आया है। अभी कुछ और समय लगेगा नॉर्मल होने में।

चित्रा : मेरा रिजल्ट कब तक मिलेगा?

डॉक्टर : शनिवार को जब मैं अश्विन को देखने आऊंगा तो तुम्हारा वह रिजल्ट लेते आऊंगा।

डॉक्टर को उसकी कार तक छोड़कर चित्रा अश्विन के पास पहुंचती है।
गली में बिजली बत्ती के खम्भे के नीचे
दो नौजवान सीटी बजाते हुए गाते हैं।

आवाज 1: चलत मुसाफिर मोह लियो रे पिंजड़े वाली मुनिया।

आवाज 2: खुला खिड़की से सुरतिया दिखा जा सोने की चिरैयां।

(चित्रा खिड़की तक जा कर उसे बन्द कर देती है।)

दृश्य - 3

व्हीलचेयर पर एक नर्स चित्रा के पति को आंगन में लाती है। अश्विन गिटार को हौले-हौले छेड़ता है।

नर्स : मैं कई बार आपको टी.वी. पर गाते हुए सुन चुकी हूं। आप बहुत अच्छा गाते थे और गिटार भी गजब का बजाते थे।

अश्विन : अब तो वे दिन सपने हो गए।

नर्स : मेरी ही तरह मेरी सहेलियां भी आपकी फैन रही हैं। उन सभी को आज भी यह उम्मीद है कि आपकी आवाज वे फिर सुन पाएंगी।

अश्विन : मुझे नहीं लगता (लम्बी सांस) न गा पाना और न बजा पाना तो कलाकार के लिए सबसे दर्दनाक बात होती है।

नर्स : मैडम आपके इस सिरदर्द को समझती है और महसूस भी करती है। वह तो यही कामना करती रहती है कि आपकी आवाज पहले जैसी होकर रहेगी।

अश्विन : डॉक्टर तो कभी झूठी तसल्ली भी दे जाते हैं।

(चित्रा का मोटर के साथ आंगन में प्रवेश।
कार से उतर कर अश्विन तक पहुंचती है।)

चित्रा : *(नर्स से)* रीता! तुमने साहब को खाने के बाद वाली दवाइयां दे दी न।

नर्स : हां मैडम।

दृश्य - 4

अश्विन का कमरा।

मोटर साइकिलों के आक्सेलरेशन की शोर। चित्रा झपट पर खिड़की बन्द कर लेती है।

अश्विन : मैकनिक के वर्क शॉप से आजकल कुछ ज्यादा ही शोर-शराबे होने लगे हैं। बहुत गरमी है चित्रा। खिड़की बन्द क्यों कर दी खोल दो न!

चित्रा खिड़की खोल देती है।

सड़के के किनारे अपनी मोटर साइकिलों को थामे इस बार दानों लड़के बोल उठते हैं–

लड़का 1: क्या चीज है यार।

लड़का 2: ऐसी कयामत ढाने वाली टीचर तो हमारे कॉलेज में होनी चाहिए थी।

लड़का 1: यार ऐसी हीरोइन टाइप ब्यूटी एक अपाहिज के साथ अपना समय क्यों बरबाद कर रही है?

अश्विन अपने गिटार की झंकार को बढ़ा देता है।

नर्स, चित्रा के पास पहुंचकर

नर्स : मैडम! आप कहें तो मैं इन लफंगों के दिमाग को ठिकाने लगा दूं?

चित्रा : लातों के भूत बातों से नहीं मानते। ये अपनी हरकतों से खुद थक कर रहेंगे।

नर्स : कलाकार का विकलांग हो जाना कितना दर्दनाक होता है।

चित्रा : वक्त के साथ शायद आवाज का सुरीलापन लौट आए पर आंखों में रोशनी भी लौट पाएगी इसकी उम्मीद डॉक्टरों को भी नहीं है।

टेलीफोन बजता है। नर्स झपट कर उठाती है।

नर्स : हैलो! हां संगीतकार अश्विन जी कर घर है। वह बीमार हैं। इन दिनों किसी से नहीं मिलते। वह बात नहीं कर पाएंगे। आपका संदेश मैं उन तक पहुंचा सकती हूं। बदतमीज लफंगे! कॉलेज में यही पढ़ते हो क्या?

दूसरे फोन पर मोटरसाइकिल वाला एक लड़का।

लड़का : वह बेकार गायक अब हर तरह से बेकार हो गया है। वह क्यों अपनी सुन्दर पत्नी को पिंजरे में बन्द रख रहा है। जब खुद उसकी बांह नहीं थाम सकता तो हमारे हवाले क्यों नहीं कर देता।

नर्स : देखो इस घर में यह तुम्हारी आखिरी फोन है और सड़क पर खड़े होकर इस घर की ओर झांकना भी तुम्हारी आखिरी हरकत है। मेरे पास तुम दोनों गुंडो के मोटरसारइकिल के नम्बर हैं। अगर फोन किया या सड़क पर बदतमीजी की तो पुलिस को सूचित करके रहूंगी।

(वह झटके से फोन रख देती है।)

चित्रा : कौन था?

नर्स : लगता है आजकल कॉलेज में बदतमीजी की शिक्षा भी दी जाती है।

अपनी चारपाई पर से अश्विन अपनी गिटार पर तूफानी धुन बजा उठता है।

दृश्य - 5

उसी के सोफे की बगल में नर्स बैठी उसे पुस्तक से कविता पढ़कर सुनाती है।

अश्विन : कल आपने मुझे नेमा जी की कविता सुनाई थी। आज किसकी कविता सुनाएंगी?

नर्स : आज मैं आपको स्वर्गीय सोमदत्त बखोरी जी की एक कविता सुनाने जा रही हूं।

(कविता पाठ)

खुले आकाश की ऊंचाई
हो मंजिल तुम्हारी
जमीन से उठकर,
जो बैठा,
बादल के हिंडोले पर,
और, कर लो चांद से चार आंखें
कर लो तारों से दो बातें,
जब हो सुनहरी रातें। दूर...

अथाह सागर की गहराई
हो मंजिल तुम्हारी
तट से हटकर
तरंगों पर
हो जाओ सवार
और जाओ ऊपर
जाओ भीतर,
जाओ उस पार। दूर...

अश्विन : बहुत ही सुन्दर कविता सुनाइ आपने। काश! मैं सोमदत्त जी की इस कविता को स्वर और संगीत में बांधकर दुनिया को सुना पाता। क्या समय हो रहा है रीता?

नर्स : साढ़े तीन बजने को हैं। मैडम कॉलेज से आ रही होंगी।

अश्विन : रीता। तुम तो इस घर में अब महज एक नर्स न रहकर परिवार की सदस्या बन गई हो। कम से कम तुम्हारे सामने तो अपने मन का बोझ रख सकता हूं। मैं अपने को चित्रा के जीवन का भारी बोझ मानने लगा हूं। हमारी शादी को अभी पूरा वर्ष भी नहीं हुआ है और मैंने अपनी पत्नी को एक विधवा का सा जीवन जीने को मजबूर कर दिया है।

नर्स : नहीं। आप ऐसा मत सोचें।

अश्विन : वह एक जिन्दा लाश के साथ जिंदगी बसर कर रही हैं। मैंने उसकी हंसी, उसकी मुस्कान, उसकी खुशी सभी चुरा लिया है उससे।

नर्स : मैडम कभी भी ऐसा नहीं सोचतीं। मैडम आ गई। मैं उनके लिए चाय का प्रबन्ध करूं।

बाहर से कार का हॉर्न सुनाई पड़ता है।
वह जाती है और चित्रा सामने आकर अपने बैग को एक खाली सोफे पर रखकर दूसरे सोफे पर बैठ जाती है।

चित्रा : अशू! कैसा रहा आज का दिन।

अश्विन : रीता ने एक सुन्दर कविता सुनाई।

चित्रा : सोमदत्त बखोरी जी की कविता।

अश्विन : तुम्हें कैसे मालूम?

चित्रा : वह मेरी पसन्द की कविता है। मैंने ही रीता से तुम्हें सुनाने को कहा था।

अश्विन : चितू! कवि इसलिए कविताएं लिखता है ताकि लोग उन्हें पढ़कर मुग्ध हो जाए। गायक भी इसलिए गाता है ताकि लोग उसके गाने को सुनकर प्रसन्नता का एहसास करें। मेरा न गा पाना मेरा सबसे बड़ा दर्द है।

चित्रा : और मेरा तुम्हारे गानों को सुन पाना इसमें भी बड़ा दर्द है। मेरे लिए।

अश्विन : मैं अपनी सारी खुशियां तुम्हारे साथ बांट नहीं पाया और तुम हो कि मेरे सारे दर्दों को मेरे साथ-साथ झेल रही हो।

चित्रा : तुम्हारा दर्द केवल तुम्हारा दर्द नहीं है। वह मेरा भी दर्द है। उसको झेलकर एक सुकून का एहसास होता है।

दृश्य - 6

फोन पर चित्रा की अपनी भाभी से बातचीत। कैमरा बारी-बारी से दोनों के शॉट लेता है।

चित्रा : भाभी अभी कल ही डॉक्टर होपलेस केस कहकर मुझे हताश कर गया।

भाभी : इसलिए तो मैं तुमसे यही कहती आ रही हूं कि अभी तुम्हारी उम्र है ही क्या? पूरा जीवन तुम्हारे सामने है। कब तक अपने को यह सजा देती रहोगी?

चित्रा : मैं अशू को आज भी उतना ही प्यार करती हूं जितना शादी से पहले और शादी के बाद करती थी।

भाभी : बदले में क्या पा रही हो? तुम्हारे बदन पर हाथ रख कर पति यह कह जाए कि वह तुम्हें बेहद प्यार करता है। बस यही है प्यार की परिभाषा। प्यार सिर्फ खोखले आदर्शों पर नहीं टिक सकता।

चित्रा : भाभी! जब हमारे घर का कोई भी सदस्य अशू से मेरी शादी के लिए तैयार नहीं था उस वक्त केवल आपका साथ मुझे मिला था और...।

भाभी : तब तुम्हारे सुख और खुशी की बात सोचती थी और आज भी तुम्हारे सुख और खुशी के लिए ही यह कह रही हूं कि जहर के घूंट पीकर जिन्दा रहने की जिद मत करो। *(चित्रा रो उठती है।)*

चित्रा : नहीं भाभी।

भाभी : जिस व्यक्ति के लिए तुम प्यार के उस पहले दिन रोई थी उसी के लिए आज भी रो रही हो। कब तक रोती रहोगी?

चित्रा : नहीं भाभी मैं अशु से अलग नहीं हो सकती।

भाभी : अश्विन अपने सुनने वालों के सामने न गा पाने के कारण छटपटा रहा है पर तुम्हारी इच्छा, तुम्हारी प्यास छटपटाहट को वह महसूस कर पाया?

चित्रा : भाभी मैं क्या करूं?

भाभी : इसका जवाब तो तुम्हें अपने ही भीतर से ढूंढ़ना होगा चितू। मैं तुम्हें ननद से कहीं अधिक अपनी बहन मानती हूं। तुम्हें बेहद प्यार करती हूं इसलिए इस अंगड़ाई लेती जवानी में तुम्हें बेबस और दुखी देखना नहीं चाहती। अपनी खिली हुई जवानी को मुरझाने मत दो।

फोन थामे चित्रा बिलखती रहती है।

दूसरे कमरे से गिटार की धुन झंकरित हो उठती है।

दृश्य - 7

आंगन का दृश्य

चित्रा अपनी सहेली माधुरी से बातें करते हुए।

चित्रा : लोग अश्विन को उसके गीत और संगीत के कारण उसे चाहते थे जबकि मैं उसकी उन आकर्षक आंखों के कारण उसकी दीवानी बन गई थी। लगता है मेरी नजर लग गई थी उसकी उन आंखों को।

माधुरी : देखो जीवन में जो होना है वह होकर ही रहता है। होनी को रोका

नहीं जा सकता। तूफान को आने से कोई नहीं रोक सकता पर, हां उससे बचने की कोशिश जरूर की जाती है।

चित्रा : मेरे साथ तो हर कोशिश बेकार गई। जानती हो माधुरी अश्विन अपने रोग से जितना हताश है उससे कहीं अधिक हारा हुआ वह अपनी आवाज के सुरीलेपन के खो जाने से है।

माधुरी : तुम सोचती हो कि उसे अपनी आंखों के खो जाने का दुख नहीं। जो व्यक्ति तुम्हारी खूबसूरती पर गीत लिखता रहा हो आज वह तुम्हें देख नहीं पा रहा। इस पीड़ा का अनुमान लगा कर तो देखो।

चित्रा : अशु को सबसे अधिक दुख इस बात का है कि वह अब पब्लिक के बीच गा नहीं पाता और उसे सुन नहीं पा रहा।

माधुरी : उससे अधिक बड़ा दुख तो तुम झेल रही हो चित्रा। अगर एक संगीतकार अपने सुर और धुन दुनिया को सुनाकर दुखी रहता है तो उस औरत का दुख कौन समझ सकता है जो अपने पति से अपनी इच्छाओं की पूर्ति से वंचित रह जाती है।

एक लम्बी सांस लेने के बाद ही चित्रा बोल पाती है।

चित्रा : कल मेरी भाभी एक भयानक बात कह गई थी।

माधुरी : क्या थी वह बात?

चित्रा : कि मैं कब तक अपने पति के साथ पीठ मिला कर रात काटती रहूंगी।

माधुरी : इसे तुम भयानक बात क्यों मान बैठी?

चित्रा : क्योंकि इसके ख्याल मात्र से दहल जानी हूं।

माधुरी : तब तो तुम्हारी भाभी की बात में दम तो है।

चित्रा : लेकिन...

माधुरी : लेकिन क्या?

चित्रा : मुझ में दम नहीं है।

माधुरी : खोखले आदर्शों के सहारे जीने की नाजायज कोशिश मत करो चितु। अपना जीना हराम मत करो।

दृश्य - 8

अश्विन और चित्रा सोफे पर बैठे हुए। अश्विन चित्रा के सिर को अपने कंधे पर झुका कर कहता है।

अश्विन : आजकल तुम टी.वी. ऑन नहीं करती।

चित्रा : क्या फायदा?

अश्विन : क्या फायदा मतलब! अरे मैं नहीं देख पाऊं तो क्या हुआ। तुम मेरे हिस्से की तस्वीरें देख लेना। मैं तुम्हारे हिस्से का संवाद और संगीत सुन लिया करूंगा।

चित्रा : अश्विन। क्या तुम आज भी मुझे उतना ही चाहते हो जितना पहले चाहते थे?

अश्विन : मैंने तुम्हें बेहद प्यार किया है और करता रहूंगा। *(वह अपने हाथ को चित्रा के चेहरे पर फेरता है।)* तुम बहुत ही सुन्दर हो चितू बहुत ही।

चित्रा : यह तो एक किताब को बिन पढ़े कह देना हुआ कि वह बहुत ही सुन्दर उपन्यास है।

अश्विन : आंखों से न सही दिल से तो तुम्हें पढ़ लेता हूं।

चित्रा : और...

अश्विन : और क्या?

चित्रा : खैर! जानते हो अश्विन तुम्हें अपने गाने अपने सुनने वालों को ना सुना पाने का जो दुख और दर्द होता है, वही दुख और दर्द उस औरत को भी होते हैं जिसे अपनी खूबसूरती और कमसीन होने की वाहवाही अपने पति से नहीं मिल पाती *(और चित्रा उसके हाथ को अपने चेहरे से हटा देती है)*।

अश्विन : चुप क्यों हो गई?

चित्रा : तुम तो मेरी चुप्पी को सुन लिया करते थे। मेरी खामोशी का भी अर्थ समझ जाते थे। अशु मुझे तुम्हारे एक गाने की पंक्तियां याद आ गई– *मैं जाऊंगा इन्द्रधनुष के उस छोर तक, अतृप्त इच्छाओं के टुकड़ों को बिखर देने*, हैं न बहुत ही दर्दनाक पंक्तियां?

दृश्य - 9

चित्रा कमरे में अकेली चहलकदमी करती हुई। आवाजों की प्रतिध्वनियां।

माधुरी का स्वर: अपना जीवन हराम मत करो, हराम मत करो अपने जीवन को...

भाभी की आवाज: अपनी खिली हुई जवानी को मुरझाने मत दो। मत मुरझाने दो अपनी खिली हुई जवानी को।

अश्विनी अपनी पहियों वाली कुर्सी के सहारे सामने आ जाता है।

अश्विन : चित्रा! तुम इतनी परेशान क्यों दिख रही हो?

चित्रा : नहीं तो।

अश्विन : चीते! आज मुझे तुमसे एक बहुत ही जरूरी बात कहनी है। तुम बैठो तो सही।

चित्रा सामने के सोफे पर बैठ जाती है। अश्विन उसके करीब पहुंचता है।

अश्विन : शुरू से मैं आज के उस संवाद की रिहर्सल करता रहा। इसलिए तुमसे यह गुजारिश है कि मेरी बातों को ध्यान से सुनो और उन्हें सीरियसली लो।

चित्रा : आज तुम इतने अधिक गंभीर क्यों दिख रहे हो?

अश्विन : क्योंकि आज मैं अपनी हालत से बखूबी वाकिफ होकर सच्चाई को तुम्हारे सामने रखने जा रहा हूं।

चित्रा : हालत से बखूबी वाकिफ होने का मतलब?

अश्विन : यही कि आज मुझे तुम्हारे सामने अपने निर्णय को रख ही देना होगा। चित्तू! अब मैं अपने को तुम्हारे योग्य नहीं समझता हूं।

चित्रा : क्यों?

अश्विन : इसलिए कि मैं...

चित्रा : इसलिए कि तुम आंखों से देख नहीं पाते?

अश्विन : और इसलिए भी कि अब मैं तुम्हें प्यार भी नहीं कर सकता।

चित्रा : आशु! यह निर्णय तुम्हारा नहीं मेरा है।

अश्विन : पांच महीने पहले मैं क्या था और आज तीन महीने पहले की उस दुर्घटना के बाद क्या बनकर रह गया।

चित्रा : तुम हर हालत में मेरे हो और मेरे रहोगे।

अश्विन : मैं अब वह खोटा सिक्का हो गया हूं जो किसी भी काम का नहीं। न तो सुनने वालों के बीच गा सकता हूं और ना ही तुम्हारे साथ-साथ दो कदम चल पाऊंगा।

चित्रा : तुम हमेशा ऐसे नहीं रहोगे।

अश्विन : यह झूठा आश्वासन तुम कब तक अपने आपको दे पाओगी? मैंने तय कर लिया है।

चित्रा : क्या तय कर लिया है?

अश्विन : मुझे यह घर छोड़ कर जाना है। और तुम्हें मुझे भूल जाना होगा। मेरे और तुम्हारे बीच अब कोई दूसरा चारा ही नहीं। मैं तुम्हें सिर्फ दर्द और आंसू के सिवाय और कुछ नहीं दे सकता।

घंटी की आवाज सुनकर चित्रा दरवाजे तक जाती है। दरवाजा खोलती है।

चित्रा : हैलो डॉक्टर। भीतर आइए।

दोनों अश्विन तक पहुंचकर बैठते हैं।

डॉक्टर : *(अश्विन से हाथ मिलाकर)* मैं दो अच्छी खबर के साथ आया हूं। एक अश्विन के लिए और दूसरी चित्रा तुम्हारे लिए। कौन सी पहले सुनाऊँ?

चित्रा : अश्विन वाला।

डॉक्टर : भारत से हमें जिस रिपोर्ट का इंतजार था वह हमें मिल गई। हमने अश्विन के केस जितना होपलेस समझा था वह उतना निराशाजनक नहीं है।

चित्रा : सच डॉक्टर!

डॉक्टर : एकदम सच। पर तुम्हारा केस काफी सीरियस है।

अश्विन : चित्रा का केस?

डॉक्टर : तुम्हारी पत्नी तीन महीने की गर्भवती है। अश्विन बधाई है तुम दोनों को।

अपनी गिटार के साथ चक्कर काटकर
अश्विन चित्रा को बांहों में कस लेता है।

●●●

17

तस्वीर

दृश्य - 1

दृश्य: एक उपवन

समय: दोपहर

कंधे पर झोली लटकाए प्रवेश और उसकी बहन पहाड़ की तराई पर चलते नजर आते हैं।

प्रवेश : तुम तो जानती हो कि मैंने आज तक किसी प्रदर्शनी में भाग ही नहीं लिया।

कृति : तो फिर अचानक इस प्रतियोगिता में हिस्सा लेने के लिए इतनी अधिक दिलचस्पी क्यों?

प्रवेश : खुद नहीं जानता। पर भाग उसी समय लूंगा जब वह तस्वीर बना सकूं जिसके लिए मन में इतनी बेचैनी है। वही तो, मुझमें एक जुनून पैदा कर गया है। आखिर क्या तलाश रहा हूं मैं? खुद तय नहीं कर पा रहा हूं। याद है तुम्हें कविता की वे पंक्तियां...।

कृति : कौन सी पंक्तियां?

प्रवेश : महादेवी वर्मा की. जो कुछ इस तरह शुरू होती है... 'लघु प्राणों के कोने में...'

कृति : *लघु प्राणों के कोने में। खोयी असीम पीड़ा देखो आओ हे निस्समी! आज। इस रजकण की महिमा देखो।*

प्रवेश : बस इसी छटपटाहट को मैं कैनवेस पर उतारना चाहता हूं।

कृति : पर भैया! तुम तो अपने को खुशी और उन्माद का चित्रकार मानते हो। आज अचानक असीम पीड़ा की बातें क्यों करने लगे?

दोनों की नजर सामने पत्थर पर बैठी एक लड़की पर पड़ती है।

प्रवेश : अरे इसी उदासी, इसी दर्द भरे चेहरे को फलक पर उतारने की बेताबी लिए हुए हूं।

प्रवेश अपनी जगह पर ठिठक जाता है। कृति लड़की तक पहुंचती है। लड़की बिन कुछ कहे कृति को चुपचाप देखती है।

कृति : तुम इस सुनसान जगह में अकेली क्या रही हो? तुम इसी घाटी में रहती हो?

(मौसी सिर हिलाकर हामी भरना)

कृति : तुम्हारा नाम क्या है?

गौरी : गौरी।

कृति : तुम कॉलेज नहीं जाती?

गौरी : जाती थी। अब नहीं जाती।

कृति : क्यों?

गौरी : मेरी मां चाहती है, मेरा बाप नहीं चाहता था।

कृति : तुम्हारा बाप नहीं चाहता था। क्या मतलब...?

गौरी : वह अब नहीं रहे। उसी के कारण नीलाभ...

कृति : यह नीलाभ कौन है?

गौरी : मेरा बाप जिससे मुझे....

कृति : क्या उम्र है तुम्हारी?

गौरी : अगले महीने अट्ठारह की हो जाऊंगी।

कृति : यह शादी की उम्र है क्या? और यह नीलाभ कौन है?

गौरी : ... हमारे पड़ोस में रहता है।

प्रवेश सामने आकर

प्रवेश : कृति! इससे पूछो कि मैं इसका रेखाचित्र बना सकता हूं?

गौरी : मुझे घर जाना है। मेंरी मां बीमार है।

प्रवेश : बस पंद्रह-बीस मिनट।

उत्तर की प्रतीक्षा किए बिना प्रवेश।
कागज कलम लेकर चित्र बनाने लगता है।

दृश्य - 2

वही दृश्य।

सूरज ढलने को है।

गौरी : बहुत देर हो गई। मेरा बाप अगर नशे में मुझे खोजता हुआ आ गया तो मेरी पिटाई होगी।

प्रवेश : केवल पांच मिनट। तस्वीर बहुत खूबसूरत आ रही है। यहां मैं इस

पर रंग नहीं चढ़ा पाउंगा। घर पर रंग चढ़ाने के बाद मैं अपनी बहन के साथ तुम्हें चित्र दिखाने आउंगा।

एक पागल नारे लगाता हुआ सामने आ जाता है।

पागल : अंधेर नगरी चौपट राजा, टके सेर भाजी टके सेर खा जा। इस सुनसान डगर में तुम लोग कौन हो? मैं कौन हूं? अरे मैं वह फेरीवाला हूं जो सोना--चांदी के दाम बेचता है और चांदी लोहे के दाम।

कृति : यह तो सचमुच का कोई पागल लग रहा है।

पागल : मैं नकली पागल नहीं सही पागल हूं। लोग मुझसे डरते हैं। मैं लोगों से नहीं। यहां क्या हो रहा है? लगता है तुम लोग कैद से भागे हुए हो।

गौरी को गौर से देखते हुए

गौरी : कौन हो तुम? इस गांव में मैं तुम्हें पहली बार देख रही हूं।

प्रवेश के बनाए जा रहे चित्र को देखकर

पागल : मैं कौन हूं? अरे मैं वह फेरीवाला हूं जो सोने को चांदी के दाम बेचता हूं और चांदी को लोहे के दाम।

हंसता हुआ आगे निकल जाता है।

गौरी : नीलाभ गांजे के नशे में घर पहुंच गया होगा। मेरी मां पर क्रोध करेगा और मुझे ढूंढने इधर आ जाएगा।

प्रवेश : और एक मिनट।

गौरी : मैं देखूं मेरी तस्वीर कैसी आई है।

कृति : भैया ने कहा न कि रंग चढ़ा कर वह तुम्हें दिखाने कल तुम्हारे घर आ जाएगा।

नीलाभ पुकारता हुआ आता है।

नीलाभ : गौरी! गौरी!

गौरी : नीलाभ से भाग कर मैं इधर आई थी वह यहां भी आ धमका।

नीलाभ : आप दोनों कौन हैं? अरी यह तो गौरी की तस्वीर है। तुम किसकी इजाजत से मेरी मंगेतर की तस्वीर बना रहे हो?

कृति : हमने गौरी से इजाजत मांगी थी। पूरा हो जाने पर हम कल दिखाने आएंगे।

नीलाभ : तुम लोग यह तस्वीर अपने साथ नही ले जा सकते।

वह तस्वीर छीनना चाहता है। हाथापाई। गौरी दौड़ जाती है घर को। नीलाभ भी उसके पीछे झपट पड़ता है।

दृश्यः पहाड़ी इलाका। गौरी का घर। आंगन। उसी उदासी मुद्रा में। वह खड़ी दूर से आते हुए भाई-बहन को देखती रही, करीब आ जाने पर।

गौरी : आप दोनों को मेरे घर का पता कैसे लगा?

कृति : हमने एक आदमी को तुम्हारी तस्वीर दिखाकर पूछा कि यह लड़की कहां रहती है। बस फिर तो पहुंच ही आए।

प्रवेश : हमने तुम्हें तस्वीर देने का वायदा किया था। देखो तो पहचान रही हो अपने आपको?

गौरी : क्या सचमुच मैं इतनी खूबसूरत हूं।

कृति : जो बात तुम्हारी तस्वीर खुद कह रही है वह हमसे क्यों पूछ रही हो। अच्छा एक बात पूछूं? तुम नीलाभ को प्यार करती हो?

गौरी : मैं उससे कई बार कह चुकी हूं मैं उसे नहीं चाहती।

प्रवेश : वास्तव में तुम्हारी सुंदरता को हूबहू फलक पर उतारना संभव नहीं। मैंने तो सिर्फ तुम्हारी उदासी की खासियत इस तस्वीर में दिखाने की कोशिश की है। तुम्हारी उदासी और सादगी में एक कविता की गुनगुनाहट है।

गौरी : मैं समझी नहीं। पर हां मेरी मां हमेशा मुझे कविता सुनाती थी।

कृति : गौरी, कभी न समझना ही बहुत बड़ी समझदारी होती है। लोग तो पहले ही से गुलाबी सूरत को गुलाबी बनाने में पूरी जिंदगी गुजार देते हैं फिर भी... खैर! हम तुम्हें यह तस्वीर देने आए हैं।

घर के भीतर से मां की आवाज

मां : कौन है गौरी? किससे बात कर रही हो?

कृति : हम तुम्हारी मां से मिल सकते हैं?

घर के भीतर प्रवेश।

गौरी : भला क्यों नहीं!

घर की भीतरी झलक। पुरानी चारपाई पर मां लेटी हुई।

प्रवेश-कृति : प्रणाम।

गौरी : मां रात में मैंने इन्हीं की चर्चा की थी।

मां : आओ बच्चों। गौरी उधर से कुर्सियां तो लाओ। बेटे तुम चित्रकार हो?

प्रवेश : हां माताजी।

मां : और तुम बेटी?

कृति : मैं इनकी बहन और...। अभी कॉलेज में पढ़ रही हूं।

मां : हम तो अपनी गौरी को कॉलिज नहीं भेज पाए।

कृति : *(तस्वीर दिखाते हुए)* यह है गौरी की तस्वीर, भैया ने बनाई है।

मां : वाह! बहुत ही सुंदर है बेटे!

कृति : भैया। इस तस्वीर की एक प्रति चित्र प्रतियोगिता में भेज रहे हैं। अगर तस्वीर पुरस्कृत हुई हो तो हम आपको पुरस्कार दिखाने जरूर आएंगे।

मां : पका हुआ आम हूं। कब डाली से टूट जाऊं पता नहीं।

कृति : ऐसा मत कहें। कई बार कच्चे आम टूटकर गिर जाते हैं और पका आम डाली पर ही रहता है। हमें तो पूरा विश्वास है कि हम आपसे कविताएं सुनने आएंगे।

मां : किसने कहा कि मैं...

गौरी : मैंने बताया मां को...

मां : मैं जब हिन्दी भवन में पढ़ती थी तो कविता से कुछ अधिक ही अनुराग था। महादेवी जी, बच्चन जी और दिनकर जी की कई कविताएं मुझे याद थी, अब तो...

प्रवेश : महादेवी जी की कविताओं का तो मैं भी दीवाना हूं। संयोग की बात तो यह है कि महादेवी जी की एक कविता की पंक्तियों को चित्र में उतारने की इच्छा से मुझे गौरी की तस्वीर बनाने का अनुराग पैदा हुआ।

कृति : आप अपने स्वास्थ्य का ख्याल रखें। गौरी और आपसे मिलने हम फिर आएंगे। प्रणाम!

मां : तुम दोनों ने मेरे भीतर कुछ दिन और जी लेने के अरमान पैदा कर दिए। पर दिल के रोग पर क्या भरोसा।

प्रवेश : महादेवी जी की पंक्ति याद आ गई–
मधुर मधुर मेरे दीपक जल
युग युग प्रतिदिन प्रतिक्षण प्रतिपल
खैर! भरोसा तो रखना ही है।

दृश्य - 3

समय: सुबह

पहाड़ी इलाके का एक दूसरा भाग। प्रवेश अकेला घूम रहा है। पागल उसके आगे आ जाता है।

पागल : मैं वह फेरी वाला हूं जो सोना चांदी के दाम बेचता है और चांदी लोहे के दाम। ओ हे तस्वीर वाले बाबू। कलाकार, कवि सब थोड़े-थोड़े पागल होते हैं।

प्रवेश : आप भी कवि-कलाकार हैं क्या?

पागल : सब नकली है। एक ही असली कलाकार है। वह नीली छतरी वाला।

प्रवेश : आप तो मुझे पागल नहीं लगते।

पागल : अंधेर नगरी चौपट राजा, यहां तो मूर्ख विद्वान बना हुआ है और विद्वान मूर्ख। कालीदास काटे घास बुद्धुराज पहने ताज। मैं तुम्हें पागल लगता हूं।

प्रवेश : नहीं तो।

पागल : तुम गौरी को याद करके इधर आए हो न?

प्रवेश : आज गौरी उस पहले दिन वाली जगह पर नहीं है।

पागल : वह तो उस धूर्त नीलाभ से बाज आने के लिए इस ठौर से उस ठौर को भागती रहती है। तुम्हें बताऊं वह कहां मिलेगी?

प्रवेश : नेकी और पूछ पूछ?

पागल : नेकी कर दरिया में डाल। मैं मियां हातिम नहीं। टक्के सेर भाजी टक्के सेर खाजा, बस बताए देता हूं। यहां से दाएं मुड़ो, एक कालीमाई का चौतरा मिलेगा, वहां से बांए मुड़े, एक छायादार पेड़ के नीचे एक चट्टान है। गौरी वहीं मिलेगी... अंधेर नगरी चौपट राजा टके सेर भाजी सेर खाजा...

पागल आगे बढ़ जाता है। प्रवेश बताई हुई दिशा को चल पड़ता है। वह गौरी को उसी पहली बार की तरह उदास बैठे पाता है।

प्रवेश : गौरी।

गौरी : मैं आप ही के बारे में सोच रही थी।

प्रवेश : क्या सोच रही थी मेरे बारे में?

गौरी : यही कि आप और कृति मुझे इतने अच्छे क्यों लगते हैं?

प्रवेश : एक बात बताओगी?

गौरी : पूछिए।

प्रवेश : तुम घर से बाहर रहना क्यों पसंद करती हो?

गौरी : घर के भीतर मुझे आज भी डर लगता है।

प्रवेश : आज भी? इसका मतलब है कि घर के भीतर कभी कोई ऐसा हादसा हुआ जिससे...।

गौरी : एक नहीं दो।

प्रवेश : जैसे कि...।

गौरी : मेरी मां अस्पताल में थी। मेरा बाप नीलाभ से पैसे लेकर उसे मेरे साथ घर के भीतर छोड़ गया था। मैं चिल्लाती रह गई थी।

प्रवेश : मत रोओ गौरी... दूसरा हादसा क्या था?

गौरी : मेरे बाप ने उस घर के भीतर फांसी...।

प्रवेश : नहीं गौरी... रोने से अब क्या होगा?

गौरी : उस घर के भीतर मुझे नींद नहीं आती। अपनी मां की बिगड़ती हालत से मैं और भी भयभीत होती चली जा रही हूं। नीलाभ हमारे घर आकर बार-बार यही कहता है कि उसने मेरी जो हालत बना दी है उससे मैं उसके अलावा किसी दूसरे से कभी शादी नहीं कर पाउंगी। मैं शादी करना नहीं चाहती नीलाभ से मुझे बहुत डर लगता है।

प्रवेश : गौरी! तुम से तो जो भी व्यक्ति शादी करेगा वह तो बड़े फख्र से अपने को दुनिया का सबसे खुशनसीब व्यक्ति मानेगा।

दृश्य - 4

दृश्य: गौरी का घर। आंगन।

समय: शाम

कृति और गौरी पेड़ के नीचे बैठे

कृति : गौरी तुम्हारे घर के भीतर मैंने भगवान कृष्ण की दो तस्वीरें देखीं। मुझे लगता है कि तुम्हें कृष्ण कन्हैया बहुत ही प्रिय हैं।

गौरी : भगवान कृष्ण मेरी मां के परिवार के इष्टदेव रहे हैं। मां से ही मैं श्रीकृष्ण के प्रति सम्मोहित होती गई।

कृति : कृष्ण से जुड़कर भी तुम अपने को उदास और दुखी पाती हो, यह क्या बात हुई? राधा और मीरा की तरह तुम भी चाहो तो आंखें मूंद कर कान्हा की बांसुरी की मधुर धुन सुन सकती हो।

गौरी : मैं तो अब अपने को नापाक मानने लगी हूं। कृष्ण की मूर्ति के सामने खड़ी होती हूं तो लगता है कि गुनाहगार हूं।

कृति : अगर कोई घटिया आदमी कृष्ण की मूर्ति को कीचड़ में फेंक दे तो कृष्ण कन्हैया गंदे हो जाएंगे क्या? बोलो तो सही।

गौरी : कृष्ण की मूर्ति कभी मैली नहीं हो सकती।

कृति : यह जानते हुए भी तुम अपने को अपवित्र क्यों मान बैठी हो?

गौरी : क्योंकि लोग ऐसा ही मानते हैं।

कृति : अगर लोग यह कहने लगें कि पूरे तालाब का पानी दूषित हो गया है तो तुम मान लोगी? देखो दुनिया में, खास करके आज की बिगड़ी हुई दुनिया में, तुम जितनी अधिक सहम कर जीओगी यह दुनिया तुम्हें उतनी अधिक कुचलती रहेगी। यह बात मैंने अपने बाप से सीखी है।

गौरी : मेरी मां भी यही कहती है।

कृति : तुम्हें मालूम है हम अब तक कितनी बार मिल चुके हैं?

गौरी : कोई दस बार से अधिक।

कृति : फिर भी इस बीच मैंने एक बार भी तुम्हें मुस्कराते या हंसते नहीं पाया।

गौरी : मेरी मां कहती है कि मुझे सुमनी चाची की नजर लग गई है। मैं हमेशा हंसती रहती थी। एक दिन सुमनी चाची ने मेरी मां से कहा था कि लड़कियों का इस तरह हंसना ठीक नहीं तभी से मेरी हंसी जाती रही। खो गई मेरी हंसी।

कृति : सुनो! जो खो जाता है वही वापस लौटता है। कल तुम्हारी हंसी खो गई थी। आज उसे लौटना है।

(गौरी का खुलकर हंसना)

कृति गौरी को गुदगदी करती है और वह हंसने लगती है।

दृश्य - 5

मंदिर का प्रांगण।

समय: सुबह।

गौरी पूजा करके बाहर आती है। एक ओर से नीलाभ आता हुआ दिखता है। दूसरी ओर से प्रवेश। दोनों का स्लोमोशन में गौरी की ओर बढ़ना। बराबर के फासले पर खड़े हो जाना।

गौरी : *(प्रवेश के करीब जाकर)* भगवान कृष्ण के चरणों का यह फूल स्वीकार करो।

प्रवेश : *(फूल को माथे से लगाकर)* गौरी। तुम्हारे लिए एक खुशखबरी लाया हूं।

गौरी : तुम्हारा मेरे सामने वह भी मंदिर के आंगन में इससे अधिक खुशखबरी मेरे लिए और क्या हो सकती है।

नीलाभ - बंद करो यह नाटक। चलो मेरे साथ। मैं तुम्हें घर तक पहुंचा आता हूं।

गौरी : मुझे अपने घर का रास्ता मालूम है। *(प्रवेश को प्रसाद देते हुए)* हर रविवार पूजा के बाद मैं सबसे पहले प्रसाद अपनी मां को देती हूं। आज तुम्हें देने का मेरा सौभाग्य है।

प्रवेश : सौभाग्य तो मेरा है।

नीलाभ : *(दोनों के बीच में आकर)* मैं इस लड़की का मंगेतर हूं।

गौरी : मेरा कोई मंगेतर नहीं।

नीलाभ : तुम्हारे बाप ने यह संबंध जोड़ा है।

गौरी : मेरे बाप ने मुझे तुम्हें बेचा था पर मैं दुकान का माल नहीं जिसे बेचा और खरीदा जा सकता है।

नीलाभ : ऐ! मैं पहले भी तुम्हें कह चुका हूं कि इस गांव में पांव मत रखना।

गौरी : क्यों यह गांव तुम्हारे बाप का है क्या?

नीलाभ : न जाने कहां का यह नथू खैरा...

गौरी : नथू खैरे तो तुम हो। यह मेरा होने वाला पति है।

नीलाभ : क्यों हांनेवाले पति, क्या तुम्हें यह नहीं मालूम कि इसके बाप ने इसे मेरे साथ कमरे में बंद कर दिया था और मैंने इसे...

पागल की आवाज आती है

पागल : और तुमने इसका बलात्कार किया था। (सामने आकर साथ में एक सी.आई.डी.) इस जुर्म से तो तुम बच गए लेकिन आज मैं तुम्हें रंगे हाथ गिरफ्तार करने जा रहा हूं।

प्रवेश : आप पुलिस के आदमी...।

पागल : हां, मैं पुलिस का आदमी हूं। *(दूसरे व्यक्ति से)* इसके हाथ की टोकरी...।

नीलाभ भागने की कोशिश करता है। सी.आई.डी. उसे दबोच कर हथकड़ी पहना देता है।

तीन सप्ताह से पुलिस तुम्हारे पीछे लगी हुई है। मैं तुम्हारी छाया की तरह तुम्हारा पीछा करता रहा और उस जगह का पता लगा कर रहा जहां तुम झाड़ियों के बीच गांजे उगाते रहे हो। आज तुमने मुझे उसे ठौर पर देखा भी पर पागल समझकर गांजे की पंत्तियां तोड़ कर अपनी इस टोकरी को भरते रहे।

नीलाभ : तुमने मुझे गिरफ्तार क्यों नहीं किया?

पागल : क्योंकि मुझे उस व्यक्ति को भी पकड़ना था जो यह जहर तुमसे खरीद कर कॉलेज के छात्रों के बीच बेचता रहा है।

पागल का मोबाइल बजता है।

हैलो! हां... हम लोग मंदिर के आंगन से बाहर निकल रहे हैं। ठीक है... हां... जैसा हमने चाहा था वैसा ही हो रहा है...। *(प्रवेश से)* आप गौरी के साथ यही रहें। ले चलो इसे...

पागल अपने साथ नीलाभ को साथ लिए मंदिर के आंगन से बाहर आते हैं। पुलिस का आदमी नीलाभ के जॉकेट और उसकी टोपी पहनकर रास्ते की ओर पीठ करके बैठ जाता है। पागल नीलाभ के साथ पेड़ की आड़ में छिप जाता है। ड्रग डीलर का प्रवेश।

ड्रग डीलर : *(सीधे पुलिस के आदमी के पास पहुंचकर)* थोड़ी देर हो गई। बैंक से रुपये निकालने पड़े। कितने हैं टोकरी में?

पुलिस : पांच किलो! *(पुलिस को पहचान कर भागना चाहता है। तभी पीछे से दो पुलिस वाले उसं दबोंच लेती है।)*

(मंदिर का प्रांगण।)

प्रवेश : तुम्हें वह खुशखबरी नहीं सुना पाया।

गौरी : अब तो सुना सकते हो।

प्रवेश : तुम्हारी तस्वीर को पहला पुरस्कार मिला है। एक और खुशखबरी है।

गौरी : वह क्या?

प्रवेश : अगले रविवार को मेरा परिवार इस बार तुम्हें हथकड़ी पहनाने तुम्हारे घर आ रहे हैं।

•••

18

यही एक तरीका था

दृश्य - 1

दृश्य : अनवर का घर

समय : शाम

(अनवर साइकिल की घंटी बजाकर साइकिल से सब्जियों का बोरा उतारता है। उसकी पत्नी सामने आकर मदद करती है।)

आईशा : बस यही आधी बोरी बैंगन?

सईद : खैरियत समझो यह भी मिल गई।

आईशा : रात में तुमने बताया था कि दो से अधिक बोरे होंगे।

सईद : सही कहा था।

आईशा : तो फिर...

सईद : रात में फिर चोरी हो गई।

आईशा : तुम तो कहते थे पुलिस ने खेतिहरों को यकीन दिलाया था कि वे लोग हर रात इलाके के सभी खेतों के दो-तीन चक्कर काटते रहेंगे। फिर भी ...

सईद : फिर भी चोर हमारे खेत के बैंगन पर हाथ साफ कर ही गए।

(आईशा और सईद मिलकर बोरे को साइकिल से उतार कर नीचे रखते हैं।)

सईद : खूंखारी के कारण हम खेतिहरों की हालत तो पहले ही से खराब थी अब ये लुटेरे तो जीना हराम कर रहे हैं।

आईशा : पुलिस ने तो खेतिहरों से कहा था न कि उसे चोरों की टोली का पता लग गया है। वे इस अनर्थ को रोक कर रहेंगे।

सईद : इस तरह के वायदे में दम होता तो दुनिया से चोरी डकैती कब को मिट कर रहती .... खैर जोरों की प्यास लगी है। एक ग्लास पानी ला दो।

दृश्य - 2

समय: रात

दृश्य: घर का भीतरी भाग

(आईशा और सईद अपनी दो लड़कियों से बैठे बातें करते हुए)

रुकसाना : अम्मी जब खेत में इतनी कड़ी मेहनत के बाद भी यह हाल है तो हम भी फारुख चाचा की तरह...

फातिमा : हां अब्बा जान तुम भी चाचा की तरह इस फिजूल की खेतीबाड़ी को छोड़कर कोई अलग रोजगार...

सईद : रोजगार शुरू करने के लिए रुपये की जरूरत होती है बेटी। तुम्हारे चाचा को तो तुम्हरी चाची की बदौलत थोड़ी बहुत दौलत हासिल हो गई थी वरना वह भी तो... खैर। छोड़ो इन बातों को...

आईशा : सईद। तुम्हें भी तो धनी खानदान की लड़की मिल रही थी।

सईद : पर तुम्हारी तरह खूबसूरत नहीं।

आईशा : इस खूबसूरती ने तुम्हें दिया ही क्या?

सईद : फातिमा और आईशा जैसी दो खूबसूरत बेटियां।

आईशा : कब तक झूठी तसल्ली देती रहोगी अपने को। कल तो ये दोनों पराए घर की अमानत बन जाएंगी।

दृश्य - 3

समय: सुबह

दृश्य: सईद का खेत। रंजीत के साथ सईद की बातचीत।

रंजीत : इस बार तो तुम्हारे पूरे खेत को चौपट कर दिया है।

सईद : हां यार। रात में रखवाली करो या न करो सब्जियां चोरी होती ही चली जा रही हैं।

रंजीत : भाई मैं तो अपने खेत के टमाटर शहर के फुटपाथ पर बिकते भी देख चुका हूं। साले चोर यह आवाज लगाकर चोरी के माल खुलेआम बेचते हैं... खरीद लो आधी कीमत पर...

सईद : यही नहीं मैंने तो उन कामचोरों को यह भी कहते सुना है ले लो चांदी का माल पानी के दाम।

रंजीत : साले हरामजादे यह आवाज भी लगाते हैं कि ससूर बोता है दामाद बेचता है। अपना माल भी हम गंवाते हैं और गालियां भी सुनते हैं।

सईद : यही नहीं हमारे कुछ अपने लोग तो इसे मजाक समझ ठहाके लगा बैठे हैं।

रंजीत : मैं तो कभी यह सोचता हूं कि अगर हम पैदाईश बंद कर दें तो लोगों को चौगुने दाम में भी सब्जियां नसीब न हो।

सईद : सच मानो मैं तो तीन पीढ़ियों की इस विरासत से अब तंग आ गया हूं। अपने भाई की तरह मैं भी कपड़ों का धंधा शुरू करने को सोच रहा हूं पर रुपये कहां से लाऊं?

रंजीत : एक और बात है सईद जिससे मैं बहुत दुखी ... नहीं दुखी नहीं बल्कि चिंतित हूं।

रंजीत : इस बात से कि अब सब्जियां खेतों और सब्जीमंडियों से नहीं बिककर बाजार से बाहर गलियों की धूलधूसरित माहौल में बिकती है, काले बाजार में।

(सईद जेब से रुपये निकालकर रंजीत को देता है।)

सईद : ये लो लॉटरी के पैसे। यहाँ भी किस्मत साथ नहीं दे रही है।

रंजीत : सबूरी का फल मीठा होता है।

सईद : सबूरी का यह तीसवां साल है। कभी एक आखिरी इनाम भी किस्मत में नहीं रहा।

रंजीत : हमारी भी लॉटरी लगेगी, आज़ नहीं तो कल।

सईद : कल भी कभी आता है क्या?

रंजीत : आएगा। धीरज रखो।

दृश्य - 4

समयः सूर्यास्त (दृश्य)

सईद-रंजीत खेत से बाहर पगडंड़ी पर चलते हुए।

सईद : तुम इस मुल्क में मेरे सबसे जिगरी दोस्त रहे हो और रहोगे। मैं हमेशा तुमसे अपना दुख सुख बांटता रहा हूं और तुम अपना दुख सुख। ईद के मौके पर घर की सेवई पहले तुम्हारे घर पहुंचती थी और ....

रंजीत : और दीवाली के अवसर पर मेरे घर की मिठाइयां सबसे पहले तुम्हारे घर पहुंचती थी और....

सईद : आज भी तो ऐसा ही है।

रंजीत : मेरे-तेरे बीच तो आज भी ऐसा ही है पर अन्य घरों में तो यह बिसर गए दिन बन गए। तुम अपने घर में मुसलमान होते थे और मैं अपने घर में हिन्दू। लेकिन...

सईद : लेकिन जब घर से बाहर होते थे तो मैं मुसलमान से ज्यादा इंसान होता था।

रंजीत : और मैं हिन्दू मुस्लिम से अधिक दो भाई होते थे। जहजिया भाइयों की औलादें।

सईद : आज भी तो ऐसा ही है।

रंजीत : सच्चे भाईचारे का वह जमाना अब कहां रहा। अब तो भाई-भाई में छीना-झपटी होती रहती है। एक बात कहूँ यार। तुम तो जनम जनम की बात पर यकीन नहीं करते हो पर सच मानो पिछले जनम में तुम मेरे भाई रहे होगे।

सईद : आज नहीं हूं क्या?

रंजीत : आज तो भाई से भी ज्यादा हो। अगर मेरे दोनों बच्चे आज अच्छी नौकरी पर हैं तो तुम्हारी बदौलत।

सईद : इस ऊपर वाले की बदौलत कहो।

(धीरे-धीरे दृश्य समाप्त होता है)

दृश्य - 5

समयः दोपहर

दृश्यः सईद के घर का आंगन।

सलोनी, आंगन बहारती फातिमा से बातें करती हुई।

सलोनी : तुम्हारे कहने पर मैंने तो फैक्टरी में तुम्हारे लिए नौकरी की बात कर ली। अब तुम्हें अपने बाप को इसके लिए राजी करना होगा।

फातिमा : कल रात मैंने तो अम्मी को घर की हालत को सामने रखते हुए उसे इस बात के लिए मना लिया पर अब्बाजान को मनाना इतना आसान नहीं होगा।

सलोनी : तुम कहो तो मैं अपने बाप से...

फातिमा : हां सलोनी मैं भी इधर कई दिनों से यह सोचती आ रही हूं कि रंजीत चाचा मेरे अब्बा से बात करें तो शायद वे मान जाएं।

सलोनी : ठीक है मैं पापा से कहती हूं... वैसे भी देर करोगी तो हाथ आई यह नौकरी जाती रहेगी।

फातिमा - तो फिर चाचा जान को आज ही शाम को हमारे घर भेजो तो सही।

(Cut to सईद के घर का भीतरी भाग। सईद और आईशा के साथ बातें करते हुए)

सईद : नहीं रंजीत मैं ऐसा नहीं कर सकता। यूं भी मेरे घर के हालत अभी इतनी नाजुक नहीं हुई कि पैसों की खातिर मैं अपनी बेटी को फैक्टरी में नौकरी करने भेजूं।

रंजीत : क्यों। फैक्टरी में काम करना कोई गलत बात है क्या?

फातिमा : नही रंजीत भाई। बात सही और गलत की नहीं।

रंजीत : तो फिर...?

सईद : तुम तो जानते हो कि फातिमा की सगाई होने जा रही है।

रंजीत : होती रहे।

सईद : समझने की कोशिश करो। लड़के के मां-बाप शायद यह मंजूर न करें कि उनका...

रंजीत : तुम तो अब दकियानूसी बातें करने लगे सईद। कल तक खेतों का जमाना था अब तो फैक्टरी का बोलबाला है। हर गांव हर शहर में फैक्टरियों की धूम है।

फातिमा : तुम तो जानते हो रंजीत भाई कि मैंने तीन-तीन गाएं पालीं लेकिन एक दिन भी मैंने अपनी बेटियों से घास नहीं कटवाया।

रंजीत : फातिमा भाभी जो बातें मैं जानता हूं वह क्यों बता रही हो मुझे। हम समय के पीछे रहकर जिन्दगी में आगे थोड़े ही निकल सकते हैं। वक्त के साथ चलना पड़ेगा।

सईद : नहीं यार मैं अपनी बेटी को अधिक न पढ़ाकर भी सीनियर कैंब्रिज तक पढ़ा सका हूं। अगर उसे फैक्टरी ही के हवाले करना होता तो...

रंजीत : सलोनी को भी मैंने सीनियर तक पढ़ाया। वे दिन नहीं रहे जब सीनियर पास होते ही सरकार में नौकरी के दरवाजे अपने आप खुल जाते थे। अब तो इससे भी बड़ी सर्टीफिकेट के साथ लोग दर-दर नौकरी की भीख मांगते फिर रहे हैं।

सईद : यह बात तुम मुझे बताओगी। दर-दर नौकरी की ठोकर खाकर मेरे तीनों लड़के आज मुझसे दूर सात समन्दर पार जी रहे हैं।

रुकसाना : *(प्रवेश)* चाचा जान। आपके घर वह नीतिश नाम का जो नमूना है क्या वह भी मेरे तीनों भाइयों की तरह ईद का चांद बन गया क्या?

रंजीत : ओ नहीं बिटिया। बस कन्डक्टर के काम को तो तुम जानती हो। सुबह पांच बजे घर से बाहर जाता है तो फिर आठ बजे ही घर लौटता है।

फातिमा : *(प्रवेश)* उसे मालूम है कि कल राखी है?

रंजीत : वह तो कल रात मुझसे पूछ रहा था कि मेरी दोनों बहनों को मालूम है कि कल रक्षा बन्धन है।

(धीरे-धीरे दृश्य समाप्त होता है)

दृश्य - 6

समयः सुबह

दृश्यः *रंजीत का घर। रेडियो से रक्षा बन्धन का गीत। रुकसाना और फातिमा का प्रवेश। बिना किसी संवाद के दोनों बहनें बारी-बारी से नीतिश को राखी बांध ती हैं पूरी रस्म के साथ। दोनों के बाद सलोनी अपने भाई को राखी बांधती है।*

नीतिश : फातिमा। मैं तो भगवान से यही प्रार्थना करता रहता हूं कि इस साल तुम्हारा निकाह हो जाए और अगले साल रुकसाना का भी।

फातिमा : तुम्हारे कहने का मतलब यह है कि अब तुम मुझसे राखी नहीं बंधवाओगे?

नीतिश : पता नहीं तुम्हारे ससुराल वाले...

फातिमा : नहीं भैया। मैं जिन्दगी भर तुम्हें राखी बांधने आया करूंगी। चाहे जहां भी रहूं।

रुकसाना : भैया। मैं भी। दूर दराज में जा बसे अपने तीन भाइयों को देखने के लिए हम तरसते रहते हैं। तुम्हें सामने पाकर हमें लगता है हमने उन्हें सामने पा लिया।

नीतिश : मैं तो बस इस बात से डरता हूं कि कहीं तुम दोनों की शादी के बाद तुम्हारे ससुराल वाले इस रिश्ते को बरकरार रखने से तुम्हें रोक न दें।

फातिमा : ऐसा हो ही नहीं सकता भैया। मेरा मंगेतर जब मुझे सैंट वेलंटाइन का गुलाब भेंट कर सकता है तो फिर मुझे तुम्हें राखी बांधने से कैसे रोक पाएगा। वैसे भी राखी कोई मजहबी त्योहार थोड़े ही है। हम सब फेत मामा मना सकते हैं तो फेत फ्रेर क्यों नहीं मना सकते हैं?

(धीरे-धीरे दृश्य समाप्त होता है)

दृश्य - 7

समयः दिन

दृश्यः रंजीत और सईद। अधसूखे खेतों के बीच।

रंजीत : सईद भाई अब तो सचमुच इन खेतों से अधिक की उम्मीद नामुमकिन है। कभी तूफान, कभी सूखा, कभी मजदूरों का अभाव। और चोरों का यह बढ़ता जा रहा खतरा। मच्छरों को जितनी सहूलियत है काश! वह मेरे खेतिहरों को भी नसीब हो पाता।

सईद : गन्ने, चाय और सब्जियों के हरे भरे खेतों की बदौलत ही हमारा देश आज कुछ से कुछ में बदल पाया फिर भी...

रंजीत : अनाज पैदा करके हम खुद अनाज के मुहताज हो बैठे।

सईद : बेटे दूर चले गए, एक बेटी की पढ़ाई का बोझ दूसरे की शादी की फिक्र सिर पर लिए फिर रहा हूं।

रंजीत : सईद तुम्हें मेरे वो बुरे दिन याद हैं या नहीं?

सईद : याद है यार।

रंजीत : तब तो तुम्हें यह भी याद होगा कि तुम मेरी कितनी मदद करते रहे थे। खेत की परेशानी के अलावा मेरी पत्नी के इलाज के लिए तुमने जो कुछ किया...

सईद : खाक कुछ कर पाया। अपनी भाभी को मौत के मुंह से नहीं बचाया। बेकार की मदद थी वह।

रंजीत : नहीं दोस्त। वह बेकार की मदद नहीं थी। तुम नहीं होते तो आज मैं गन्ने की कोठी का एक साधारण मजदूर ही बना रहता। अब मेरा फर्ज बनता है कि मैं तुम्हारे काम आऊं। तुम्हीं तो कहते रहे हो न कि मुद्दई लाख बुरा चाहे तो क्या होता है। वही होता है जो मन्जूर-ए-खुदा होता है।

दृश्य - 8

रंजीत का घर

समय : रात।

नीतिश और सलोनी की बातें

रंजीत : देखो बच्चो। तुम्हारे सईद चाचा की हालत दिन-ब-दिन बदत्तर होती जा रही है। मैं उसकी मदद के लिए जब भी आगे आता हूं वह यह कह कर उसे टाल देता है कि उसने अब तक मेरे ऊपर जो मेहरबानी की है उसे मैं लौटाना चाह रहा हूं।

सलोनी : जिन्होंने हम भाई-बहनों की पढ़ाई में हाथ बटाया आज वह अपनी बेटी की पढ़ाई का खर्च पूरा नहीं कर पा रहा।

नीतिश : तीन-चार महीनों में फातिमा की शादी भी होने वाली है। पापा हमें कुछ न कुछ करना होगा।

रंजीत : मैं उसकी खुद्दारी को जानता हूं। वह तो मुझसे अधिक स्वाभिमानी है। ससुराल से मिलने वाली विरासत तक को ठुकरा गया था वह।

नीतिश : *(सोचने के बाद)* एक तरीका है।

सलोनी : कौन सा?

नीतिश : साझेदारी में आप दोनों जो लॉटरी खरीदते हैं चाचा उनके नम्बर कभी नहीं लेते।

रंजीत : वह तो कहता है कि क्या मुझे तुम पर यकीन है नहीं।

नीतिश : बस यही एक तरीका है। अगली लॉटरी का रिजल्ट आते ही इस तरीके का फायदा उठाना होगा।

सलोनी : पर कैसे?

नीतिश : लॉटरी का परिणाम आने दो।

दृश्य - 9

दृश्यः सब्जी का खेत (एक मड़ई)

खेतों के चार-पाँच व्यक्ति रखवाली करते हुए। एक मोटर साइकिल रुकती है। दो व्यक्ति टोपी से चेहरे छिपाए बोरों के साथ खेतों में प्रवेश करते हैं। सब्जियां तोड़कर बोरों में भरते हैं। एकाएक मड़ई से टोर्च की रोशनी फैलती है और दोनों चोर भागने की कोशिश करते हैं। संघर्ष के बाद पकड़े जाते हैं।

रंजीत : पुलिस से बच सकते हो हम से नहीं।

सईद : सौ दिन चोर का एक दिन कोतवाल का।

रंजीत : साले मुफ्त में दामाद बनते हो।

चोर (1) : पा बाते पा पा पा बाते

सईद : हरामजादे की औलाद अब हम ससुर से बाप बन गए। दूसरा थप्पड़ लगेगा तो बहनोई कहने लगोगे।

(एक खेतिहर अपनी कुदाली लिए चोरों के मोटर साईकिल पर झपटा तभी उसके साथियों ने उसे दबोच कर शांत किया।)

चोर (2) : पा क्राज मो मोतो - पा क्राजे पापा

रंजीत : ले चलो सालों को पुलिस स्टेशन।

चोर (1) : एस्कीज नू तों... अब कभी चोरी नहीं करेंगे। हमें पुलिस के हवाले मत करो।

चोर (2) : मो त्राप लिपिये... पारदेना म्वा।

रंजीत : चलो तुम्हें अब तो वे लोग माफ करेंगे जो अब तक तुम्हारी रक्षा करते हैं।

दृश्य - 10

दृश्यः रंजीत का घर (बालकनी)

नीतिश प्रवेश करता है। अपने बाप को अखबार पढ़ते हुए पाकर। सलोनी चाय लिए सामने आती है।

नीतिश : आज लॉटरी का परिणाम निकला है क्या?

रंजीत : तुम्हें कैसे मालूम?

सलोनी : क्योंकि पापा महीने में एक ही बार अखबार खरीदते हैं।

नीतिश : जब लॉटरी का रिजल्ट आता है। वह दिन अभी दूर नहीं है।

रंजीत : तुम तो हर बार यही कहकर लॉटरी मिलने की चांस पर पानी फेर जाते हो।

नीतिश : पर इस बार नहीं।

रंजीत : क्या मतलब।

नीतिश : याद है मैंने कहा था कि इस बार लॉटरी का परिणाम आने दो।

सलोनी : तो।

नीतिश : यही एक तरीका है।

रंजीत : यही एक तरीका है? किस बात के लिए?

नीतिश : यही अवसर है सईद चाचा की मदद कर पाने का।

रंजीत : मैं कुछ समझा नहीं।

नीतिश : आपको चाचा की मदद करनी है न?

रंजीत : हर हालत में।

नीतिश : तो समझ लिजिए कि आपका मकसद पूरा हो गया।

दृश्य - 11

समय: दिन

दृश्य: बैंक का प्रांगन। नीतिश बैंक के भीतर प्रवेश करता है। बाहर आता है। रुपयों के साथ अपनी कार को स्टार्ट करता है।

रंजीत का घर (आंगन)

कार भीतर प्रवेश करती है। नीतिश कार से उतरकर घर से भीतर जाता है।

समय: वही

सईद का घर।

नीतिश अपने बाप के साथ (हाथ में बैग लिए दरवाजा खटखटाता है। फातिमा दरवाजा खोलती है।)

फातिमा : वाह! यह तो चौंका देने वाली बात है।

नीतिश : क्यों हम दोनों पहली बार...

फातिमा : पहली बार बहुत दिनों बाद तुम और चाचा जान हमारे घर एक साथ आए हो।

रंजीत : सईद तो घर पर है न।

फातिमा : कुछ ही देर पहले खेत से लौटे हैं। आइए ....

रंजीत : मैं कल ही शाम तुम्हारे यहां आने ही वाला था।
(घर के बाकी सदस्य सोफे पर आकर बैठते हैं।)

सईद : अरी फातिमा अपने चाचा जान के लिए गरम-गरम बैंगन के पकौड़े तो ले आओ जो तुम्हारी मां तल रही थी। खेत के आखिरी बैंगन थे सोचा पकोड़े बन जाए।

सईद : नीतिश की शादी की खुशखबरी सुनाओगे क्या?

नीतिश : इससे बड़ी खुशखबरी । चाचा, पापा और आप की इस बार की लॉटरी में दो लाख का इनाम मिला है।

सईद : क्या कहा?

रंजीत : जो तुमने सुना है।

सईद : अनहोनी?

रंजीत : अनहोनी को होनी में बदलने में देर जरूर होती है पर...

सईद : क्या कहा तुमने?

नीतिश : चाचा जी यह पापा से नहीं मैंने कहा था कि आप दोनों को लॉटरी के दो लाख रुपये का इनाम मिला है।

रुकसाना : यह सच है नीतिश।

नीतिश : यह रहा सबूत।

(बैग से पैसे निकाल कर सईद को थमाता है।)

नीतिश : आपके हिस्से का सौ हजार

(सभी अवाक रह जाते हैं।)

रंजीत : नीतिश। काम तो हमने बहुत बढ़िया किया पर झूठ बोलकर।

नीतिश : आप ही ने तो वह कहानी सुनाई थी। एक कसाई का बकरा रस्सी तोड़कर कसाईघर से भाग निकला था। कसाई उसके पीछे दौड़ पड़ा था। पेड़ के नीचे बैठे एक साधु ने बकरे को भी देखा और दूर से आते हुए कसाई को भी। माजरा समझकर साधु एक दूसरे पेड़ के नीचे जा बैठा। कसाई ने उससे पूछा कि क्या उसने इधर से एक बकरे को जाते हुए देखा। तो साधु ने कहा – जब से मैं इस पेड़ के नीचे बैठा हूं कोई बकरा इधर से नहीं गुजरा।

नीतिश : क्यों पापा क्या इस झूठ में सच्चाई से भी अधिक इनसानियत का भाव नहीं?

रंजीत : वह तो है पर...

नीतिश : इस छोटे से झूठ से हमने चाचा की खुद्दारी को तो बचाए रखा। यही एक तरीका था उनकी मदद कर पाने का।

•••

19

नमकीन शरबत

दृश्य - 1

दृश्यः एक आधुनिक कमरे का भीतर का दृश्य। मनीषा, विजया और शीला सोफे पर बैठे बातें करते हुए।

मनीषा : यह दुनिया दिन-ब-दिन नीरस होती चली आ रही है। वही फिल्म, वही धुन, वही गाने। और हम भी उस गोलाई के चक्कर काटते रहे हैं कुछ तो नया हो।

विजया : सही कह रही हो। बहुत दिनों से हमने कोई धमाकेदार घटना देखी ही नहीं।

मनीषा : मैं धमाकेदार घटना की बात नहीं कर रही।

विजया : तो फिर क्या करना है।

शीला : अपने कॉलेज में सबसे सुन्दर और भड़कीले लड़के की किडनैपिंग क्यों न करें।

मनीषा : तू लड़कों के भड़कीलेपन के अलावा और कुछ नहीं जानती क्या?

शीला : जानती हूं न।

मनीषा : क्या?

शीला : अरे पिछले हंगामें को भूल गई क्या।

विजया : ऐ तू चुप बैठी रह। हमें ही कुछ सोचने दे।

शीला : एक नई बात सूझी मुझे।

विजया : चाईनीज रेस्टरॉ में जाकर बिरयानी का आर्डर देने की बात?

शीला : नहीं। अपने सायंस के अध्यापक से सितार बजाने की मांग करें।

मनीषा : यानी कि छछूंदर के सिर पर चमेली का तेल। तुमसे तो हमेशा कहा गया है कि जब तुम चुप रहती हो तो अधिक अकलमंद लगती हो।

विजया : अरी मनीषा, तुम्हीं कुछ सनसनीखेज़ या नमक-मिर्च वाली बात सोचो।

शीला : क्यों न हम मुड़िया पहाड़ पर चढ़कर माइकेल जैक्सन का गाना गाएं।

विजया : अभी कुछ सैकंड पहले मनीषा से तुम्हारी लिए कुछ क्या कहा था?

शीला : क्या कहा था?

विजया : कहा था न कि चोंच बन्द किए रहो।

शीला : अरे हां एक आइडिया। रामनाम जपना पराया माल अपना।

मनीषा : अरे यह सिरफिरे, कंधे पर सिर के बदले कद्दू लिए रहने वाली तो काम की बात बता गई। रामनाम जप कर पराये माल को हासिल करने का तरीका सोचें।

विजया : यह तरीका बैठे-बैठे नहीं सोचा जा सकता क्यों न किसी मशहूर शख्शियत को बकरा बनाया जाए।

विजय खड़ी होकर चहलकदमी करने लगती है। फिर दोनों के पास आकर....

दृश्य - 2

गैलरी। चित्र प्रदर्शनी। दर्शकों के बीच मनोहर चित्रों का अवलोकन करता हुआ। साथ में उसका चित्रकार मित्र।

मनोहर : *(अपने चित्रकार मित्र से।)* शिवेन! मुझे तो यह पेंटिंग तुम्हारी अब तक की सबसे बेहतरीन लग रही है।

शिवेन : अपनी-अपनी नजर अपनी-अपनी पसन्द। मुझे तो यह अपनी पेंटिंग लगती ही नहीं।

दर्शक : मिस्टर मनोहर, इस तस्वीर का शीर्षक क्या रखा है आपने?

शिवेन : क्यों आपको भी यह तस्वीर भा गई क्या?

दर्शक : झकझोर जाने वाली तस्वीर है।

शिवेन : इसका टाइटल है 'दी टेरर ऑफ वार' युद्ध की विभीषिका। *(मनोहर आगे बढ़ जाता है।)*

दर्शक : यह बिकाऊ तो है ना?

शिवेन : यह सेल - एक्जिबिशन है।

दर्शक : इसकी कीमत ....

शिवेन : यह तो आप मेरी प्रोमोटर से पता लगाइए। वह सामने नीली साड़ी वाली के पास प्राइस लिस्ट है।

पत्रकार : शिवेनजी। यह आपका तीसरा प्रदर्शन है। आपको कला के प्रति जनता की प्रतिक्रिया कैसी लगी।

शिवेन : जनता की प्रतिक्रिया ही तो मेरी सबसे बड़ी प्रेरणा रही है।

पत्रकार : क्या एक कलाकार की प्रशंसा उसकी प्रसिद्धि उसके लिए काफी होती है।

शिवेन : कलाकार चाहे वह कवि, लेखक, संगीतकार, गायक कोई क्यों न हो वे सभी अपने समाज और अपने वातावरण को परिवेश से बाहर लाकर एक नए आयाम की दिशा दिखाते हैं।

पत्रकार : कला के नाम पर काफी धांधलियाँ भी तो होती रही है इसके बारे में क्या कहेंगे?

शिवेन : कला, संस्कृति और साहित्य के साथ बेईमानी करने वाले को मैं कलाकार नहीं मानता।

पत्रकार : विश्व के किस महान कलाकर से आप प्रभावित या प्रेरित हुए?

शिवेन : बहुतों से पर अधिकतर पॉल गोगें और पिकोसो से।

पत्रकार : किसी भारतीय कलाकर?

शिवेन : मकबूल फिदा हुसैन से।

पत्रकार : बहुत-बहुत शुक्रिया आपको।

दृश्य - 3

मनोहर एक दूसरे केन्वस के पास खड़ा होकर चित्र को निहारता है। अलग-अलग एंगल से। एक युवती (मनीषा) मनोहर की बगल में आकर खड़ी हो जाती है।

मनीषा : नमस्ते!

मनोहर : नमस्ते।

मनीषा : आप मिस्टर मनोहर हैं न?

मनोहर : आप मुझे जानती हैं?

मनीषा : आपको कौन नहीं जानता! मैं आपकी रचनाएँ पढ़ती रही हूँ। ग्रेट!

मनोहर : यह तस्वीर?

मनीषा : मैं आपकी पुस्तकों की बात कर रही हूँ। आपकी कलम का तो जवाब नहीं।

मनोहर : कम्प्यूटर के कीबोर्ड की तारीफ कीजिए।

मनीषा : अच्छा तो आप सीधे कम्प्यूटर पर ही .... समझी तभी तो आपकी रचनाएं इतनी आधुनिक होती हैं, पर आपके उपन्यासों के शीर्षक कवितामय लगते हैं।

मनोहर : जैसे कि...

मनीषा : जैसे 'समुद्र की दुल्हन', 'शबनम की बूंदे' और 'चांदनी की चादर'।

मनोहर : इसमें कौन सा उपन्यास आपको पसन्द आया?

मनीषा : समुद्र की दुल्हन।

मनोहर : मैं अपनी इस पाठक का नाम जानने की गुस्ताखी कर सकता हूँ क्या?

मनीषा : मनीषा।

मनोहर : यह तो बहुत बड़ा संयोग रहा।

मनीषा : समुद्र की दुल्हन की हीरोइन का भी यही नाम है। है ना?

मनोहर : मनीषा जी आपको इस नाम का अर्थ मालूम है?

मनीषा : इन्टलेक्ट।

मनोहर : इसका एक और अर्थ डीजायर यानी कि कामना।

मनीषा : आपसे मिलकर बेहद खुशी हुई। मैं जानती हूं कि आप मुझे मिस्टर कमलेश शिवेन की चित्र प्रदर्शनी में मिल जाएंगे तो मैं ऑटोग्राफ के लिए एक पुस्तक लिए आती। उम्मीद है कि मिलने का अवसर आईन्दा भी आएगा।

शिवेन दोनों के बीच आ खड़ा होता है।

शिवेन : लगता है कि इस नई छवि के सामने मेरे केन्वस कुछ उदास पड़ गए। क्यों आप भी किसी अखबार से आई हैं क्या?

मनीषा : अच्छा तो आप ही है हमारे द्वीप के प्रसिद्ध कलाकार कमलेश शिवेन। आपकी पहली प्रदर्शनी न देख पाने का मुझे आज भी अफसोस है। बात यह है कि उन दिनों मेरी मां बहुत बीमार थी। और हाँ मैं पत्रकार नहीं? आपकी कला की प्रशंसक हूँ। बहुत फैन हूँ मैं आपकी।

दर्शकों की प्रतिक्रियाएँ
उसी के बीच से होकर मनोहर एक दूसरी पेंटिंग के पास रुकता है।
मनीषा वहां भी आ जाती है।

मनीषा : मुझे भी पेंटिंग्स का बहुत शौक है। बचपन से ही चित्र बनाती रही हूँ। एक तरह से इसी हॉबी को मैं अपने जीवन का मकसद मानती हूं। रंगों, टुलाकिओं और फलकों से ही अपना कारीगर बनाना चाहती हूँ।

मनोहर : अच्छा यह तो बहुत अच्छी बात है।

मनीषा : अब तक तीस के करीब चित्र बना चुकी हूँ। लेकिन लगता है कि रंगों और लकीरों का सही समन्वय अभी बाकी है। मेरी वे पेटिंगस शिवेन जी के चित्रों कि तरह बोल नहीं पाती।

मनोहर : शिवेन के चित्र बोलते नहीं हैं मन को झंकृत कर अभिभूत कर जाते हैं।

मनीषा : आजकल आप क्या नया लिख रहे हैं?

मनोहर : एक चित्रकार को अपने नए उपन्यास बनाने का पात्र सोच रहा हूं।

मनीषा : शिवेन जी पर आधारित होगी यह पुस्तक?

मनोहर : आप जैसी नई कलाकार पर भी आधारित हो सकती है।

मनीषा : आप मेरा मजाक तो नहीं उड़ा रहे?

मनोहर : यह मजाक नहीं। मेरे तो कई पात्र इसी तरह अनायास ही भीड़ भाड़ में मुझे मिलते रहे हैं। वैसे भी मेरे उपन्यास समन्दर की दुल्हन भी तो एक दिन एकाएक मुझे समुद्र किनारे मिल गई थी।

एक दूसरी तस्वीर के पास दोनों रुकते हैं।

मनीषा : और आपने उस पर उपन्यास लिख डाला।

मनोहर : बस यही नहीं। उससे मिलता रहा दोस्ती की। उसके स्वभाव का अध्ययन करता रहा और....

मनीषा : इसका मतलब यह हुआ कि अगर हमारी दोस्ती हो जाती है तो एक दिन आप मेरे जीवन पर पुस्तक लिख पाएंगे।

मनोहर : हो सकता है।

अपने दर्शको से छूटकर शिवेन दोनों के पास आ जाता है। मनीषा को सम्बोधित करता है।

शिवेन : मैंने आपकी बात सुन ली।

मनीषा : कौन सी बात?

शिवेन - कि आप भी पेंटिंग करती हैं।

मनीषा : अभी तो सिर्फ हॉबी है। शायद आगे चलकर इसे और भी गम्भीरता के साथ आत्मसात कर पाऊं।

शिवेन : आप कभी मुझे तस्वीरें दिखाइए तो सही।

मनीषा : जरूर दिखाऊंगी और आपकी राय जानना चाहूंगी।

कुछ दर्शक शिवेन को घेर लेते हैं।
टी.वी. वाले उसके शॉट लेने लगते हैं।

दृश्य - 4

दूसरा दृश्य

गेलरी का कॉफी हाऊस।

मनोहर और मनीषा चाय पीते हुए।

मनोहर : आपकी आगे की क्या योजना है?

मनीषा : मैं फिर पैरिस जाना चाहती हूँ। अपने पेंटिंग के ज्ञान को विस्तार देने के लिए। पर पता नहीं ऐसा कर पाऊंगी या नहीं।

मनोहर : क्यों? कोई अड़चन?

मनीषा : एक बार देख आई हूं। पैरिस बहुत ही महंगा शहर है।

मनोहर : लेकिन है कला का संगम स्थल।

मनीषा : आपका यह कलाकार दोस्त बड़ा ही अजीब आदमी है। हमारी मुलाकात का आधा घंटा भी नहीं हुआ था कि बड़ी ही बदतमीजी के साथ पूछ बैठा कि मेरी शादी हुई है या नहीं।

मनोहर : शिवेन ने ऐसा पूछा। आपने क्या जवाब दिया?

मनीषा : मैं तो कह गई कि भैया जी मेरा इरादा शादी करने का नहीं है।

मनोहर : इसका मतलब हुआ आप शादीशुदा नहीं है। पर यह बात शिवेन को नहीं बताना चाहिए था।

मनीषा : क्यों?

मनोहर : क्योंकि आपको अविवाहित जानकर वह आपके पीछे हाथ धोकर पड़ जाएगा। यह मेरा दोस्त बड़ा ही रंगीला है। आपसे आपका फोन नम्बर भी मांगने से नहीं चुका होगा।

मनीषा : यही नहीं। एक ही सांस में यह भी पूछ लिया कि क्या मैं उसकी मॉडल बनना चाहूंगी।

मनोहर : आपने जवाब क्या दिया?

मनीषा : बिन जवाब दिए मैं वहां से निकल गई।

दृश्य - 5

दृश्यः सड़क

मनोहर कार चला रहा है। बगल में विजया बैठी बातें कर रही है।

मनोहर : मुझे यह जानकर बहुत खुशी हुई कि आप मनीषा की सहेली हैं।

विजया : मैं भी मनीषा की तरह आपसे मिलने को बेताब रहती थी।

मनोहर : आप फोन पर कुछ कहते-कहते चुप हो गयी थीं।

विजया : छोड़िए उस बात को।

मनोहर : आप अभी भी परेशान दिख रही हैं। फोन पर किसी के बार-बार कराहने की आवाज आ रही थी।

विजया : बस इसी बात से परेशान हूं। समझ में नहीं आ रहा है कि क्या करूँ। आपने मनीषा के बाप को कहराते हुए सुना था।

मनोहर : बहुत ज्यादा बीमार हैं क्या?

विजया : उसके बाप से भी ज्यादा बीमार है उसकी माँ। माँ की तो आँखों का ऑपरेशन करवाना है। लेकिन....।

मनोहर : लेकिन क्या?

विजया : खैर छोड़िए।

मनोहर : लगता है पैसे का अभाव...

विजया : कहा न छोड़िए इस बात को। आप अपनी नई पुस्तक के बारे में कुछ बताइए।

मनोहर : पहले आपको अपनी परेशानी की वजह बतानी होगी।

विजया : बस समस्या यह है कि मनीषा के पापा अपना इलाज न करवा के उसकी मां के इलाज की बात करते हैं और उसकी मां चाहती है कि पहले उसके पापा का इलाज हो।

मनोहर : एक ही साथ दोनों का इलाज करने में क्या आपत्ति है?

विजया : उसके पापा की पेंशन मनीषा के परिवार की जीविका के लिए पर्याप्त है लेकिन इलाज...

मनोहर : विजया, मनीषा ने तो आपको बताया ही होगा कि हम दोनों अच्छे दोस्त बन गए हैं।

विजया : यह तो मेरी खुशनसीबी है।

मनोहर : दोस्त अगर दोस्त के काम न आ सके तो फिर दोस्ती कैसी?

विजया : कितने नेक ख्याल हैं आपके।

मनोहर : आप मनीषा से कह दें कि वह निश्चिंत रहे। उसकी माँ और बाप दोनों के ऑपरेशन के पैसे की व्यवस्था हो जाएगी।

विजया : आपको तो पता लग ही गया होगा कि मनीषा कितनी स्वाभिमानी है। वह किसी पराए व्यक्ति से रुपये लेने को तैयार नहीं होगी।

मनोहर : आप निश्चिंत रहे। तरीका मुझे आता है। आप उससे बस इतना कह दीजिए कि कल सुबह दस बजे वह मुझसे कोदाँ की पुस्तकों की दुकान के सामने मिले। अब आप से एक बात पूछूँ?

विजया : एक क्या आप दर्जनों बातें पूछ लें।

मनोहर : आप सीक्रेट को यानी कि रहस्य को आप रहस्य ही रहने दे पाएंगी।

विजया : क्यों नहीं।

मनोहर : तो फिर मैं आपको वह तरीका बता देता हूं पर आप इसे मनीषा के सामने जाहिर न करे।

विजया : कसम से यह बात मैं किसी भी हालत में मनीषा के सामने जाहिर होने नहीं दूंगी।

मनोहर : तरीका यह है कि मैं बीस हजार रुपये अपनी एक पुस्तक के बीच में रखकर उसे लिफाफे में बन्द कर दूंगा। और यही कह कर उसके हाथ में रखूँगा कि मैं उसे अपनी नई किताब भेंट कर रहा हूं। और कहूंगा कि लिफाफे को घर पर ही खोले।

विजया : वाह! आपका भी जवाब नहीं।

दृश्य - 6

दृश्य: मनोहर अपने घर के बाहर निकलकर कार खोल ड्राइवर की सीट पर बैठता है कि तभी फोन बज उठता है। वह जेब से मोबाइल बाहर करके पहले नम्बर देखता है फिर बात करता है।

मनोहर : हैलो शिवेन। देखो मैं जल्दी में हूँ। बोलो कहाँ से बोल रहे हो।

(**दृश्य:** शिवेन का घर। वह अपने घर के फोन पर।)

शिवेन : मैं घर से बोल रहा हूं। क्यों कहां जाने की इतनी जल्दी है?

मनोहर : सवाल बन्द करो बताओ बात क्या है?

शिवेन : बात यह है यार कि मेरी ग्यारह पेंटींग्स बिक गई।

मनोहर : मैं अखबार पढ़ता हूं, रेडियो सुनता हूं, टी.वी. देखता हूं। नई बात क्या हुई है यह बताओ। कहीं मकबुल फिदा हुसैन से मिलने हिन्दुस्तान तो नहीं जा रहे?

शिवेन : मनोहर तुम गलत समय पर ह्यूमर की बात कर जाते हो। मैं तुम्हें एक बहुत ही गम्भीर और नेक खबर सुनाने जा रहा हूं।

मनोहर : आज या अगले साल।

शिवेन : साले सुनो भी तो सही। कल शाम मैंने एक बहुत ही नेक काम किया है। एक जरूरत मंद व्यक्ति की मदद की है।

मनोहर : यह तो आदमी द्वारा कुत्ते को काटने की बात हो गई। अच्छा बता कि कौन है वह किस्मतवाला जिसे तुम जैसे कंजूस की मदद मिल पाई।

शिवेन : शाम को तुम्हारे घर आ रहा हूं। वहीं बताऊंगा।

दृश्य - 7

दृश्य: मनीषा का घर। साथ मे विजया और शीला। तीनों चाय पी रहे हैं।

मनीषा : देखा न इसे कहते है किलिंग टू वर्ड्स विज वान स्टोन।

शीला : इसे कहते हैं एक पंथ दो काज।

विजया : मगर मुझे ऐसा करके दुख हो रहा है।

मनीषा : दुख क्यों?

विजया : धोखेबाजी की हमने। पैसे हड़पना ऐंठना जुर्म होता है।

मनीषा : यार इसे बुद्धि की करामात कहते हैं।

शीला : इसे तो दिमाग का खेल कहते हैं। किसी को बेवकूफ बनाना सभी के बस की बात नहीं। अरे हमने तो अपनी होशियारी को बुलन्द किया।

मनीषा : कभी-कभी तो तुम अच्छी बात कह ही जाती हो शीला जी खोखली दिमागवाली। हमने कंजूसों को बेवकूफ बनाया। अब तक तो रकम दो अनाथलयों में पहुंच भी गई होगी।

विजया : और मामला पुलिस तक गया तो?

मनीषा : कानून को सबूत की जरूरत होती है। हमने जिन्हें हड़पा है उनके पास सुई बराबर का भी सबूत नही है।

शीला हाथ आगे बढ़ाती है। तीनों के हाथ आगे मिलते हैं।

शीला : रोबिन हुड।

विजया : त्री मुस्कीर्टिज

मनीषा : रहमदिल डाकू।

दृश्य - 8

मनोहर का घर। अटालिका पर शिवेन के साथ चाय पीते हुए।

मनोहर : मेरा तो दस हजार गया।

शिवेन : चलो जीवन में एक बार तो तुम से आगे रहा।

मनोहर : कैसे?

शिवेन : तुमसे दोगुना अधिक गंवां कर। आर्सेन लीपें और बहराम डाकू की इन दो औलादों के खिलाफ हम कानूनी कार्य भी तो नहीं कर सकते।

मनोहर : कोई गवाह नहीं।

शिवेन : कोई सबूत नहीं।

●●●

20

रोशनी के साये

दृश्य - 1

दृश्यः शाम (सूर्यास्त का दृश्य)

समयः शॉ दे मार्स का सुनसान इलाका। रंभा बेचैनी से इन्तजार करती हुई चहलकदमी।

रम्भा : (अपने आप) छह बजे की बात हुई थी। साढ़े छह बज रहा है। दोनों में से कम से कम एक को तो आना ही चाहिए था। इस रंभा के कारण इस एकांत जगह पर इन्तजार करना पड़ रहा है। *(सोफिया पीछे से आकर उसके कमर में गुदगुदी करती है। रम्भा चिहुक उठती है।)*

सोफिया : सॉरी यार। अपने भाई को अपनी नाइट ड्यूटी पर निकलने से पहले मेरा घर छोड़ना मुश्किल था। बिंद्रा अभी तक नहीं पहुंची?

ब्रिंदा : (पीछे से) मैं पहुंच गयी।

रम्भा : आधे घंटे देर से पहुंची।

ब्रिंदा : अरी राजकुमारी अभी तो तुम्हारा राजकुमार पहुंचा ही नहीं।

सोफिया : क्या बोल कर घरवालों से इजाजत पा सकी। इस बार भी मेरी सालगिरह का बहाना...

ब्रिंदा : मेरी मां की चलती तो घर से बाहर एक कदम भी नहीं निकाल सकती थी।

रम्भा : तुम्हारे यहां तुम्हारे बाप का हुक्म चलता है पर मेरे यहां तो घूम फिरकर मां को ही फुसलाना पड़ता है। आज तो वह भी रोक रही थी।

सोफिया : कौन सा बहाना किया तुमने?

रम्भा : कह दिया कि बिंद्रा के घर पर पूजा है।

ब्रिंदा : अरे सीधे कह देती कि....

रम्भा : मैं अपनी दो सहेलियों के साथ डिस्को में नाचने जा रही हूं।

ब्रिंदा : और अपनी मां से कहती तुम भी चलो न मां।
(जोरों की हंसी) एक कार सामने आकर रुकती है।

विशाल : *(कार के भीतर से)* आईम सॉरी ... थोड़ी देर हो गई।

रम्भा : आधे घंटे से ज्यादा देरी को तुम थोड़ी देर कह रहे हो।

विशाल : अब बहस करती रहोगी या कार के भीतर आओगी।

सोफिया : ये चालाक चार्ली कहां से उठा लाए?

विशाल : तुम अपनी मर्सीडीज क्यों नहीं लायी।

सोफिया : होती तो ले आने से नहीं चुकती।
(तीनो कार के भीतर जाती है। कार चल पड़ती है।)

दृश्य - 2

दृश्य : ब्रिंदा का घर।

समय : रात। उसके मां-बाप चिंतित।

मां : *(दीवार घड़ी की ओर देखकर)* ग्यारह बजने को है तुम्हारी लाडली अभी तक घर नहीं लौटी।

बाप : अरी बच्ची नहीं है। अट्ठारह पार कर चुकी है। अपनी सहेलियों के बीच भी तो उसे कुछ समय बिताना चाहिए।

मां : आप ने ही लाड़ प्यार से उसे सिर पर चढ़ा रखा है।

बाप : एक ही तो बेटी है। बाप के राज में मौज-मस्ती...

मां : मौज-मस्ती?

बाप : क्यों लड़कियों को मौज मस्ती का हक नहीं बनता क्या?

मां : अभी घण्टे भर पहले आपने टी.वी. पर खबरें देखी सुनी या नहीं?

बाप : ऐसी घटनाएं तो होती रहती हैं...

मां : सप्ताह भर के भीतर तीन नौजवान लड़कियों ने खुदखुशी की है।

बाप : प्यार-व्यार का चक्कर होगा और क्या?

मां : और अगर यही चक्कर बिंद्रा का भी चल रहा होगा तो.?

बाप : मेरी बेटी को ऐसी वैसी लड़की मत समझो।

मां : लगता है आप खबरें ध्यान से नहीं सुनते।

बाप : क्यों?

मां : क्योंकि आपने आत्महत्या करने वाली तीसरी लड़की की मां जो कह गई उसे आपने सुना ही नहीं।

बाप : क्या कह गई।

मां : कि इधर कुछ दिनों से उसकी लड़की रात देर से घर आया करती थी।

बाप : तो इससे क्या समझा जाए।
मां : उस लड़की ने उत्तरप्रांत के एक होटल में आत्महत्या की थी।
बाप : तुम ऐरे गैर लोगों की बातें बन्द करो और बिंद्रा के मोबाइल का नंबर मिलाओ।
मां : दस बार से अधिक मिला चुकी हूं।
बाप : उसकी बैट्री डाऊन हो गई होगी।
मां : पहली बार फोन बजा था... और जोरदार गाने की आवाज आ रही थी... फिर लाइन कट गई थी।
बाप : वही बैट्री वाली गड़बड़ी हुई होगी। और फिर जन्मदिन की पार्टी में गाने बजाने नहीं होंगे तो क्या मातम पूर्सी होगी।

दृश्य - 3

दृश्य: डिस्को
समय: आधी रात
तीनों लड़कियां अपने पार्टनर के साथ नाचती झूमती हुई।
विशाल के मित्रों का एक दूसरी टोली के साथ तकरार और हाथापाई।

दृश्य - 4

समय: दिन
दृश्य : प्राकृतिक सुषमा। पिकनिक का माहौल, तीनों लड़कियां और लड़के खाने-पीने में मस्त।
सोफिया : पिछले सप्ताह डिस्को में जिन लड़कों के साथ हमारी गरमा गरम तकरार हुई थी उनमें से एक को तो आज मैंने देखा था।
आंद्रे : कहां पर।
सोफिया : मेरे घर के आसपास।
ब्रिंदा : उसने तुम्हें कुछ कहा।
सोफिया : नहीं। पर अजीब नजर से मुझे घूर रहा था।
प्रमोद : पिकनिक पर आए हैं। इन फालतू बातों के चक्कर में क्यों पड़ें।
(अपने ग्लास को बाकी लोगों के ग्लास से टकराते हुए)
प्रमोद : मैं तो कहता हूं बचपन खेलने-कूदने के लिए होता है। बुढ़ापा दुख दर्दों को झेलने के लिए। बस एक ही उम्र रह जाती है मौज मजे की वह है जवानी। तो फिर जवानी के नाम पर।
सभी : जवानी जिन्दाबाद।
(एक कार आकर इनकी कार के आगे रुकती है। 5 जवान लड़के उससे उतर कर सामने आ जाते हैं। विशाल अपने ग्लास के साथ खड़ा होता है।)

ग्रूपलीडर : *(अंगुली दिखाते हुए)* साले। तो तुम्हीं ने उस रात कहा था कि जब चाहे आमने-सामने हो जाएं। लो हम तुम्हारी ख्वाहिश पूरा करने आ गए।

(प्रमोद तीनों लड़कियों को इशारे से पीछे हट जाने को कहता है।)

ग्रूपलीडर : उस रात तो बहुत ज्यादा बोल रहे थे, आज खामोश क्यों हो।

आंद्रे : देखो उस रात तुम लोग भी नशे में थे हम भी। पर आज हम अपने पूरे होस हवास में हैं। प्लीज कूल डाऊन।

ग्रूपलीडर : यू शट-अप। साले। इतना भी नहीं जानते कि डिस्को में कोई किसी की सोल प्रोपर्टी नहीं होती। दोस्ताने तरीके से हम एक दूसरे के साथ नाच गा सकते हैं।

विशाल : आखिर कहना क्या चाहते हो।

ग्रूपलीडर : मैं तुमसे नहीं इससे बात कर रहा हूं। तो पा कोने कॉ दे सार्चिये कोजे बेफ मॉज सो ला लेव।

विशाल : तो प्रॉ म्वा पू बेफ। साले कुत्ते। तुम पांच के लिए हम तीन ही काफी हैं।

(दोनो पक्षों की जबरदस्त मुठभेड़। बिखरने से पहले ग्रूपलीडर विशाल तक पहुंचकर)

ग्रूपलीडर : यह जान लो कि ब्रिंदा तीन साल से अधिक समय से मेरी माशुका रही है। *(ब्रिंदा के पास जाकर)* यब बीछ। *(अंगुली दिखाकर चला जाता है।)*

दृश्य - 5

समयः शाम

दृश्य : ब्रिंदा का घर। ब्रिंदा का मोबाइल बजता है।

ब्रिंदा : हैलो... प्रमोद... कैसे हो... तुम्हारे माथे की चोट....

प्रमोद : गहरी चोट नहीं है तुम फिकर मत करो.... तुम जानती हो न रविवार....

ब्रिंदा : मैं जानती हूं रविवार को तुम्हारा जन्मदिन है....

प्रमोद : हमारे दोस्त यही चाह रहे हैं कि हम इस खुशी को डिस्को में मनाए।

ब्रिंदा : मैं आईन्दा उस डिस्को....

प्रमोद : ओ डार्लिंग इस द्वीप में क्या एक ही डिस्को है। हम उससे बेहतर जगह में यह खुशी मनाना चाहते हैं।

ब्रिंदा : मेरे मां-बाप मुझे शाम छह के बाद घर से निकलने नहीं देंगे।

प्रमोद : तुम बेफिकर रहो। रम्भा खुद तुम्हें लेने तुम्हारे घर पहुंचेगी। तुम पहले से तैयार रहना।

ब्रिंदा : मगर ... विशाल तो .... उसकी चोट तो गहरी ....

दृश्य - 6

समयः रात

दृश्यः ब्रिंदा के बाप का कमरा। अपनी पत्नी के साथ बातें करते हुए।

बाप : देखो। हमारी बेटी रम्भा के साथ गई है। रम्भा तो बहुत बड़े परिवार की लड़की है। अगर उसके घर का कोई जलसा हो रहा है तो हमारे ब्रिंदा का उसमें भाग लेना हमारे फख़ की बात है।

मां : आज अखबारों में एक और लड़की की आत्महत्या की खबर छपी है। तीन दिन पहले उसे किसी डिस्को में देखा गया था। कल सुबह उसकी लाश समुन्दर किनारे मिली।

बाप : तुम कभी तो अच्छी खबरों की बात किया करो। क्या हमारे अखबारों में अब अच्छी खबरें छपने बन्द हो गई है क्या?

मां : आप तो तीन-तीन अखबार लेते हैं। सभी के प्रथम पन्ने की खबरें तो देखो- चोरी, मारपीट, डकैती, हत्या, होल्डअप, सड़क, दुर्घटना, बलात्कार, गांजे, अफीम....

बाप : बस करो। अपनी बेटी को फोन करो।

मां : चार बार कर चुकी कोई जवाब नहीं ।

दृश्य - 7

समयः रात

दृश्यः डिस्को।

एक मिनट के डिस्को में नाच की झलकियां।

दृश्य - 8

समयः सुबह

दृश्यः ब्रिंदा के घर का आंगन। सी.आई.डी. की कार का आंगन में प्रवेश। दो सी.आई.डी. अफसर और एक लेडी का कार से उतरना। दरवाजा खटखटाना। बाप का सामने आकर दरवाजा खोलना।

सी.आई.-आंद्रेः हम सी.आई.डी विभाग के अफसर हैं। भीतर आ सकते हैं।

बाप : आइए इन्सपेक्टर। *(तीनों अफसर घर के भीतर जाते हैं।)* बैठिए।

सी.आई.-आंद्रे: हमें आपकी खोई हुई बेटी के बारे में कुछ अधिक जानकारी चाहिए। *(मां की ओर संकेत करके)* आपकी पत्नी।

बाप : जी हां।

सी.आई. आंद्रे: पुलिस स्टेशन में आपने दो रपट लिखवाई है उससे पता चलता है कि आपकी बेटी पिछले रविवार से घर नहीं लौटी।

बाप : हां आज पांचवा दिन है।

सी.आई. आंद्रे: कितने बजे वह घर से निकली थी।

मां : साढ़े छह बजे।

सी.आई. आंद्रे: क्या बोल कर गई थी।

मां : यही कि अपनी एक सहेली की सालगिरह में जा रही हूं।

लेडी : वह हमेशा इस तरह रात में ....

मां : हर शनिवार या कभी. रविवार को।

लेडी : क्या कह कर जाती थी।

मां : उसकी सहेली के यहां ....

लेडी : आप सभी को जानती हैं।

मां : सभी को तो नहीं पर उनमें से दो हमारे यहां आती-जाती रहती हैं।

लेडी : आपने उनसे कुछ जानने की कोशिश की

बाप : हां वे तो बताती रही कि पिछले रविवार को वह उनके साथ नहीं थी।

सी.आई.-आंद्रे: आप हमें इन दोनों के पते दे सकते हैं। *(बिना कुछ कहे. बाप सी.आई.डी. को कागज का एक टुकड़ा थमाता है।)* आपकी बेटी डिस्को या केजिनों...

बाप : मेरी बेटी डिस्को या कैजिनो क्यों जाने लगी।

सी.आई.आंद्रे: कृप्या आप मेरे सवालों का जवाब दीजिए।

बाप : जाती तो मुझे जरूर बताती। पर यह सवाल क्यों?

सी.आई. आंद्रे: क्योंकि इन दिनों लापता होनेवाले कई लोगों की हत्या और खुदखुशी के मामले पुलिस के सामने आई हैं जो नाचने और गाने के आदि थे।

दृश्य - 9

सी.आई.डी. ऑफिस

समयः दिन

दृश्यः इंस्पैक्टर लेडी सी.आई. से फाइल लेकर देखता है। तीसरा अफसर रम्भा और साफिया के साथ भीतर आता है।

लेडी : बैठिए। *(दोनों कुर्सियों पर बैठते हैं। इंस्पैक्टर फाइल को मेज पर रखकर दोनों को गौर से देखने के बाद)*

इंस्पैक्टर : तुम दोनों के बयान एक दूसरे से मेल नहीं खा रहे। इसका मतलब तुम दोनों समझती हो?

लेडी : इंस्पैक्टर ने आप दोनों से सवाल किया है अब जवाब दो।

सोफ़िया : मैंने जो कुछ कहा है एकदम सही।

लेडी : तो फिर रम्भा तुमने जो बयान दिया है वह गलत है। है न।

रम्भा : मैं... मैं ने गलत नहीं कहा है।

इंस्पैक्टर : तो फिर सोफिया तुम्हारा बयान गलत है?

सोफिया : मेरा बयान सही है और रम्भा का भी।

लेडी : यह कैसे हो सकता है?

सोफिया : रम्भा का घर पहले आता है इसलिए वह पहले ही कार से उतर गयी थी।

इंस्पैक्टर : इसका मतलब यह हुआ कि डिस्को से निकल कर तुम तीनों लड़कियां विशाल की कार में बैठकर घर के लिए रवाना हुए थे। बीच में रम्भा को उसके घर छोड़कर तुम और ब्रिंदा विशाल के साथ गई थी। तुम्हारे घर से पहले ब्रिंदा का घर आता है।

सोफिया : जी हां

इंस्पैक्टर : यानी कि ब्रिंदा अपने घर न उतरकर तुम्हारे घर तक कार में ही थी। और तुम्हारे उतर जाने के बाद?

सोफिया : एक बात से मैं हैरान रह गई थी।

इंस्पैक्टर : क्या बात हुई थी।

सोफिया : मैंने विशाल को ब्रिंदा से कहते हुए सुना....

इंस्पैक्टर : क्या?

सोफिया : आज मैं तुमसे पूरी सच्चाई सुनकर रहूंगा।

इंस्पैक्टर : तीनों लड़कों का बयान ले चुके?

लेडी : सिर्फ दो के बयान हम ले पाए....

इंस्पैक्टर : तीसरे का क्यों नहीं ले सके?

लेडी : कहीं छिपा हुआ है। हमारे आदमी उसे ढूंढ़ने में लगे हुए हैं।

दृश्य - 10

समयः दिन

दृश्यः एयर पोर्ट। लेडी सी.आई.डी. फोन पर उसके साथ दो सहकर्मी।

लेडी : सर हम लोगों ने एकदम वही किया जो आपका आदेश था। चेक इन काउंटर पर भी हमारे आदमी तैनात हैं।

इंस्पैक्टर : मैं पहुंच ही रहा हूं। हमारी एक कार उसकी कार फोलो कर रही है। कार से उसके उतरते ही उसे हिरासत में लेना है।

लेडी : यस चीफ। वैसा ही होगा।

दृश्य - 11

समयः शाम

विशाल एक कार से उतरता है। दो सी.आई.डी. उसे दो तरफ से दबोच लेते हैं। सामने से आती हुई लेडी सी.आई.डी. बोलती है।

लेडी : आप लोग इन्हें क्यों दबोचे हुए हैं। रीलिज हीम।

सी.आई.डी. : लेकिन....

लेडी - इसी रंग की दूसरी कार आ रही है। उस पर नजर रखो। *(विशाल से)* सॉरी सर... हमारा शिकार बस पहुंचने ही वाला है। *(इंस्पैक्टर अपनी कार से उतरता है। उसके पीछे की कार से ग्रुपलीडर उतरता है। इतने में उसके पीछे आने वाली कार से सी.आई.डी. झपटकर आते हैं और ग्रूपलीडर को दबोच लेता है।)*

इन्सपैक्टर : मिस ब्रिंदा की हत्या के आरोप में पुलिस तुम्हें हिरासत में ले रही है।

विशाल : साले हत्यारे....

(वह उस पर झपटता है तभी इंस्पैक्टर उसे रोक लेता है।)

''सप्ताह भर में लापता ब्रिंदा के हत्यारे को आज शाम SSR Airport पर गिरफ्तार किया गया। इस महीने की यह चौथी लड़की की हत्या है। इससे पहले के खूनी अभी भी पुलिस के हाथ नहीं आ पाए। पर पुलिस को पूरी उम्मीद है कि वह उन्हें ढूंढ़ निकालेगी।''

•••

21

बख़्शीश

दृश्य - 1

होटल का दृश्य

होटल से बाहर निकलता हुआ महेश्वर वह अपनी दोनों मुट्ठी को आगे करता है। उसमें उसकी महीने भर की तंख्वाह। समुंदर की लहरों को पैरों से स्पर्श करता हुआ आगे बढ़ता है। वह ठिठक दो सैलानियों को सामने से गुजरते हुए देखता है। दोनों सैलानी उसके सामने रुक जाते हैं। महिला अपना बटुवा खोलकर डॉलर जैसे दो नोट बाहर करती है। महेश को थमाती है। महेश की बांयी मुट्ठी अपने आप खुल जाती है। डॉलर थमा कर दोनों सैलानी आगे बढ़ जाते हैं।

महेश और गीता

महेश : गीता, आज मुझे अपनी पहली तनख्वाह मिली है। यह तो मेरे लिए खुशी की बात है। लेकिन वीणा मुझसे दूर-दूर रहती है इसमें मैं बहुत दुखी हूं।

गीता : महेश। तुम कभी बहुत अधिक भावुक हो जाते हो।

महेश : गुड मॉरनिंग मादाम।

सैलानी : गुड मॉरनिंग महेश। (महिला) महेश येस्ट डे वी डीड नट हाव चैंज। नाव वी हाव इट।

महेश : *(अपनी तनख्वाह वाली मुट्ठी को बन्द कर लेता है।)* थैंक यू मादाम। मुझे बख्शीश नहीं चाहिए। अपन लोगों की सेवा तो मेरा फर्ज है।

मादाम : नो यू हाव टू आकसेप्ट इट। इट जी ट्राडिसन। कल मिलेंगे।

महेश : स्यूर मादाम। पांच डालर। गीता, यह मुफ्त का पैसा मुझे कांटे की तरह चुभ रहा है।

गीता : यह मुफ्त का पैसा नहीं, टिप्स है, बख्शीश।

महेश : कुछ भी हो पर है तो मुफ्त का ही।

(महेश अपनी मुट्ठी को फिर से खोलता है। दोनों मुट्ठियों को बारी-बारी से देखकर।)

महेश : एक में मेरी मेहनत की कमाई। मेरे अपने देश के रुपये। इसमें मेरे पसीने की सौंधी गंध है। इस दूसरी मुट्ठी में विदेशी मुद्रा। इस मुद्रा की कीमत मेरे देश में हमारी अपनी मुद्रा से अधिक होती है। विदेशी मुद्राओं के सामने गोया कि राजा भोज और गंगू तेली।

बगल से आकर साथी गुजरता है।

विनय : क्यों यार दोनों हाथों लड्डू।

महेश : *(अपने आप से)* एक में कमाई, दूसरे में बख्शीश। और मैं तराजू बना तौल रहा हूं रुपयों और डॉलरों में वजन।

विनय : पैसा तो पैसा ही होता है। रुपये हों या डॉलर। अरे हां, तुमने वीणा को सैलानियों के साथ जाते देखा क्या?

विनय : खैर। मिले तो कह देना मैं शाम को उसके घर पर पहुंच रहा हूं।

दृश्य - 2

समुद्र में सैलानियों के तैरने का दृश्य।

सर्फिंग। महेश चट्टान पर खड़ा ख्यालों में डूबा हुआ। एक नाव करीब आती है। उसमें से पहले वीणा उतरती है, फिर कुछ सैलानी। सारे सैलानियों से रुख़सत पाकर महेश के पास आ खड़ी होती हैं। महेश्वर मुंह फेर लेता है।

वीणा : महेश। लगता है आज भी तुम्हें मेरा यह टूरिस्ट गाइड का काम पसन्द नहीं।

महेश : मुझे तुम्हारा यह काम नहीं बल्कि तुम्हारा मुझसे दूर रहना गवारा नहीं।

वीणा : नौकरी की मजबूरी और क्या!

महेश : एक मैं हूं कि इस समुद्र तट पर तुम्हारा इन्तजार करता रहता हूं।

वीणा : आज भी नौकरी की तलाश में निकले हो?

महेश : कुछ बात कर पाई मैनेजर से मेरे लिए या कि....

वीणा : इसी होटल में मैनेजर से तुम्हारे लिए नौकरी का वायदा पा चुकी हूंए वैटर की नौकरी है कर पाओगे?

महेश : मरता क्या नहीं करता। पर तुमने तो रेस्टरॉं की बात की थी।

वीणा : वहां बात नहीं बन पाई। रेस्टरॉं वाली नौकरी मिल जाती तो तनख्वाह से अधिक तुम्हें टिप्स में यानी बख़्शीश में मिल पाते।

महेश : बख़्शीश का मतलब ग्राहकों की मेहरबानी के पैसे।

वीणा : यानी कि पाउंड, डॉलर और फ्रां ....

दृश्य परिवर्तन

फ्लैश बैक से हटाकर दृश्य।

महेश फिर से मुट्ठियों को तौलता हुआ नजर आता है।

महेश : क्या ये विदेशी रकम मुझे हजम हो पाएगी? *(उन बच्चों को आवाज देते हुए)* ठहरो सुनो तो मैं तुम दोनों को कुछ देना चाहता हूं।

बच्ची : *(ठिठकर)* मेरी मां कहती है मुफ्त में कुछ भी लेना नहीं चाहिए। किसी अनजान से तो बिल्कुल नहीं।

महेश : हम अनजान कैसे हुए? एक गांव में रहते हैं।

बच्ची : आप मेरा नाम जानते हैं?

महेश : बता दोगी तो जान जाऊंगा।

बच्ची : अनजान आदमी को मैं अपना नाम क्यों बताने लगी।

महेश : *(दूसरी को देता है)* मैं तो खुशी-खुशी तुमको ये पैसे देना चाहता हूं।

बच्ची : मैं नहीं लूंगीं मेरी मां कहती है मुफ्त में मिले पैसों की कोई कीमत नहीं होती।

महेश : ये बच्चे क्या कह गए।

महेश होटल से निकलकर अपनी मोटरसाइकिल स्टार्ट करता है कि तभी तट पर दौड़ता हुआ विनय उसे आवाज देता है।

विनय : महेश। ठहरो तो सही।

महेश : मैं जल्दी में हूं।

विनय : ऐसी भी क्या जल्दी हो सकती है। *(पास आ जाने पर)* तुमने वीणा को देखा?

महेश : तू मुझे वीणा का बॉडी गार्ड मानता है क्या?

विनय : देखो वह मिले तो उसे यह किताब दे देना।

महेश : मैं तुम्हारा पोस्टमेन हूं क्या?

विनय : मेरे सबसे अच्छे दोस्त हो यार। चाहे कम समय में ही क्यों न हुए।

महेश : मुंह में राम बगल में छुरी....

विनय : क्या कहा? खैर.... यह लो.....

महेश : तुम खुद क्यों नहीं देते?

विनय : क्योंकि मुझे एक जरूरी काम से शहर जाना है। वीणा इस पुस्तक को कई दिनों से ढूंढ़ रही है।

महेश : *(पुस्तक का शीर्षक देखकर)* देवदास पुरानी पुस्तक?

विनय : यार अच्छी पुस्तकें कभी पुरानी नहीं होती।

महेश : रिश्वत है या बख़्शीश।

विनय : ना रिश्वत ना बख़्शीश। प्यार भरी भेंट।

पुस्तक थमा कर विनय फिर से बालू पर दौड़ पड़ता है।

महेश : *(अपने आप से)* मेरा बस महीने भर का दोस्त मेरा राईवल कैसे बन गया? मेरी मेहबूबा को बख्शीश में पाना चाहता है।

दृश्य - 3

समयः शाम

महेश का घर। आंगन में ही मां उसे फूलों को पानी देते हुए मिल जाती है। मां के हाथ से फव्वारे को लेकर।

महेश : मां मैंने तुम्हें कहा कि फूलों को पानी देना तुम्हारा काम नहीं। तुम अपनी गाय, बकरियों को बस पानी पिलाती रहो।

मां : फूलों को पानी देना तुम्हारी जिम्मेदारी तब थी जब तुम घर पर रहा करते थे। अब तो तुम काम पर लग गए हो। "त बेटा अब चाहेला अपन काम से मतलब रखे के। कोई चूक ने होने पाएं।"

महेश : आज मैं अपनी पहली कमाई के साथ घर पहुंचा हूं।

मां : तुम्हारा बाप आज जीवित होता तो कितना खुश होता। मैं तो तुम्हें हमेशा कोसा करती थीं। जांगर चोर आलसी कहती थी तुम्हें।

महेश अपनी जेब से रुपयों का बंडल लेकर मां को थमाता है । उसके पांव छूता है। मां की आंखों से आंसू बह उठते हैं। उन्हें जल्दी से पोंछकर बेटे को गले लगाती है। कुछ बोल नहीं पाती।

महेश : मां ये रतन और मीनू कहां है?

मां : लो अब तो तुम्हें भी मालूम नहीं कि दोनों स्कूल के बाद शाम को बैठका में हिन्दी पढ़ने जाते हैं।

महेश : अरे हां। मैंने ही तो उन्हें बैठक जाने का सुझाव दिया था। मीनू तो तुरन्त तैयार हो गई थी पर रतन बैठक जाने को तैयार नहीं था। *(महेश अपनी जेब से बख़्शीश के रुपयों को निकालकर मां को दिखाता है।)*

महेश : यह बख़्शीश है मां । होटल के ग्राहक ने दी है।

मां : पर बेटे तुम तो कहते थे कि ....

महेश : अब मैंने सोचा कि जब मेरे सभी साथी टिप्स लेने से नहीं चूकते तो मैं क्यों चूकूं। लोग बेवकूफ कहते हैं। मैं चाहता हूं कि बख़्शीश के पैसे हम अलग रख दिया करेंगे।

मां : ऐसा क्यों?

महेश : ताकि आगे चलकर वह रकम रतन और मीनू की पढ़ाई में काम आए।

मां : ताकि उनकी पढ़ाई बख़्शीश की पढ़ाई कहलाए? हमारे देश में तो वैसे भी सरकार हमारे बच्चे को मुफ्त में पढ़ाती हैं। सरकार तो मां बाप होती है। उसकी मुफ्त मी पढ़ाई पर हमारा हक बनता है। लेकिन ....

महेश : तुम्हारा कहना सही है मां। मैं पराई बख़्शीश को अपने भाई-बहन के सिर का बोझ क्यों बनाऊं।

दृश्य - 4

दृश्यः रात

अपनी चारपाई पर करवटें बदलता हुआ महेश। उसके कानों में वीणा की आवाज गूंज उठती है।

वीणा : महेश। तुम इस बात से बार-बार क्यों पछताते रहते हो कि हमेशा मुझे कोई तोहफा देने की सोचते हो पर कभी दे नहीं पाए।

महेश : मैंने जब भी अपने साथियों को तुमसे घुले मिले देखा तो यही सोच कर जल उठता था कि काश! मैं भी तुम्हें कोई तोहफा दे पाता।

वीणा : कॉलेज के दिनों में तुम कितने भिन्न थे।

महेश : तुम भी तो औरों से एकदम अलग थी।

वीणा : इसीलिए सभी मित्र हम दोनों को नादान कहते थे।

महेश : नादान से उन सभी का मतलब बेवकूफ था वीणा।

वीणा : बेवकूफ तो थे ही हम।

महेश : वीणा आज भी एक बात मेरी समझ में नहीं आई। हम जब भी पास-पास रहे एक दूसरे से दूरी बनाए रहे। और जब भी दूर- दूर रहे तो नजदीकी अपने आप बनती रही।

वीणा : महेश।

महेश : हां वीणा।

वीणा : लगता है कि हम बढ़े नहीं बस बच्चे थे बच्चे ही रह गए।

महेश : एक बात पूछूं वीणा?

वीणा : पूछो।

महेश : आखिर तुम इस विनय को इतना महत्त्व क्यों देती रही हो?

वीणा : तुम गलत सवाल कर बैठे।

महेश : गलत?

वीणा : तुम्हें यह पूछना चाहिए कि कितना महत्त्व मैं तुम्हें देती हूं।

महेश : बस यही तो कारण है कि तुम जीवन के द्वार चुने जाने के बाद मुझे नहीं चुन पाई । हो सकता है कि शायद इसलिए भी कि तुम एस. एस. सी पास कर पाई। और मैं सीनियर कैम्ब्रिज से आगे की सोच ही नहीं पाया।

वीणा : एस.सी.सी. पास होकर भी टूरिस्टों की गाइड ही बनी हुई हूं।

महेश : और मै सीनियर कैम्ब्रिज पास करके टूरिस्ट केस टॉयलेट साफ करता हूं। आह फिर ग्राहकों द्वारा थमाई गई बख़्शीश थमाई गई। क्या सोचती हो तुम बख़्शीश के बारे में?

दृश्य - 5

समुद्री चट्टान पर खड़ा महेश वीणा का इन्तजार कर रहा है। दूर से विनय को गीता के साथ आते देखकर।

महेश : *(अपने आप से)* यह क्या झक मारने आ गया इधर?

विनय : वीणा की राह देखी जा रही है?

महेश : तुम्हें इससे क्या लेना देना।

विनय : बार-बार यह क्यों भूल जाते हो कि वीणा को मैं तुमसे पहले से जानता हूं।

गीता : ठीक उसी तरह जिस तरह मैं तुम्हें इस विनय के बच्चे से पहले से जानती हूं। अब यह मत पूछ बैठना कि हम दोनों को तुम्हारे यहां होने की बात कैसे मालूम हुई।

विनय : और हमसे यह भी मत पूछना कि वीणा अब तक क्यों नहीं पहुंची।

गीता : और यह भी नहीं पूछना कि हम कब से तुम्हारी जासूसी कर रहे हैं।

विनय : वैसे भी तुमसे कहीं अधिक महत्त्व वीणा मुझे देती है।

गीता : तुम्हें तो यह बात मालूम ही नहीं है। है न?

विनय : यार। प्यार में तो ऐसा होता ही रहता है। तुम नाहक गीता के पीछे पागल बने बैठे हुए हो।

महेश : ठीक है। मैं चलता हूं।

गीता : अरे-रे-रे-कहां चले?

महेश : जहन्नुम में।

गीता : और तुम्हारे जाने के बाद वीणा आ गई तो?

विनय : क्यों रोक रही हो इसे?

गीता : क्यों? क्या तुम इसे कवाब में हड्डी मानते हो क्या?

विनय : रुक जा ओ जाने वाली रुक जा। आदमी बुरा नहीं मैं दिल का।

विनय उसे रोक कर चट्टान पर बिठा देता है।

गीता : लो देखो देवदास तुम्हारी पारो आखिर पहुंच ही गई।

विनय : अरे इस देवदास की पारो कोई और होगी। वह जो आ रही है वह तो इस मजनू की लैला है।

महेश : अब जब वीणा आ ही गई है तो दूध का दूध और पानी का पानी हो ही जाना चाहिए।

वीणा : क्यों दूध का दूध और पानी का पानी हो रहा है भाई?

गीता : तुम्हारे इस दिवाने का खैर मकदम कर रहे थे हम।

वीणा : क्या मतलब?

गीता : इसे हम बता रहे थे कि यह नाहक तुम्हारे मन ही माला जप रहा है जबकि तुम तो....

महेश : वीणा इन दोनों को तुमने यहां भेजा है?

वीणा : हां। मैंने भेजा है।

महेश : क्योंकि तुम में यह हिम्मत नहीं कि तुम मुझे यह बता सको कि तुम मुझे न चाह कर विनय को चाहती हो। क्या सचमुच तुम विनय से प्यार करती हो?

गीता : देखो महेश तुम चाहो तो विनय अपने मित्र यानी कि तुम्हारे लिए अपने प्यार का बलिदान दे सकता है। आज से वह तुम्हारे और वीणा के रास्ते से अलग हो जाएगा।

महेश : मुझे किसी की दया नहीं चाहिए। मैं प्यार बख़्शीश में नहीं पाना चाहता। जीत कर पाना चाहता हूं। वैसे भी मेरी जेब में बख़्शीश के बीस डॉलर है जिसे मैं किसी को देकर मन की शान्ति पाना चाहता हूं।

वीणा : पर मैं कागज का नोट नहीं हूं महेश जो तुम मुझे किसी दूसरे को देकर अपने मन की आत्मशान्ति प्राप्त कर पाओगे।

महेश : तुम लोग आखिर पहेलियां क्यों बुझा रहे हो। क्या सचमुच तुम विनय से प्यार करती हो?

वीणा : क्या तुम नहीं जानते?

महेश : तो फिर अब तक मेरे साथ यह नाटक क्यों करती रही?

वीणा : नाटक कैसा?

गीता : महेश। हमारे यानी कि मेरे और विनय के यहां आने का मकसद यह है कि आज तुम्हारी आंखों की पट्टी खोल दी जाएगी। वह भी केवल तुम्हारे प्यार की गहराई को जानने के लिए।

महेश : मैं कुछ समझा नहीं।

गीता : विनय, वीणा को और वीणा, विनय को बेहद प्यार करती है क्योंकि वीणा, विनय की ममेरी बहन है और विनय वीणा का मौसेरा भाई।

महेश : क्या?

गीता : और तुम महेश, तुम वीणा को आज तक नहीं समझ पाए। तुम दोनों में से कोई तुम्हरारे टिप्स की तरह किसी एक दूसरे की बख़्शीश नहीं। एक दूसरे की अमानत हो।

महेश : अगर यह बात है तो मेरे जीवन की सबसे सही और कीमती बख़्शीश तो वीणा है।

(दो लड़कियां आकर सामने खड़ी हो जाती है।) (महेश वीणा का हाथ एक हाथ से थामता है दूसरे हाथ को जेब के भीतर पहुंचा कर बख़्शीश को निकालता है। एक लड़की के हाथ में थमाकर वीणा के साथ आगे बढ़ जाता है।)

महेश : मतलब?

गीता : मतलब यह कि तुम विनय को कब से जानते हो?

महेश : जब से वीणा ने टूरिस्ट विभाग में काम शुरू किया।

गीता : इससे पहले तुम जान भी नहीं पाते।

महेश : क्यों?

गीता : क्योंकि विनय को फ्रांस से लौटे सिर्फ चार ही महीने हुए हैं?

•••

22

शीशे का टूटना

दृश्य - 1

समयः दिन

दृश्यः सरकारी विभाग *(आम आदमियों का)* संतू और मिनती टी.वी. के सामने झगड़ती हुई।

संतू : मैं गानों का प्रोग्राम देखूंगा।

मिनती : टी. वी. मैंने चलाया है। मैं लकी लूक देखूंगी।

संतू : कल तुम घंटे भर यह कॉमिक्स देखती रही थी।

मिनती : तुम भी तो देर तक लकी लूक देखते रह गए थे।

निशा की आवाज

निशा : तुम दोनों झगड़ना बन्द करो नहीं तो मैं आकर टी.वी. ऑफ कर दूंगी।

संतू : देखो मिनती तुम यहां से नहीं जाओगे तो.....

मिनती : तो क्या कर लोगे?

संतू : तुम्हें थप्पड़ मारूंगा।

मितनी : *(चिल्लाकर)* मां भैया ने मुझे थप्पड़ मारा।

संतू : अभी मारा ही कहां?

निशा की सास निशा से

सास : इन बच्चों को जब देखो तब झगड़ते ही रहते हैं।

निशा : सारा कुछ संतू शुरू करता है। एकदम अपने बाप पर गया है।

सास : और मिनती एकदम तुम पर।

निशा : हां-हां जब बोलना नहीं आता था तब कहती थी कि वह एकदम मेरी तरह है। आपने सभी को बिगाड़ा है। दोनों बच्चों को और अपने बेटे को भी।

सास : देखो निशा मैंने न तो तुम्हारे बच्चों को बिगाड़ा है और ना ही अपने बेटे को। उसका तो बाप ही बहुत कामचोर था बेटे भी उसी की तरह बनकर रहे।

निशा : दस वर्षो से सोम ने तो हमारा जीना हराम कर दिया है।

सास : उसके बाप ने तो बीस बरस की उम्र ही मुझे चालीस साल का बना दिया था। मैं मायके चले जाने की बात करती तो हाथ जोड़कर गिड़गिड़ाने लगता था।

निशा : और आपके बेटे से जब मैं तलाक लेने की बात करती हूं तो वह अपने मरे हुए बाप की कसम खाकर कहता है कि अगले महीने उसे नौकरी मिल कर रहेगी। इस अगले महीने को आने में चार साल से अधिक हो गए।

दरवाजा खुलता है सोम का प्रवेश।

सोम : एक ओर बच्चे चिल्ला रहे हैं और इधर तुम दोनों अपना पंचम सुर आलापे जा रहे हो।

सास : हम दोनों तुम्हारा गुणगान करने के अलावा और कर ही क्या सकते हैं।

सोम : इस घर की एक बात समझ में नहीं आई। सभी घरों में सास-बहू का सीरियल दिन-रात चलता रहता है और यहां सास-बहू एक साथ मुझे खरी खोटी सुनाने में लग जाते हैं।

निशा : खाली हाथ लौटे हो?

सोम : घर से निकला भी तो खाली हाथ था।

निशा : तुम खाली हाथ नहीं हो। खाली हाथ से तो लोग जमीन-आसमान एक कर जाते हैं। तुम्हारे हाथों मे तो सरसों जमें हुए हैं।

(बाहर से साइकिल की घण्टी सुनाई पड़ती है।)

बाहर का शॉट

निशा बाहर आकर डाकिए से चिट्टी लेती है। भीतर जाती है।

सोम : लगता है मेरी नौकरी की चिट्टी है। लाओ देखूं।

निशा : पर मुझे लगता है कि तुम्हें नोटेरी के दफ्तर मिलने की बात है।

सोम : लाओ मैं पढ़ कर देखूं।

निशा : हमारी मंगनी के बाद मैंने तुम्हें 101 चिट्ठियां लिखी थीं। कभी एक का भी जवाब दिया था मुझे?

सास : अरे जब इसके बाप के लिए ही काला अक्षर भैंस बराबर था तो भला सप्ताह में तीन दिन स्कूल से नौ दो ग्यारह होने, इसे पत्रों का

जवाब देना आता ही कैसे। तुम्हीं सुनाओ निशा इस लिफाफे का मजमून क्या है।

निशा पत्र खोलकर पढ़ती है फिर पति को थमा देती है। दोनों बच्चे दौड़े हुए आ जाते हैं।

सोम : क्या है चिट्ठी में।

निशा : हनुमान जी को चढ़ाया हुआ लड्डू।

मिनती : लड्डू। मां पहले मुझे दो।

संतू : मैं तुमसे बड़ा हूं मुझे पहले।

निशा : चुप। दोनों बाहर जाकर खेलो।

सास : कैसी चिट्ठी है बेटी। परिवारों में सभी लोग खैरियत से तो है ना?

निशा : नोटेरी से आया फरमान है। हमने हायर पर्चेस में टी.वी. ले रखा है उसके भुगतान का सिलसिला आठ महीने से रुका हुआ है। अगर सात दिन के भीतर रकम चुकाई नहीं जाती तो यह टी. वी. जब्त कर लिया जाएगा।

सास : मैंने तो उसी वक्त कहा था कि सोच समझकर उधार में टी. वी. लो। आखिर हो ही गया न घर का आंटा गीला।

सोम : मां यह निशा के कारण....

निशा : कीड़े पड़ जाएंगे तुम्हारे मुंह में। घर में बिन किसी को बताए उठा लाए थे ...

सोम : क्योंकि तुम बार-बार कहती रहती थी कि हम लोग पड़ोस की टी.वी. से गीत संगीत सुनते रहते हैं पर तस्वीर देखने की हमारी किस्मत कहां।

निशा : यह बात मैंने नहीं सासू जी ने कही थी।

सास : हां कहने को तो मैंने ही कहा था पर क्या मैंने यह भी कहा था कि जाओ तुरन्त उधार में खरीद लाओ। मैं तो यह बोली थी कि सोम बेटे कि अगर दालपूरी बेचने में सफलता नहीं मिल रही तो कोई दूसरा काम करने की कोशिश कर। बच्चे बार-बार टी.वी की मांग करते रहते हैं।

निशा : सासू मां। अगर आपको वृद्ध अवस्था की और स्वर्गवासी ससुर जी के पेंशन नहीं मिलती तो पता नहीं इस घर की क्या हालत होती।

सोम : तुम हद से ज्यादा बोलने लगी। खुद क्यों नहीं कमाती।

निशा : तुम्हें पीने के पैसे तो मिल जाते हैं पर आटा-चावल का बन्दोबस्त तुमसे नहीं हो पाता। तुम मेरी साड़ी पहन कर अपनी पतलून मुझे क्यों नहीं देते।

फेरी वालों की आवाज आती है।

दोनों बच्चे दौड़ आते हैं।

फेरी वाले : गोयाव देशीन .... गोयाव देशीन रूज।

बच्चे एक साथ

: मां गोयाव देशीन।

सास *(आंचल के खोस से पैसे निकालकर बच्चों को देती है।)*

दोनों बच्चे पैसे के साथ बाहर दौड़ जाते हैं।

सोम : मेरे इन हाथों को इतना बेकार मत समझो। इन हाथों ने सरकार बनाई है। तीन-तीन मंत्री है हमारे गांव में।

निशा : फिर भी तीन महीनों से आज तक एक नौकरी भी तुम्हें नहीं मिल पाई जबकि चुनाव हारने वालों को अच्छी खासी नौकरी मिल गई।

सोम : हमें भी मिल कर रहेगी। कहते हैं सबूरी का फल मीठा होता है।

निशा : लेकिन इस घर का हाल तो कड़वा होता चला जा रहा है। मुझे नहीं लगता है कि तुम्हें नौकरी मिलेगी। एक बात पूछूं।

सोम : तंग आ गया हूं तुम्हारी बातों से।

निशा : और राजनेताओं के वायदे से तंग नहीं आ पाए।

सोम : घूम फिरकर तुम्हें एक ही सवाल करना आता है क्या?

निशा : इस देश में राजनेताओं की कृपा से मिली नौकरी के अलावा और कोई नहीं है क्या? कल जो लोग तुम से भीख मांग रहे थे आज तुम उनसे भीख की उम्मीद लिए हुए हो।

सोम : सिर पर टोकरी लेकर सब्जियां बेचूं क्या।

निशा : सिर पर टोकरी लेकर सब्जियां बेचने वाले इज्जत की जिंदगी बसर कर रहे हैं। कम से कम भीख की उम्मीद पर तो नहीं जी रहे। मेरी सासू मां ठीक कहती है .....

सोम : *(थप्पड़ मारता है। निशा जमीन पर गिर पड़ती है। बच्चे बाहर से दौड़े हुए आते हैं।)* दो कौड़ी की औरत तुम्हारी यह हिम्मत।

संतू : क्या हुआ मां।

मिनती : पापा। तुमने फिर मां को मारा।

सोम : बाहर जाओ नहीं तो....

मिनती : *(मां को उठाती हुई)* मां।

संतू : *(सोम से)* तुमने मेरी मां को मारा। मैं पुलिस.....

सोम : चुप रहो नहीं तो तुम भी जमीन चाटने लगोगे।

सास : हद हो गई। मुझे भी एक थप्पड़ जमाकर अपनी बहादुरी पर उछल पड़। तुम तो सोम अपने बाप से भी बदतर निकले। उसने इस घर को खुशहाली तो नहीं दी पर बेहाली भी कभी नहीं दी।

सोम : चोंच बन्द कर बुढ़िया नहीं तो ....

सास : नहीं तो क्या कर लोगे। अगर अपने बच्चों की मां को मारकर जी नहीं भरा तो इस दूध पिलीने वाली को भी मारकर अपने अरमान पूरे कर ले।

मेज पर थाली उठाकर फेंकता है और बाहर हो जाता है। दोनों बच्चे अपनी मां से लिपट जाते हैं।

धीरे-धीरे दृश्य समाप्त होता है।

दृश्य - 2

दृश्यः दरवाजे पर खटाखटाहट होती है। क्वाटर का प्रमुख रखवार दरवाजा खुलने पर भीतर जाता है।

रखवार : शोर सुनकर मुझे आना पड़ा। आखिर बात क्या है?

सास : ये बच्चे आपस में....

रखवार : पर मैंने तो मिस्टर सोम को नाराजगी से बाहर जाते देखा। मादम निशा आपके ललाट से खून बह रहा है।

निशा : फिसल गई थी।

रखवार : देखिए मैं यहां सभी घरों का जिम्मेवार हूं। आपके परिवार के निजी मामले में दखल नहीं देना चाहता लेकिन...झनझनाहट की आवाज से लगा कि इमारत में कुछ टूटा है।

सास : नहीं, ऐसी कोई बात नहीं। मेज से थाल गिर गई थी उसी की झनझनाहट थी।

रखवार : ठीक है अगर आप कह रही हैं तो मानना ही पड़ेगा। *(जाते-जाते रुककर)* और हां देखिए मैं यहां केवल इमारतों का रक्षक नहीं हूं बल्कि सभी किराएदारों का ख्याल रखना भी मेरा ड्यूटी है। इसलिए आईन्दा कोई गड़बड़ी हुई तो मुझे फोन कर दो। मैं चलता हूं।.... मिसिज निशा आप अपनी चोट पर मरहम लगाना ना भूलें।

दृश्य - 3

समय- लगभग वही

दृश्य- रास्ता

रास्ते में एक आदमी सोम को रोकता है।

आदमी : कहां थे तुम?

सोम : क्यों? मैं कहीं भी रहूं तुम पूछने वाले कौन होते हो?

आदमी : साले ज्यादा पी ली है क्या। अपने दोस्त को नहीं पहचान रहे हो?

सोम : दोस्त हो तो दोस्त की तरह। पुलिस की तरह सवाल क्यों कर रहे हो?

आदमी : यही तो पूछना था तुमसे?

सोम : मुझसे कुछ भी मत पूछो मैं काफी परेशान हूं।

आदमी : तुम्हारे घर पुलिस क्यों आई थी?

सोम : मेरे घर पुलिस?

आदमी : लोगों को तो यही कहते सुना।

सोम : आज होली तो नहीं पर फिर लगता है तुमने भांग पी रखी है। चलो अपना रास्ता लो मैं अपना रास्ता लेता हूं।

दृश्य - 4

दृश्यः दरवाजे पर खटखटाहट। निशा दरवाजा खोलती है।

निशा : अब क्या करने आ गए?

सोम : हमारे घर पुलिस क्यों आई थीं?

निशा : इतनी जल्दी चढ़ा आए क्या?

सोम : मैंने पूछा हमारे घर पुलिस क्या करने आई। क्या तुमने मेरे खिलाफ रपट लिखा दी है क्या?

निशा : भीतर आओ।

सोम : पुलिस अभी यहीं है या ....

निशा : यहां पुलिस नहीं आई। तुम कहां से इतनी जल्दी पीकर आ गए।

सोम : आस-पास के पड़ोसी मुझे घूर-घूरकर क्यों देख रहे थे।

निशा : तुमने सभी को दावत जो दे रखी थी।

सोम : कैसी दावत।

निशा : अपने शोर-शराबे से। थाली की आवाज पूरी बस्ती में सुनाई पड़ गई होगी।

सोम : अरे तुमने कभी यह नहीं सुना कि जहां बरतन होते हैं वहां खनखनाहट भी होती है। और फिर ये छोटे-मोटे झगड़े तो हर घर में होते रहते

हैं। सभ्य परिवारों के यहां भी तकरारे होती है। गिलास और प्लेट टूटते-फूटते हैं अलमारी के शीशे चकनाचूर हो जाते हैं। शादी के बाद तो ऐसा होना ही है।

निशा उसे थामे भीतर ले जाती है और सोम सोफे पर लुढ़क जाता है।

दृश्य - 5

दृश्य: घर का भीतरी भाग

समय: सुबह

बाहर से डाकिए की घंटी बजती है। निशा दो चिट्ठियां लेकर भीतर जाती है ।

सास : कैसी चिट्ठी है बहू?

निशा : लिफाफे खोलने के बाद ही पता चलेगा सासू जी।

सास : लोग चिट्ठी पाकर खुश होते हैं तो मैं तो डाकिए की घंटी सुनकर ही दहल जाती हूं। *(निशा पहला पत्र पढ़ती है।)*

निशा : इन मेज और सोफे की दुकान से आखिरी तकाज़ा है। बाकी रकम चुकाने की सात दिन की मुहलत है।

सास : मेरे लाख मना करने पर भी सोम हमारे अच्छे खासे सोफे को कौड़ी के दाम में बेच आया। तुम्हारे ससुर की आखिरी निशानी थी वह। कितना चुकाना बाकी है?

निशा : तीन हजार पांच सौ।

सास : और यह दूसरा पत्र क्या है? *(खोलकर पढ़ने के बाद)*

निशा : अदालत में पेश होना है।

सास : क्या कहा?

निशा : शराब खाने में मार पीट का मुकदमा। अगले सप्ताह अदालत में उपस्थित होना है।

सास : यह सब देखने से पहले मौत क्यों नहीं आ गई मुझे। उधर टेलीविजन के पैसे चुकाने हैं। ऊपर से दो और मुसीबत आ धमकी।

(सोम का प्रवेश)

सोम : संतू। मिनती। कहां हो तुम दोनों। अरे इधर आओ, मिठाई लाया हूं तुम दोनों के लिए।

सास : मेरे लिए थोड़ा जहर भी ले आते।

सोम : यह कैसी मनहूस बातें कर बैठी। दोनों बच्चे कहां है?

सास : अभी स्कूल से नहीं लौटे हैं।

सोम : ये तुम्हारे हाथ में क्या है।

निशा : दावत है। शहर के मैयर ने तुम्हें डीनर के लिए आमंत्रित किया है।

सोम : साले को हमारी बचपन की दोस्ती आज याद आई। लाओ तो देखूं।

निशा : अभी पिछले सप्ताह मैंने तुमसे पूछा था कि घर के सामान का हिसाब चुका दिए न, तो तुमने कहा था, वह तो महीने पहले ही रफा दफा हो चुका था। दूसरी दावत के बारे में जानना नहीं चाहोगे।

सोम : मैं समझ नहीं रहा कि तुम...

निशा : समझाए देती हूं। शहर की अदालत के मजिस्ट्रेट ने भी तुम्हें लंच पर बुलाया है।

सोम : निशा रानी तुम मजाक करने के लिए आदमी का मूड तो देख लिया करो।

निशा : और मैं आपे से बाहर हो जाऊं इससे पहले तुम यहां से बाहर चले जाओ।

सोम : क्यों बाहर जाऊं?

निशा : क्योंकि मैं कोई कुरसी तुम्हारे ऊपर चकनाचूर न कर दूं।

सोम : एई। औरत हो तो औरत की तरह पेश आओ। समझी।

निशा : तुम निकलते हो या....

सोम : तुम। मुझे घर से निकलने को कह रही हो?

निशा : हां। और मेरे बच्चों के लौट आने से पहले।

सोम : मां...यह...यह .... पागल हो गई है क्या। मुझे मेरे घर ....

सास : तुम्हारा घर? इस घर में तुम्हारी एक भी इंट है क्या?

सोम : आखिर तुम दोनों को क्या हो गया है? *(वह मिठाई को मेज पर रख देता है।)*

निशा : हम दोनों पागल हो गए हैं। तुम न तो बेटे, न पति और ना ही बाप होने योग्य हो।

सोम : तुम आज सचमुच लड़ने पर आमादा हो गए हो।

निशा : मेरे बच्चों को यह नजारा देखने को मिले इससे पहले तुम निकल जाओ यहां से।

सोम : मां। ये कुतिया कह रही है?

निशा : मुझे कुतिया कहा। यह गाली तुमने सिर्फ मुझे ही नहीं अपने बच्चों को भी दी है। निकलो ... वरना ....

(इससे पहले सोम कुर्सी उठा लेता है। उसे निशा पर चलाता है। निशा कुर्सी के प्रहार से बच कर फर्श पर लुढ़क जाती है। कुर्सी सीधे खिड़की के शीशे को चकनाचूर कर देती है। सास दौड़कर निशा को थामती है।)

सास : वाह बेटा वाह! छत्राणी हूं मैं, तुम जैसे वीर को जन्म दिया। शराब खाने में मर्दों में मार खाते रहते हो और घर पर औरत पर ताकत का इस्तेमाल करते हो।

रखवार : *(आवाज सुनकर)* क्या हुआ? कांच के फूटने की आवाज पूरी इमारत में घनघनाहट पैदा कर गया। अरे मादाम आप तो घायल हो गई हैं। खून बह रह है।

निशा : हल्की चोट है। *(टेलीफोन बज उठता है।)*

रखवार : मैं फोन लूं।

निशा : प्लीज ....

रखवार : हैलो..... ओह पुलिस स्टेशन.... जब मुझे कुछ मालूम नहीं.... आप मिस्टर जी से बात करें। पुलिस को किसी ने इमारत से फोन करके कहा है कि यहां पर तोड़-फोड़ हो रहा है।

सोम : लाओ फोन मुझे दो।

निशा : नहीं। सिक्योरिटी ऑफिसर फोन आप मुझे दीजिए। *(फोन लेकर)* हेलो पुलिस। मैं निशा रामपत बोल रही हूं। .. नहीं ... नहीं... बस पांव फिसल जाने से थोड़ी सी ..... हां ... आप निश्चिन्त रहिए.... तकलीफ करने की कोई जरूरत नहीं ... हां अगर कुछ ज्यादा गंभीर हुआ तो मैं खुद फोन करूंगीं।

रखवार : मैं डॉक्टर को .....

निशा : नहीं कोई आवश्यक्ता नहीं मामूली सी चोट है।

रखवार : तो मान लूं कि सब कुछ ठीक है।

निशा : एकदम।

रखवार : अच्छा तो मै चलता हूं। *(जाने लगता है।)*

निशा : एक मिनट। सामने की खिड़की का शीशा चकनाचूर हो गया है। कृप्या आप अपने मरमत करने वाले व्यक्ति को भेज दें। *(मेज पर मिठाई उठाकर देते हुए)* आप अपने बच्चों को दे दीजियेगा।

रखवार : निशा जी। आप महान हैं।

●●●

23

अधिकार

दृश्य - 1

डरावना संगीत

समयः शाम का धुंधलका। गांव के अन्य घरों से अलग एक पुराना घर। एक व्यक्ति काले चश्मे और ओवरकोट पहने कार से उतरकर घर की ओर बढ़ता है। दरवाजा खटखटाने पर एक औरत को रुपये थमाने के बाद वह व्यक्ति कार में लौट आता है।

दृश्य - 2

दृश्यः एक विद्रोही समुद्र तट पर एकांत में वही कार एक बार उसके भीतर एक लड़की बैठी ।

विकी : मैं तो बात कर आया जहां करनी थी। अब तुम बताओ सीमा। तुम्हारी मां ने क्या तय किया।

सीमा : विकी। मां की बात जानने से पहले मेरी बात सुन लो। आखिरी बार मैं तुमसे विनती कर रही हूं। मान जाओ मेरी बात।

विकी : अब और कितनी बार मैं तुम्हें कहता रहूं कि हमारे लिए वैसा करना नामुमकिन है।

सीमा : नामुमकिन तो हमारा प्यार भी था विकी। मैं तुमसे बार-बार कहती थी कि हमारे बीच जो अन्तर है उसको पाटकर हमारा जुड़ पाना कठिन है। मैं दालपूरी बेचने वाले बाप की बेटी हूं और तुम हो उस फैक्टरी के मालिक के बेटे जहां मैं नौकरी करती हूं।

विकी : लेकिन इसके बावजूद हमने एक दूसरे को प्यार किया है।

सीमा : क्योंकि प्यार किसी की जागीर नहीं होती। लेकिन हम दोनों के बीच यह दरार। गरीब और धनी का अन्तर, यह तो आज बाधा बनकर रहा न।

विकी : पुरानी बातों पर मत लौटो।

सीमा : पुरानी बातें? तो फिर नई बात क्या है? करूं नई बात तुमसे? तुम मुझसे शादी को क्यों तैयार नहीं? क्योंकि तुम्हारा खानदान इसके लिए तैयार नहीं। क्या अभी भी अगर मैं तुमसे कहूं कि तुम मुझसे ब्याह कर लो तो इसे तुम पुरानी बात मानते रहोगे।

विकी : हमारे सामने इस समय इससे भी अधिक गम्भीर समस्या आ खड़ी हुई है।

सीमा : किसकी वजह से विकी? मुहब्बत के नशे में तुम होश-ओ-हवाश खो बैठे थे पर मैं नहीं। मेरे राजी न होने के बावजूद तुम अपने मन की करके रहे। वह प्यार नहीं था विकी वह बलात्कार था। रेप था। और आज तुम.....

विकी : सीमा तुम्हारी मां ने बात मानी या नहीं?

सीमा : मेरा एक बाप भी है और मेरी मां उसके जाने बिना कोई निर्णय ले सकती है क्या?

विकी : जितनी देर करेंगे उतना ही खतरा बढ़ता जाएगा। रिटायर्ड नर्स पांच हजार रुपये पेशगी मांग रही है।

सीमा : तुम क्षण भर के लिए अपने को मेरी स्थिति में पाने की कोशिश करके देखो। कभी हां कहना कितना कठिन हो जाता है।

विकी : *(कार से उतर कर दरवाजे को झटका देकर)* हद हो गई।

दृश्य - 3

समयः सुबह

दृश्यः सीमा का साधारण घर। वह अपनी मां से बातें कर रही है।

मौसी : अपनी इस हालत को मेरे सामने रख पाने में तुम्हें जितनी आसानी हुई थी उतनी ही कठिनाई मुझे इस बात को तुम्हारे मौसा के सामने रखने में हो रही है।

सीमा : मेरी समझ में नहीं आ रहा है कि मैं क्या करूं। काश! मैं अपना गला अपने हाथों से घोंट पाती।

मौसी : मुझे तो तुम्हारे मौसा से अधिक डर तुम्हारे बड़े भाई से लग रहा है। कानों-कान अगर उसे इस बात की जानकारी मिल गई तो...

सीमा : ना मौसी। भैया को इस बात की भनक भी नहीं मिलनी चाहिए।

मौसी : मैं तो उस खतरे से भी भयभीत हूं बेटी जिसका तुम सामना करने जा रही हो। सुगुन भैया की बेटी को भी तो अपनी जान गंवानी पड़ी थी।

सीमा : मुझे अपनी जान की परवाह नहीं मौसी मैं तो एक अजीब उधेड़बुन में हूं। मन्जूरी या इन्कारी! क्या करूं?

मौसी : मैं अपनी ओर से कोई निर्णय लेने से पहले एकबार उस लड़के से मिलकर सही मकसद को जानना चाहती हूं। मैं यह जानना चाहती हूं कि जिस बात के लिए वह इतना अमादा है उसके बाद वह क्या करेगा। तुमने कभी उससे जानने की कोशिश की?

सीमा : वह सीविल मैरिज की बात तो कर रहा है पर....

मौसी : जब तुम खुद उस पर यकीन नहीं कर पा रही हो तो मैं कैसे कर पाऊं। मेरी तो दोनों मुट्ठियां बन्द है बेटी, किसे खोलूं किसे बन्द रखूं। तुम्हारी मां ने मौत से पहले तुम्हें मुझे सौंपते हुए कहा था कि मां मरे मौसी जीए। मैं तुम्हारी मां की जगह ले चुकी हूं। जब तुम मुझे मौसी कहती हो तो मुझे तो मां सुनाई पड़ता है बेटी। तू अपने को इस कदर दुखी मत कर। भगवान मेरी प्रार्थना जरूर सुनेगा।

सीमा : मां *(वह मौसी से लिपट जाती है।)*

दृश्य - 4

समय: दोपहर

दृश्य: फैक्टरी। कामगरों के खाने का समय भीड़ से हटकर एक शांत स्थल पर सीमा और सुनन्दा चलतें हुए।

सुनंदा : तुम बार-बार यह क्यों कहती हो कि तुम अपने गुनाह की सजा पा रही हो?

सीमा : दुनिया तो इसे गुनाह समझेगी।

सुनंदा : दुनिया से डर कर जीने का ही तो यह नतीजा है। हमारी छोटी से छोटी भूल पर दुनिया की अंगुली हमारे ऊपर उठ जाती है। लेकिन जब हमें ठोकर लगती है तो दुनिया हमारी बांह थामने या उठाने कभी नहीं आती।

सीमा : विकी की एक बात से मैं तिलमिला रही हूं। दिन-रात मेरा दिमाग रस्सा-कस्सी में ही लगा रहता है।

सुनंदा : क्या कहा उसने?

सीमा : सुनंदा। आखिर दो प्रेमियों के बीच की भूल की जवाबदेही सिर्फ औरत जात ही क्यों हो जाती है।

सुनंदा : तुम मुझे बताओ कि विकी ने तुमसे क्या कहा?

सीमा : कहा कि मुझे दो में से एक को चुनना होगा।

सुनंदा : औरत अपने भीतर तूफान लिए होती है और मर्द शर्तें रख बैठते हैं।

अब तो तुम मानोगी न, कि शादी न करके मैंने सही किया। मैं शर्तों में बंधकर नहीं जीना चाहती।

सीमा : पर कब तक। कब तक ऐसा कर पाओगी?

सुनंदा : शर्तें बन्दी बना देती है। मैं बंधन में रहना नहीं चाहती। मैं भी प्यार करती मुझे भी मेरा पति प्यार करता पर हमारे बीच शर्तें नहीं रखी जातीं। एक दूसरे के साथ सहमत रहने की कोशिश बनी रहती।

सीमा : विकी चाहता है कि मैं दोनों में से एक को चुनूं। और मैं इस बात से दहल जाती हूं। मैं कहती हूं दोनों मेरे प्यार में आगे है।

सुनंदा : अगर तुम दोनों में यह तनातनी चलती रही तो वह दिन दूर नहीं कि पूरी फैक्टरी को यह बात मालूम हो जाएगी।

सीमा : सुनंदा! तुम क्या सुझाव देती हो?

सुनंदा : *(सुनंदा ठिठक जाती है।)* यह स्थिति इतनी नाजुक मोड़ पर है कि मैं कोई सुझाव नहीं दे पाउंगी। हां यह कामना जरूर कर सकती हूं कि तुम दोनों का प्यार बना रहे।

दृश्य - 5

समयः शाम

दृश्यः विकी का दफ्तर । नर्स सामने बैठी हुई । अपने फोन पर बात समाप्त करके फोन रखने के बाद नर्स से बात करता है ।

विकी : *(फोन पर)* देखो रॉ मटिरियल के अभाव में हमारी फैक्टरी निर्धारित समय पर अपने फ्रांसीसी पार्टनर को माल सप्लाई नहीं कर पा रही है। क्या? आप प्रोडक्शन की बात रह रहे हैं। हमारे कामगरों के सामने रॉ मटिरियल हो तब तो ओवर टाइम किया जा सकता है। देखिए जो बात आप कर रहे हैं वह आपकी समस्या है मेरी नहीं। इट्स योर प्रोब्लम नाट माईन। अंडरस्टेंड। आइम सॉरी। हमारे क्षेत्र में तो ऐसा होता ही रहता है।

नर्स : ऐसी नौबत हर जगह आती रहती है।

विकी : आप मुझे यह बताएं कि आप यह काम कब से कर रही हैं?

नर्स : जरूरी है कि आपके इस सवाल का जवाब दिया जाए?

विकी : अगर नहीं तो मैं पूछता ही क्यों।

नर्स : तीन साल से।

विकी : पुलिस की नजर बचाकर ही आपका यह धंधा चलता होगा। है न?

नर्स : कुछ ऐसा ही समझ लें।

विकी : तो फिर अगर पुलिस का छापा.....

नर्स : देखिए आप तो शिकार से पहले ही हिरण के सिर और छाल की बात करने लगे।

विकी : प्लीज अब जो मैं पूछना चाहूंगा उसका भी जवाब आप टालिएगा नहीं।

नर्स : ठीक है पूछिए।

(फोन बज उठता है। विकी उसे उठाता है झटके में फोन रख देता है।)

विकी : *(ऊंचे स्वर में)* पंद्रह मिनट तक मेरा फोन नहीं बजना चाहिए। आई बात समझ में?

(नर्स से)

सॉरी। इन तीन सालों में कोई ट्रेजिक केस हुआ है?

नर्स : आपका मतलब है कोई हादसा?

विकी : हां। मेरा यही मतलब है।

नर्स : मेरे घर में नहीं। कम से कम अंडरप्रोसेस बिल्कुल नहीं।

विकी : इसका तो मतलब यह हुआ कि आप के यहां से चले जाने के बाद....

नर्स : दो या तीन। बस यही।

विकी : मेरे वाले में....

नर्स : सौ प्रतिशत सेफ्टी की गारंटी।

विकी : परसों ठीक रहेगा?

नर्स : एकदम ठीक रहेगा।

विकी : *(लिफाफा थमाकर)* पांच हजार पेशगी। जिस तरह आप सिर पर टोपी रखे आई थीं उसी तरह बाहर जाएंगी।

नर्स : आप एकदम बेफिकर रहिए।

दृश्य - 6

समयः रात

दृश्यः विकी सीमा का घर। मां रे लाथ चारपाई पर।

सीमा : मां आज रात इतनी बोझिल क्यों है?

मौसी : तुम्हारे अपने जेहन में उठ रही खलबली के कारण तुम्हें ऐसा लग रहा है। मैं तुम्हारे लिए सर दर्द की गोली लाती हूं।

मां कमरे से दूसरे कमरे में जाती है।

सीमा : *(अपने आपसे)* यह कैसी आशंका है जो मुझे बार-बार सिहरन दिए जा रही है? विकी तुम भी मेरी तरह बवंडर में हाथ पांव मार रहे होगे। तुम भी छटपटा रहे होगे। मेरी ही तरह। लेकिन फिर भी

विकी तुम तड़प रहे होगे, प्रार्थना कर रहे होगे भगवान से कि वह तुम्हारी सीमा की रक्षा करे। लेकिन मैं तो अपनी रक्षा के साथ अपने भीतर के उस मासूम जीव के लिए भी दुआ कर रही हूं।
मां का गोली और उस पानी के साथ भीतर आना।

मौसी : ले बेटी। इसे पी ले आराम भी मिलेगा और सो भी पाओगी।

सीमा : दवा का मेरे ऊपर कोई असर नहीं होगा मां। अपनी भीतर की नन्हीं जान के लिए दुआ करो। मैं उसकी भ्रूण हत्या करने जा रहीं हूं।

मौसी : अब हमारे लिए कोई दूसरा उपाय नहीं है सीमा। अगर हम चाहते हैं कि इस जहरीली बात से हम तेरे बाप और भाई को अनजान रखें तो यह बलिदान देना ही पड़ेगा।

सीमा : बलिदान। बलिदान तो भेड़ बकरियों का लिया जाता है और मैं अपने मास के टुकड़े का बलिदान देने जा रही हूं।

फोन बज उठता है। मां फोन उठाती है।

मौसी : हैलो। सुनंदा बेटी । तुमने एकदम सही समय पर फोन किया। सीमा को समझाना कठिन हो रहा है। लो बात करो।

(सीमा को फोन थमाना)

सीमा : हैलो सुनंदा। मैं अपनी ही जान की जान लेने को तैयार हो गई हूं। *(रोने लगती है)*

मौसी : ऐसा मत कर वरना तुम्हारा भाई यहां आ जाएगा।

दृश्य परिवर्तन

फोन पर सुनंदा।

सुनंदा : सीमा। हम लोगों के पास कोई विकल्प नहीं। ऐसा तुम्हें अपने परिवार के लिए करना होगा। हाई ब्लड प्रैशर का मरीज है तुम्हारा बाप। यह मत भूल एक छोटा सा सदमा उनके लिए खतरनाक होगा।

सीमा : अपने ही बच्चे, अपने ही हाड़ मांस के टुकड़े को मुझे धरती पर लाने का यह समाज अधिकार नहीं देता। किस प्रगति की बात करते हैं हम?

सुनंदा : तुम्हें हिम्मत से काम लेना होगा। भगवान पर विश्वास रखो। तुम्हें कुछ नहीं होगा।

सीमा : मुझे अपने प्राण की चिन्ता नहीं किन्तु मैं अपने बच्चे की हत्या करने जा रही हूं और तुम भगवान की बात कर रही हो।

सुनंदा : इसे हत्या नहीं कहते।

सीमा : किसी को जन्म देने से रोकना क्या हुआ? बोलो सुनंदा क्या हुआ किसी को जन्म देने से रोकना?

दृश्य - 7

समयः शाम

दृश्यः विकी के घर का कमरा। सीमा और मौसी।

सीमा : मैं कोई निर्णय नहीं ले पा रही हूं मां। क्या करूं। तुम्हीं बताओ मां।

मौसी : मेरा निर्णय कोई मायने नहीं रखता। तुम्हें क्या करना है यह तो तुम्हें ही तय करना है बेटी।

सीमा : मैं अपने को उस अंधेरे मुकाम पर खड़े पा रही हूं जहां आगे-पीछे से कहीं से भी रोशनी का कोई भी सुराख नजर नहीं आ रहा है।

मौसी : मैं तो एक बात से डर रही हूं बेटी।

सीमा : वह कौन सी बात है मां?

मौसी : अगर गर्भ गिराने के बाद विकी अपने को एक भारी बोझ से रिहा हो जाने के बाद सोच कर तुम्हें अपनाने से इन्कार कर गया तो?

सीमा : यह डर तो मेरे भीतर भी रह-रहकर पैदा हो जाता है।

मौसी : इसलिए मैं यही कहती आ रही हूं कि सोच कर ही कोई कदम उठाना। अगर तुम गर्भपात के लिए तैयार हो जाती है तो भी मैं तुम्हारें साथ हूं और वैसा न करने को ठान लो तो भी मैं तुम से विलग नहीं रहूंगी। लेकिन गहरे अंधेरे मुकाम से रोशनी की सुराख तो तुम्हें ही ढूंढ़ना है।

दृश्य - 8

दृश्यः सुनसान ठौर पर कार के भीतर बैठे सीमा और विकी।

सीमा : विकी हमारी खुशियों की घड़ियों को एकाएक ग्रहण कैसे लग गया? हम दोनों का प्यार जब शुरू हुआ था तो लगा था कि आसमान जमीन को चूमने लगा हो। आज यह नौबत क्यों आ गई। चारों तरफ घटाघोप अंधेरा ही अंधेरा दिख रहा है?

विकी : यह एक बदली का अंधेरा है। इसके मिटने में देर नहीं लगेगी।

सीमा : हमने कसमें खाई थी कि धरती और आकाश बिछड़ सकते हैं पर हम नहीं बिछड़ पाएंगे।

विकी : हम बिछड़ थोड़े ही रहे हैं सीमा।

सीमा : सीमा। मेरे मां बाप ने भी क्या नाम रख दिया - सीमा। आज उसी सीमा में सीमित हो गई हूं।

विकी : अरे नहीं हमारा प्यार आकाश की तरह फैला हुआ है। अंतरों को मिटा कर हम दोनों लिखेगें प्यार का एक नया इतिहास।

सीमा : सपने देखना कितना आसान होता है।

विकी : नहीं सीमा यह सपनों की बात नहीं हम दोनों की हकीकत है।

सीमा : हमारे इस प्यार में मैं आंखें मूंदे तुम्हारे साथ चलती रही थी। आज तो ऐसा लगता है कि हम रास्ते पर चल रहे थे जो घूमा फिरा कर भी किसी मंजिल तक नहीं पहुंच पाता।

दृश्य - 9

समयः दोपहर

दृश्यः विकी के कारखाने के दफ्तर का दृश्य। विकी और उसका ड्राइवर

विकी : देखो। तुम मेरे सबसे वफायदार ड्राइवर रहे हो। मेरे और सीमा नामक लड़की के बीच के तालुकात को तुम्हारे अलावा कोई और नहीं जानता था। मगर अब वह नर्स और सीमा की मौसी भी इस रहस्य को जानने लगी। हम दानों मालिक नौकर ही रह गए हैं। दोस्त की तरह भी रहे हैं।

ड्राइवर : यह कहने की बात है । मेरे होते हुए आप पर कोई आंच नहीं आएगा।

विकी : यह तो मैं जानता हूं राजू लेकिन हम जो करने जा रहे हैं वह गैरकानूनी काम है।

ड्राइवर : आप बेफिकर रहें। आपको मैं इन सारे मामलों से अलग रखूंगा। और सीमा को फैक्टरी की गाड़ी में ले जाकर किराए की कार में ले जाऊंगा।

विकी : यहां तक तो सारा कुछ ठीक है पर अगर....

ड्राइवर : इसका पुरा बन्दोबस्त है। चित भी हमारी ही होगी और पट भी हमारी।

विकी : *(रुपयों का बंडल थमाकर)* फिर कह रहा हूं। पूरी सावधानी कें साथ।

ड्राइवर : पूरी सावधानी के साथ ही होगा।

दृश्य - 10

दृश्यः विकी के काले घर से कुछ दूरी पर एक टैक्सी रुकती है। उससे सीमा और उसकी मौसी उतरती है। गाड़ी के चले जाने पर। किराए की एक कार खड़ी होती है। उसका दरवाजा खुलता है सीमा अपनी मौसी के साथ उसके भीतर प्रवेश करती है। कार सीधे काले घर के पास जाकर रुकती है। नर्स बाहर आती है। दोनों को लेकर भीतर चली जाती है।

ड्राइवर : मेरी कार यहां से कुछ ही दूरी पर है उस बरगद के पेड़ के नीचे खड़ी रहेगी। आपके बाहर आते ही मैं कार लिए आप तक पहुंच जाउंगा। *(कार चली जाती है।)*

नर्स : आप लोगों ने आने में देर की। जल्दी भीतर चलिए। इस काम में जितनी देर होती है उतना ही खतरा बढ़ जाता है। *(मौसी से)* आप इनकी कौन हैं?

सीमा : मेरी मां।

दृश्य - 11

दृश्यः बरगद का पेड़ जहां ड्राइवर अपनी कार के साथ इन्तजार कर रहा है । एक शराबी का प्रवेश। कार तक जाकर।

अजनबी : दो सौ रुपये।

ड्राइवर : क्या?

अजनबी : बहरे हो क्या? दो सौ रुपये।

ड्राइवर : किस लिए।

अजनबी : पहली बार इस धंधे में हो क्या?

ड्राइवर : कहना क्या चाहते हो?

अजनबी : उस काले घर में पैसेंजर को छोड़ने वाली हर कार से मेरे लिए 200 रुपये निकलते हैं।

ड्राइवर : काहे के लिए।

अजनबी : मुंह बन्द करने के लिए। वरना पुलिस के सामने मुंह खुल उठता है।

ड्राइवर : साले हरामजादे। ब्लैकमेल कर रहे हो?

अजनबी : ब्लैकमेल के लिए नहीं। कानून के गिरफ्त में आने से बचने के लिए।

ड्राइवर उसे पैसा देता है।

दृश्य - 12

दृश्यः विकी का बरगद का पेड़। सीमा अपनी मौसी के साथ कार तक पहुंचती है।

ड्राइवर : *(हैरानी के साथ)* इतनी जल्दी?

मौसी : मेरी बेटी ने इरादा बदल दिया।

ड्राइवर : क्या मतलब?

सीमा : मैंने इरादा बदल दिया।

ड्राइवर : यह कैसे हो सकता है?

मौसी : यह होकर रहा। आप जा सकते हैं। हम आगे बढ़कर बस स्टॉप से बस पकड़ लेंगे।

ड्राइवर : मगर ....

मौसी : अपने मालिक से कह देना कि उस काले घर के भीतर बूढ़ी नर्स से हमें यह जानने का मौका मिला कि वह पहले भी विकी के लिए दो लड़कियों का गर्भपात करवा चुकी है।

सीमा : मिस्टर विकी से यह भी कह देना कि नौकरी मुझे कहीं और भी मिल सकती है।

मौसी : उससे यह भी कह देना कि कोई बाप बच्चे के जमीन पर आने के हक को छीन नहीं सकता।

सीमा : मेरे बच्चे को जन्म लेने और जीने का अधिकार है और वह मात्र मेरा बच्चा रहेगा।

(ड्राइवर अवाक देखता रह जाता है।)

•••

24

कौन है मेरा भाई

दृश्य - 1

एक भव्य महल का दृश्य। नायक के जन्मदिन की सजावट। नायक झूमता हुआ बीच में आ खड़ा होता है।

नायक : तैयारी तो एकदम शानदार है पर मेरी सैक्रेटरी कहां गायब हो गई। इस शहर में कहीं अमिताभ बच्चन की कोई नई फिल्म मेरे नाम की धाक जमाकर खटमलों की तरह बिन टिकट खरीदे अमिताभ पर लट्टू हो रही होगी। सैक्रेटरी।

सैक्रेटरी : आप मुझे पुकार रहे थे?

नायक : तुम्हें लगता है कि मैं करीना कपूर को बुला रहा था? मुझे अपने जन्मदिन की खुशी अधूरी लग रही थी।

सैक्रेटरी : क्योंकि आपका जुड़वां भाई आप से बिछड़ गया है। तलाश जारी है। पुलिस जरूर ही ढूंढ़ निकालेगी।

नायक : ओरी मिस डोली सात साल होने को है जब से पुलिस मेरे भाई को ढूंढ़ रही है। पुलिस कमिशनर को फोन करो।

सैक्रेटरी : कल ही तो आपने कमिश्नर जी से बात की थी।

नायक : आज तुम बात करो। हमारे गुरु पंडित जी ने कहा था कि मेरा भाई मेरे जन्मदिन पर लौटेगा ...... ।

सैक्रेटरी : तब से आज तक हम सात बार आपका जन्मदिन मना चुके हैं।

नायक : फोन करती हो या कि मैं.....

सैक्रेटरी : करती हूं। *(नम्बर मिलाकर)* हैलो .... आप कौन हैं? .... आपने भी तो यही सवाल किया था । ..... आप पुलिस स्टेशन के चपरासी हैं। .... पुलिस अफसर से बात कराइए .... हैलो इन्सपैक्टर .... मुझे कमिश्नर जी बोल रहे हैं .... कमिश्नर जी का माली ... अरे

भैया कमिश्नर जी को फोन दो ... सुना नहीं बदतमीज कहीं के .... साले हरामी मुझसे सवाल पर सवाल किए जा रहे हो .... क्या आप कमिश्नर जी बोल रहे हैं।

दृश्य - 2

क-क- कमिश्नर जी आपने मेरी बातें सुन ली .... क्या कहा हां... आप पहचान गए मैं कौन हूं ... नहीं पहचाना .... तो फिर बाई -बाई (फोन झटके में रखना) कैद होते-होते बच पाई।

नायक : फिल्मों में तो जुड़वें भाई खोकर फिर मिल जाते हैं। लगता है कि अपनी कहानी भी कादर खां और सलिम जावेद से ही लिखवानी चाहिए थी। हमारे यहां, कोई मनमोहन देसाई भी तो नहीं। खैर! खैर मेहमानों के लिए सारी तैयारियां तो ठीक ठाक है न?

सैक्रेटरी : यह भी कोई पूछने की बात है?

नायक : क्यों! मै तुमहारी उम्र पूछ गया क्या? कल की डिनर पार्टी कैसी रही?

सैक्रेटरी : सभी लोग आए थे पर खाना कम पड़ गया था।

नायक : ऐसा कैसे हुआ?

सैक्रेटरी : कुछ बिन बुलाए लोग भी टपक पड़े थे। बाप का माल मुफ्त में उराने के लिए।

नायक : आज के कार्यक्रम में मनोरंजन का क्या प्रबंध हुआ है?

सैक्रेटरी : सेगा वाले नहीं मिल पाए। अगर आप कहें तो .....।

नायक : ठीक है तुम ही गा बजा लेना।

(नायक के अंगरक्षक के साथ चोर का प्रवेश)

चोर : अब तो बता डालिए कि मुझे यहां लाने का मकसद क्या है?

रक्षक : पूजा करवानी है।

चोर : देखिए मैं चोर हूं। गलत-शलत काम मैं नहीं करता।

रक्षक : इस घर की तुम्हारी पिछली चोरी के सारे सबूत मेरे पास हैं साले।

चोर : देखिए मैं चोर हूं। आपका साला नहीं।

रक्षक : चुप साले अकल के लाले।

चोर : आपने तो मुझे कैद में डालने के लिए गिरफ्तार किया था।

रक्षक : तुम्हारी यह इच्छा भी पूरी हो जाएगी।

चोर : आप तो जानते हैं कि मैं इस घर का सबसे खतरनाक चोर हूं। मैं जब तक बाहर रहकर दौड़ता रहूंगा तब तक आपकी भी रोटी-रोजी

बनी रहेगी। सही बात तो यह है रक्षक जी कि मेरे धंधे से आपका भी धंधा चलता है।

रक्षक : जेब में हाथ डालो और चोरी की रकम बाहर निकालो।

चोर : *(जेब से नोट निकालकर)* रिहाई की कीमत। दस हजार।

रक्षक : बस दस हजार में ही ईमान बेच दूं। देखो दाई से पेट छिपाने की कोशिश मत करो। चलो अपने मालिक से तुम्हारा परिचय कराके फिर तुम्हें ससुराल पहुंचाता हूं ।

चोर : *(दूसरी जेब से निकालकर थमाना)* यह आखिरी दस हजार था। बुरे दिनों में काम आने के लिए रखा था। वह भी नहीं रहा।

रक्षक : बेटे! हरामियों के पैसे मैं दाएं हाथ से नहीं लेता लाओ बाईं हथेली पर रखो। और नौ दो ग्यारह हो जाओ।

चोर : *(रुपये थमाकर)* ठीक है मेरे बाप।

रक्षक : साले मैं तुम्हारा बाप नहीं हूं।

चोर : आपने मुझे बेटा जो कहा। *(जाने लगा)*

रक्षक : अब कब मिलोगे।

चोर : अब जेब में फिर से बीस हजार आ जाए तब।

दृश्य - 3

दृश्यः आलीशान घर के भीतर प्रवेश करती हुई सुंदरी।

सुंदरी : नायक तुम्हारा संदेश मिला और लो मैं आ गई।

नायक : मैं तो जागे-जागे तुम्हारा सपना देखता रहा हूं । आज तो और भी खूबसुरत लग रही हो। गोवा के रेगिस्तान में जैसे गुलाब का फूल।

सुंदरी : हमारी मुलाकात को आज चार सौ दिन हो गए और आज चार सौ पैंतिसवीं बार यही जुमला सुनती आ रही हूं।

नायक : औरत को सुन्दर कहो तो खुशामत न करो तो रुसवाई रोयले तब भी कांहे, हंसले तब भी काहे। बोलो आज तुम्हें खुश करने के लिए क्या कहूं?

सुंदरी : खामोश रहो।

नायक : एक वाक्य जो गले में अटका हुआ है उसे तो कह लेने दो। मेरा वश चले तो तुम्हें मिस यूनिवर्स घोषित कर दूं। तुम न आती तो मेरा यह जन्मदिन मरन दिन सा लगता। तुम आई क्या दिल घनघना उठा धड़कने झनाझना उठीं। सुंदरी आज अपने जन्मदिन के मौके पर मैं....

सुंदरी : फिर वही घिसे पिटे वायदे।

नायक : आज मैं तुम्हें अपनी सलाहकार से अपनी चीफ एडवाईजर बना रहीं हूं, जानती हो क्यों? क्योंकि तुमने आज तक कोई भूल कोई गलती की ही नहीं।

सुंदरी : की है न? एक बहुत बड़ी गलती तो मैं बार-बार करती रही।

नायक : बहुत बड़ी गलती? कब?

सुंदरी : जब-जब आप मुझे चीफ एडवाइज़र बनाने की भूल करते हैं।

नायक : तुम्हारी बातें तो मेरे मन को झनझना जाती हैं।

गुरुदेव का प्रवेश

सुंदरी का प्रस्थान और उस दौरान गुरुदेव से टकरा जाना।

गुरु : चेले मेरे जब विश्वामित्र जैसे बड़े-बड़े ऋषियों के दिल के घंटे घनघना उठते हैं तो तुम किस खेत की मूली हो।

नायक : प्रणाम गुरुदेव।

गुरु : जाते-जाते तुम्हारी वह बिजली मुझसे क्या टकराई मुझे हार्ट पावर करंट मार गई बचुवा।

नायक : गुरुजी आपको ऐसी बातें शोभा नहीं देती।

गुरु : वाह बचुआ वाह, यही बात कालिदास कहे तो महाकवि और मैं कहूं तो सत्यम् पापम्, सत्यम् पापम्।

नायक : मैं तो मजाक में कह गया।

गुरु : गुरु के साथ मजाक है?

नायक : जीभ में हड्डी न हो जाने के कारण वह आउट ऑफ कंट्रोल हो जाती है। आप बैठिए मैं आपके लिए पीने की व्यवस्था करता हूं।

गुरु : पीने की?

नायक : यानी की जलपान मंगवाता हूं। *(ताली बजाना)*

गुरु : बच्चे आजकल तुम इतने ढीले-ढीले क्यों लग रहे हो। तुम शहर के मेयर हो, अपनी प्रतिष्ठा तो बनाए रखो।

नायक : बात यह है कि प्यार में आदमी कभी लक्की होता है और कभी शक्की हो जाता है।

गुरु : पर बचुआ। एक बात समझ में नहीं आ रही। ऐसे शुभअवसर पर तुम्हारी धर्मपत्नी को भी तो तुम्हारी बगल में होना चाहिए था।

नायक : अरे आप को बताना भूल ही गया। मेरी पत्नी इन दिनों भारत के तीर्थस्थलों पर गई हुई है।

गुरु : बात समझ में आई । तभी तो वह तितली आपके इर्द-गिर्द मंडरा रही है।

नायक : क्यों भाई। तुम्हें भी तो यहां आमंत्रित किया गया है। लाई हो निमंत्रण पत्र अपने साथ?

(युवक का प्रवेश)

युवक : मैं बेकार हूं। नौकरी की तलाश में आया हूं। मेरे साथ आए कुछ बेकार लड़के बाहर खड़े हैं।

नायक : यानी की तुम उन सभी के लीडर हो । तोड़-फोड़ का आदेश तुम ही देते होगे।

युवक : हम तोड़-फोड़ करने वालों में से नहीं हैं।

गुरु : तुम तो बच्चू औरों को आदेश देकर पीछे हट जाते होगे। क्या जमाना आ गया। पहले लोग हाथ जोड़कर चीजें मांगते थे आज चिल्ला-धमका कर मांगते हैं।

युवक : आपकी किस किताब में यह लिखा हुआ है कि अधिकार भी हाथ जोड़ कर मांगना चाहिए?

गुरु : बचुआ! जब मुझे भी ढूंढ़ने पर नौकरी नहीं मिली तो मैं साधु बन गया। कुछ चीजें तो कुछ चीजों से अधिक आसान हुआ करती है।

नायक : गुरुवर! आप मेरे खोए हुए भाई के बारे में बताने वाले थे।

गुरु : हां बचुआ! तुम्हारा भाई तुम्हें बहुत जल्द मिलकर रहेगा। बहुत जल्द।

नायक : आपने कहा था कि मेरे जन्मदिन के मौके पर ....।

गुरु : आज तुम्हारा जन्मदिन है अगर आज भी तुम्हारा खोया हुआ भाई तुम्हें नहीं मिला तो ....

नायक : तो?

गुरु : इसका मतलब होगा तुम अभी जन्में ही नहीं।

दृश्य - 4

दृश्य: नायक के घर का बाहरी भाग।

एक ओर से नायक और दूसरी ओर से कवि का प्रवेश

नायक : आइये, आइये! कवि महोदय। आप तो पिछली बार कविता सुनाकर इस तरह भागे जैसे कि गधे के सिर से सींग।

कवि : आज आपके लिए बहुत बढ़िया कविता लिख कर लाया हूं।

सैक्रेटरी भीतर आकर

सैक्रेटरी : आप कौन हैं?

कवि : अपमान! घोर अपमान! इस दुनिया में अब कवियों की कोई पहचान नहीं।

नायक : सैक्रेटरी! ये हमारे दोस्त महाकवि जगजीवनदास हैं। महाकवि तुलसीदास और कालीदास इनके पूर्वज हैं। कविराज और ये हैं सैक्रेटरी चम्पावती।

कवि : अरे चम्पाकली आप तो गुलाब कली लगती हैं।

सैक्रेटरी : चम्पाकली नहीं चम्पावती।

कवि : चम्पावती तुम तो मधुमती हो। नहीं नायक तुम गलत कह गए थे वे जड़े थी और मैं बेल हूं।

नायक : सैक्रेटरी यह मेरा दोस्त जो कविता लिखता है वैसी कविता तो अमिताभ बच्चन का बाप भी नहीं लिख पाया।

(गुरु जी का घबराते हुए धोती थामे प्रवेश।)

सैक्रेटरी पानी लाकर देती है। कवि दोबारा खाली गिलास के साथ सामने आ जाता है।

गुरु : एक ग्लास पानी.... जल्दी से एक ग्लास पानी ...

कवि : इस महाशय का परिचय!

नायक : ये मेरे गुरु हैं।

कवि : बड़े अजीब हैं तुम्हारे यह गुरु।

सैक्रेटरी : *(मुंह छिपाकर)* एकदम आप ही जैसा।

गुरु : पानी-पानी।

सैक्रेटरी : मैं दूध लाए देती हूं।

गुरु : पानी-पानी जल्दी ....।

सैक्रेटरी : *(पानी थामते हुए)* अगर आपको इतनी जोर से प्यास लगी है तो यहीं बैठ कर पीजिए। बार-बार अपने कमरे को दौड़ कर तो आप अपनी प्यास को और भी बढ़ाते जाएंगे।

गुरु : अरी ओ छबीली, नवेली अलबेली मुझे प्यास नहीं लगी है। देख नहीं रही हो मैं बिना कुर्ते का हूं। अपने कुर्ते की स्त्री कर रहा था उससे लपटें निकलने लगी। उन्हीं लपटों को बुझाने के लिए पानी की जरूरत पड़ी है।

नायक : क्यों गुरुजी ये मेरा जुड़वा भाई....?

गुरु : मिल जाएगा। बिछड़ा हुआ भाई आ जाएगा। हड़बड़ाने से गुलर नहीं पकता। धीरज धरो। धीरज ए मर्द मदद-ए खुदा।

कवि : धीरज ए मर्द नहीं हिम्मत ए मर्द मदद-ए खुदा

गुरु : आपका परिचय। किस जंगल के बन्दर हैं आप?

कवि : किस खेत की मूली हैं आप?

गुरु : मेरा कुर्ता!

(ग्लास में पानी के साथ दौड़ पड़ता है। फिसल कर गिरता है।)

नायक : क्या हुआ, क्या हुआ गुरुदेव? चोट तो नहीं आई?

गुरु : होता है। होता है।

कवि : क्या होता है?

गुरु : फिसलना, गिरना, मिलना, बिछड़ना, हारना, जीतना।

नायक : मेरे अपने बिछड़े भाई से कब होगा मिलना?

दृश्य - 5

रक्षक और चोर आपस में बातें करते हुए।

चोर : मैं चोर हूं। पसीना बहाकर चोरी करता हूं। आप जो कह रहे हैं वह तो धोखेबाजी है। मैं तो चोर हूं अच्छी नीयत वाला चोर हूं धोखेबाज नहीं।

रक्षक : साले बनो मत। तुम्हें मेरी बात मन्जूर है या नहीं?

चोर : मजबूर मत करें। सोचने दो.... सोच लिया... मन्जूर है।

रक्षक : फिर तो हुजूर धीमे बोलिए चोर शोर नहीं मचाते।

चोर : अगर नायक जी को पता चल गया है कि मैं उसका भाई नहीं बल्कि एक बहरुपिया हूं तो?

रक्षक : तुम पहले जाकर अपना चोर वाला हुलिया तो बदल आओ फिर मैं जैसा कहूं वैसा करो। डरोगे तो जेल में सड़ोगे।

चोर : और कामयाब हुए तो।

रक्षक : बहुत बड़ी जायदाद के मालिक।

चोर : कौन? मैं या आप मेरे बाप।

रक्षक : हम दोनों साथ-साथ। मैंने सारी बातें तुम्हें समझा दी है। यह चाभी देख रहे हो?

चोर : कैदखाने की तो नहीं।

रक्षक : यह खुल जा सिम-सिम की चाभी है जिससे हम दोनों के नसीब का दररवाजा खुलेगा। इसे अपने पास रखो। ढंग के कपड़े पहन लेने के बाद इसे अपने गले में लटका कर ही मेरे मालिक यानी की नायक के पास पहुंचोगे।

चोर : यह नायक की तिजोरी की चाभी है क्या?

रक्षक : अरे गोबरगणेश, अकल के घोंघे, रे भोंदू, अरे घनचक्कर, बिन छिलके के मटर यह वह चाभी है जो नायक के भाई के गले में थी जब वह बिछड़ा था। कोई आ रहा है तुम यहां से रफूचक्कर हो जाओ और ठीक पांच बजे तुम नायक के सामने पहुंचोगे।

चोर : कुछ तो पेशगी मिल जाए....।

रक्षक : साले फिल्मों के खलनायकों की तरह बोलने लगा। चल भाग नहीं तो लेने के देने पड़ जाएंगे।

दृश्य - 6

समयः दोपहर

दृश्यः घर के आंगन का बाग नायक और सुंदरी

नायक : स... सुन्दरी तुम ....

सुंदरी : क्या कहा छुछुंदरी?

नायक : मेरी जीभ से गलती हुई या कि तुम्हारे कान में मोम जम गया है?

सुंदरी : मुझे लगता है कि तुम्हारे कान में बिल्ली ने बच्चे जन्म दिए हैं।

नायक : अच्छा है कि हम दोनों शादी से पहले ही झगड़ लेते हैं। शादी के बाद ताकि गाल फुलाने की नौबत नहीं आए। वैसे भी गुरु शादीशुदा जीवन में शांति बनाए रखना का एक तरीका बता गया है।

सुंदरी : मैं भी तो सुनूं।

नायक : उसने कहा है कि जब भी मैं कसूरवार होऊं उसे चुपचाप मान लूं और जब भी बेगुनाह हुआ तो खामोशी साधे रहूं।

सुंदरी : उम्मीद रखूं कि अपने गुरु की इस सीख पर अमल कर पाओगे?

नायक : यह भी कोई पूछने की बात है?

सुंदरी : तो पूछने की बात पुछूं?

नायक : क्यों नहीं।

सुंदरी : तुम्हारा गुम हुआ जुड़वां भाई तुम्हारे ही तरह है या तुमसे अधिक सुन्दर?

नायक : आ जाने दो। तुम ही तय कर लेना। जुड़वे भाइयों के चेहरे तो एक जैसे होते हैं पर हम दोनों के अपने अलग-अलग चेहरे थे। वह हूबहू मेरे जैसा होता तो बड़ी आसानी से हम खोज निकालते। पुलिस भी कुछ नहीं कर पा रही।

सुंदरी : इस मामले में तो सुभाष घई की मदद लेनी होगी।

नायक : यह सुभाष घई कौन है?

सुंदर : सुभाष घई, फिल्म में बिछुड़े भाइयों को खोज निकालने में महा-माहिर है।

नायक : यह क्या होता है सुंदरी।

सुंदरी : बहुत बड़ा एक्सपर्ट है।

(कवि का प्रवेश)

नायक : कविराज! आज मेरा जन्मदिन है। इस मौके पर कुछ तो हो जाए।

कवि : तुम जियो हजारों साल, साल के दिन हो नब्बे हजार।

सैक्रेटरी : पचास हजार।

कवि : यार नायक इस खातून को क्या एतराज है अगर मैं तुम्हारी उमर पच्चास से नब्बे कर दूं तो। खैर शेर सुनाता हूं।

सैक्रेटरी : यह तो फिल्मी गीत है।

कवि : फिल्म वाले तो चुराने के मामले में बैरम खां डाकू हैं। चुरा लिया होगा मेरे गीतों से। खैर! तुम जिन्दा रहो कयामत तक खुदा करे कयामत अभी हो जाए।

सैक्रेटरी : यह शुभकामना है या कुकामना? आपने शेर और शायर दोनों की टांगे तोड़ दी। शेर तो यह है कि तुम जिन्दा रहो कयामत तक, खुदा करे कयामत कभी न हो।

कवि : लो! यह कैसे हो सकता है। कयामत तो होनी है आज नहीं तो कल, कल नहीं तो परसों....।

सैक्रेटरी : कवि महाराज कुछ ढंग की कोई मौलिक नई चीज तो सुनाए।

कवि : तो सुनो! हम भी अगर बच्चे होते नाम हमारा होता बबलू खाने को मिलता लड्डू। हैपी बर्थ डे टू यू।

सैक्रेटरी : लगता है आपकी इस मौलिक कविता को हिंदी फिल्मों ने हाइजैक कर लिया है। नायक जी इजाजत हो तो इस सुनहरे मौके पर कुछ पेश करूं। बारी-बारी से दिन आये, बारी- बारी से दिन जाए तू जीये हजारों साल ये मेरी है आरजू।

कवि : यह है मेरे क्षेत्र में दखलअंदाजी।

सैक्रेटरी : यह है अभिव्यक्ति की आजादी।

सैक्रेटरी और कवि तेज रफ्तार के साथ बोले जाते हैं ।

नायक : तुम दोनों को नोंकझोंक ही करना है तो कविता में करो न?

सैक्रेटरी : तो मैं शुरू करूं

नायक : फूल महक उठा

कवि : आंखें चहक उठी

सैक्रेटरी : आंसू टपक गए

कवि : नजरें झपक गईं

सैक्रेटरी : दिल धड़क उठा

कवि : बिजली चमक उठी

सैक्रेटरी : राही भटक गया

कवि : लपटें धधक उठी

सैक्रेटरी : चमगादड़ लटक गया

कवि : बात खटक गई

सैक्रेटरी : समय ठिठक गया

कवि : कमर लचक गई

सैक्रेटरी : लहंगा चिपक गया

कवि : आग भभक उठी

सैक्रेटरी : दिल धकधक हुआ

कवि : चोली सरक गई

सैक्रेटरी : मन बहक उठा

नायक ताली बजाकर

नायक : वाह वाह! क्या जुगलबंदी थी। सुभानअलाह!

दृश्य - 7

दृश्य: फुलवारी

समय: शाम

नायक, सैक्रेटरी, रक्षक, सुंदरी, गुरु, कवि, पार्टी का आनंद लेते हुए।

नायक : गुरु महाराज मेरा जन्मदिन जन्म रात्रि में बदलने जा रहा है। मेरा बिछड़ा भाई अभी तक नहीं लौटा।

चोर : *(प्रवेश)* नायक भैया लो मैं आ गया।

नायक - कौन हो तुम?

चोर : *(अपने गले की चाभी दिखाते हुए)* मैं इस चाभी का मालिक हूं।

रक्षक : नायक जी यह तो आपके छोटे भाई की चाभी है। *(चोर से)* एई यह चाभी तुम्हें कहां मिली?

चोर : यह तो हमेशा से मेरे गले में ही रही है।

गुरु : मैंने कहा था कि आज आपको अपना खोया हुआ जुड़वां भाई मिल कर रहेगा।

नायक : मेरे छोटे भाई .... आ गले लग जा .....

एक व्यक्ति का प्रवेश

व्यक्ति : मैंने अखबार में पढ़ा, रेडियो पर सुना, टी.वी. पर देखा फिर जान पाया कि आपका छोटा भाई खो गया है। लो मैं लौट आया।

सुंदरी : अरे इसके गले में भी वही चाभी है।

नायक : यह चाभी तुम्हें कहां मिल।

व्यक्ति : यह तो हमेशा से मेरे गले में ही झूलती रहती है।

नायक : मेरा तो एक भाई खोया था। दो-दो कहां से पैदा हो गए।

युवक का प्रवेश

युवक : ये दोनों बहुरुपिये हैं। आपका बिछड़ा हुआ भाई इन दोनों में से कोई भी नहीं।

सैक्रेटरी : तुम कौन हो बीच में बोलने वाले?

युवक : मैं अपने भाई का खोया हुआ भाई हूं। यह रही असली चाभी।

नायक : यह क्या झमेला हो रहा है। मेरे तीन-तीन भाई कहां से पैदा हो गए। गुरु जी आप ही बताइए इनमें से कौन नकली कौन असली है।

सुंदरी : मुझे तो लगता है कि यह व्यक्ति आपका भाई है।

सुंदरी दूसरे व्यक्ति की ओर संकेत करके

रक्षक चोर की ओर संकेत करके।

रक्षक : मुझे तो लगता है कि यह व्यक्ति आपका भाई है। मुझे तो यह आदमी असली भाई लग रहा है।

सैक्रेटरी : गलत। *(लड़के के करीब जाकर)* आपका असली भाई तो यह नौजवान है।

नायक : बेकारों का यह नेता।

युवक : मैं बेकारों का नेता नहीं हूं मैं तो उस रूप में इसलिए यहां आया था ताकि यहां के माहौल को समझ पाऊं। यह पहला व्यक्ति आपके सुंदरी का बड़ा भाई है। आपको चकमा देने के लिए सुंदरी का रचा हुआ षड्यंत्र है यह।

(पांच लोगों को यह कहते हुए प्रवेश)

मै हूं असली भाई - मैं हूं ...मैं ...हूं।

कवि : ये आ गए पांच पांडव अब शुरू हो गया महादेव का तांडव।

●●●

25

अजीब तोहफा

दृश्य - 1

समयः दिन

दृश्यः घर और बरामदा। श्यामा अपने पति भरत को टोकरी थमाती हुई।

श्यामा : देखना पिछली बार की तरह गेहूं के आटे की जगह इस बार भी बेसन मत उठा लाना।

भरत : पैसे भी दोगी या कि...

श्यामा : यह रहे बारह सौ रुपये।

भरत : दुकान में हर चीज का दाम बढ़ गया है। मालूम है?

श्यामा : टी.वी. भी देखती हूं और रेडियो भी सुनती हूं। मालूम है इसीलिए तो हजार रुपये के बदले बारह सौ दे रही हूं।

भरत : निशा कहां है?

श्यामा : निशा! पापा के साथ सुपर मार्केट जाओगी या नहीं?

निशा : आ रही हूं। (*भरत की विधवा भाभी आ जाती है।)*

भाभी : मेरी दवा खत्म हो गई है भरत ....

भरत : अरे मैं तो भूल ही गया था भाभी। अच्छा किया याद दिला दिया।

श्यामा : मेरे लिए ....

भरत : तुम्हारे लिए चप्पल ....?

श्यामा : नहीं।

भरत : क्रीम या पाऊडर?

श्यामा : रविवार को विनिता के भाई की शादी में जाना है।

भरत : तो?

श्यामा : उसके लिए तोहफा लेना मत भूलना।

भरत : इस बारह सौ में तोहफे भी?

श्यामा : बस सौ-डेढ़ सौ के बीच की कोई चीज ले लेना।

भरत : तुम किस जमाने की बात कर रहे हो? *(निशा सामने आ जाती है।)*

निशा : चलो पापा।

भाभी : निशा! बाहर जोरों की ठंढ़ है। स्वेटर तो पहन लो।

भरत : आज कल तो सौ डेढ़ सौ रुपये में तो वह छह ग्लास भी नहीं मिल पाएंगे।

(श्यामा उसे कुछ और रुपये थमाती है।)

श्यामा : लो दो सौ और दे रही हूं। कोई अच्छा सा तोहफा लाना। सब्जी की तरह सड़े हुए टमाटर और सुखे हुए बैंगन जैसी कोई चीज ना उठा लाना।

भरत : एक काम करें?

श्यामा : क्या? ...

भरत : आज तुम ही सुपर मार्केट क्यों नहीं चली जाती?

श्यामा : तुम मेरी साड़ी, पहले रसोईघर के सारे काम सम्भालना चाहते हो क्या?

भाभी : निशा। मेरी बात मान और बदन पर गरम कपड़े पहन लो। ठहरो मैं लाती हूं। *(स्वेटर लेकर लौटना और निशा को पहनाना)*

निशा : पापा! चलो न मेरे भी तो जूते खरीदने हैं।

भरत : लो मां डाल-डाल तो बेटे पात-पात। *(निशा से)* चलो शहजादी। *(बाहर निकल जाने पर दरवाजे के बाहर आकर)*

श्यामा : विनिता के भाई के लिए तोहफा मत भूलना।

भरत : ऐसा करके घर से बाहर निकाले जाने का खतरा क्यों मोल लूं। मुझे पागल कुत्ते ने काटा है क्या?

दृश्य - 2

समयः दिन

दृश्यः सुपर मार्केट भरत और निशा शॉपिंग के बाद कैशियर कें सामने

कैशियर : पांच हजार दो सौ।

भरत : क्या?

कैशियर : पांच हजार दो सौ रुपये।

भरत : *(अपने आप से)* ये क्या हो गया भई, मेरे पास तो कुल मिला कर चार हजार रुपये ही हैं। और बिल पांच हजार? बाकी पैसे कहां से लाऊं? *(कैशियर से)* कहीं आपकी गिनती में कोई गलती....

कैशियर : मेरी गिनती में कोई खोट नहीं है। आपने शायद सेल्स टैक्स और नये टैक्स को गिनती में नहीं रखा।

भरत : टैक्स इतने ज्यादा कैसे हो गए?

कैशियर : मिस्टर! आपके पीछे लम्बी कतार है। आप मेरा जितना अधिक समय बर्बाद करेंगे यह कतार बढ़ती ही जाएगी।

भरत : देखिए! .... मैं एक दो चीजें लौटाकर अपनी बिल को कुछ कम करना चाहता हूं।

कैशियर : आपको जो भी करना है जल्दी कीजिए। कतार में खड़े लोग आपसे बाहर होने लगे हैं।

भरत : सॉरी मैडम! मैं इस शादी के तोहफे को लौटा रहा हूं।

कैशियर : ठीक है पर इसके बाद भी आपको सवा सौ रुपये देने पड़ेंगे।

भरत : पर... पर... अब कहां से लाऊं। मेरा यह ट्रॉली तीन हजार रुपये में भर जाती थी आज....

निशा : पापा! मैं... मैं ...

भरत : मैं... मैं क्यों करने लगी।

निशा : मैं अपने जूते ...

भरत : तुम अपने जूते मेरे सिर पर मारना चाहती हो क्या?

निशा : नहीं पापा। मैं इसे लौटा देना चाहती हूं।

कैशियर : अगर आप बच्चे के जूते लौटाएंगे तो मुझे आपको पन्द्रह रुपये लौटाने होंगे। मैं सोचती हूं कि यही ठीक रहेगा।

भरत : नहीं जूते मैं नहीं लौटाऊंगा।

कैशियर : देखिए कतार लम्बी हो रही है।

निशा : पापा आप ये जूते लौटा दें। ये मुझे पसन्द नहीं।

(वह जूतों को ट्रॉली से निकालकर कैशियर के सामने रख देती है।)

कैशियर : ठीक है अब मैं आपको 15 रुपये लौटा रही हूं।

भरत : निशा तुम अपने जूते ....

निशा : जूत्ते अगली बार खरीद लेंगे।

(धीरे-धीरे दृश्य समाप्त होता है)

दृश्य - 3

दृश्यः सुपर मार्केट के बाहर

निशा : पापा आपको शादी का तोहफा नहीं लौटाना चाहिए था।

भरत : मैं जानता हूं पर... इसके अलावा हमारे पास कोई दूसरा तरीका था ही नहीं।

निशा : पर मां इस बात पर...

भरत : नाराज हो उठेगी...? यही न?

निशा : घर में हंगामा...

भरत : यह तो होता ही रहता है।

निशा : मुझे तो डर लगने लगा कि कहीं मां...

भरत : देखो निशा! सुपर मार्केट में बेइज्जत होने से तो घर के भीतर तुम्हारी मां की खरी खोटियां सुन लेना बेहतर रहेगा। लेकिन तुमने भी अपने जूते लौटाकर मुझे दुखित भी किया और लज्जित भी किया।

निशा : नये साल के अवसर पर खरीदें मेरे जूते अभी और छह-सात महीने चलेंगे।

भरत : इस अचानक की महंगाई ने तो कमर तोड़ डाली है। आदमी क्या खरीदे क्या न खरीदे!

दृश्य - 4

समयः दोपहर

दृश्यः भरत का घर। खरीदे सामान के साथ भरत और निशा का घर के भीतर प्रवेश होना। सामान को फर्श पर रखकर भरत सोफे पर लुढ़क जाता हैं आवाज सुनकर श्यामा सामने आ जाती है।

श्यामा : कितने पैसे बचे?

भरत : यह रहे पन्द्रह रुपये।

श्यामा : सभी चीजें आ गई है न?

भरत : तोहफा नहीं ले पाया।

श्यामा : क्या मतलब?

निशा : पैसे कम हो गए थे?

श्यामा : सचमुच आप ने विनिता के भाई की शादी का तोहफा नहीं खरीदा?

भरत : पैसे कम पड़ गए।

श्यामा : पर व्हीस्की के लिए कम नहीं हुआ होगा।

भरत : रम तक के लिए पैसा नहीं बचा था और तुम व्हीस्की की बात कर रही हो।

श्यामा : तोहफे के बिना मैं शादी में कैसी जाऊंगी?

भरत : जा सकेगी।

श्यामा : खाली हाथ?

भरत : नहीं तोहफे के साथ।

निशा : इसका मतलब यह हुआ कि तुम दानों मेरे साथ मजाक कर रहे हो। दिखाओ कैसा तोहफा लिया है।

भरत : लिया था पर पैसे कम पड़ जाने पर लौटाना पड़ा। वैसे भी हमारे पास कई तोहफे पड़े हुए हैं।

श्यामा : मैं समझी नहीं। *(भाभी का प्रवेश)*

भाभी : भरत मेरी दवा लाना तो नहीं भूले न?

भरत : भाभी! भला मैं तुम्हारी दवा कैसे भूल सकता हूं। यह रहीं।

निशा : चाची मां मैं आपके लिए एक ओर चीज लाई हूं।

भाभी : मेरी बिटिया क्या लाई है मैं देखूं तो सही?*(निशा उसे एक मूर्ति थमाती है।)*

निशा : आप बार-बार कहती थी न कि पूजा घर में सरस्वती की मूर्ति नहीं है।

भाभी : वाह! बहुत ही सुन्दर वास्तव में यह मूर्ति मैंने अपने लिए नहीं तुम्हारे लिए मांग रही थी।

निशा : मेरे लिए?

भाभी : हां। सरस्वती जी शिक्षा की देवी हैं। बच्चों पर उनका आशीर्वाद होना जरूरी है।

भरत : पिछले महीने तुम्हारे जन्मदिन के मौके पर मिले दो तीन तोहफे अभी भी बिन खोले पड़े हुए हैं।

श्यामा : तुम चाहते हो कि मैं अपने जन्मदिन का तोहफा शादी में दे आऊं?

भरत : हुई न समझदारी की बात!

श्यामा : मैं पुराने तोहफे लेकर शादी में नहीं जा सकती।

भरत : भाई ऊपर के पैकिंग का पेपर पुराना पड़ा होगा पर भीतर की चीज तो नई होगी। और फिर अगले सप्ताह मेरा जन्मदिन है। नए तोहफे आ ही जाएंगे।

श्यामा : तोहफे में मिले हुए तोहफे देना यह क्या बात हुई?

भरत : कहते हैं दान में महा दान। हो गया न समस्या का समाधान?

दृश्य - 5

दृश्य: भरत के घर का कमरा

समय: दिन।

बैठे हुए भरत और भाभी। श्यामा बांहों में तीन बंडल लिए सामने आ जाती है। उसे देख भाभी बोल उठती है।

भाभी : तुम श्यामा के साथ शादी में नहीं जाओगे?

भरत : नहीं भाभी। सोमवार से स्कूल शुरू हो रहा है। दो महीने बाद फाइनल एक्जाम है। छात्रों के लिए कुछ सहायक मटीरियल तैयार करना है।

भाभी : अरे! श्यामा ये तीन-तीन तोहफों के साथ शादी में जा रही हो क्या?

श्यामा : तीनों में से एक को चुनना होगा।

भरत : अरे भई बंडल खोलने की तकलीफ क्यों कर रही हो। कोई भी एक ले आओ न।

श्यामा : बिन देखे कैसे पता चलेगा कि वह शादी का तोहफा है या किसी दूसरे मौके के।

भाभी : इसका मतलब तीनों को खोलना पड़ेगा। मै मदद करूं।

श्यामा : मैं खोल लेती हूं आप उन्हें फिर से बांध देना।... यह क्या... पहला तोहफा तो 6 ग्लासों का सेट है ... *(कार्ड पढ़कर)* वाह देने वाली भी श्रीमती नायको ठहरी। कंजूस मक्खी चूस.... देखें दूसरे में क्या है?

भरत : कहते हैं कि तोहफे को उसकी कीमत से नहीं जांचा जाता। देने वाली की भावना की कीमत आंकनी चाहिए।

(भाभी पहले तोहफे का फिर से पार्सल बनाती है।)

श्यामा : यह दूसरा भी किसी कंजूस के घर से आया लग रहा है। एक खाली गुलदस्ता! हटाएं इसे।

भरत : लाओ तीसरा मैं खोलता हूं। अरे यह तो काफी कीमती चीज लग रही है। वजन से हल्का होकर भी सुन्दर और उपयोगी तोहफा है।

श्यामा : इस पुराने जमाने में भी ब्रेड टोस्टर को भी तुम सुन्दर और कीमती कह रहे हो।

भाभी : हमारी रसोई में तो अच्छा खासा और एकदम आधुनिक टोस्टर है। बेहतर तो यही होगा कि इसे ही ले जाओ। लाओ मैं फिर से पार्सल बना देती हूं। पहले दोनों तोहफे वाले अगर कंजूस निकले तो यह तीसरा तो काफी चालाक निकला।

(टोस्टर के डिब्बे को ध्यान से देखने के बाद)

भरत : क्यों? ऐसी क्या बात है?

भाभी : डिब्बे पर के पुराने दाम को मिटाकर नया दाम लिख दिया है ताकि पाने वाले को लगे सचमुच कीमती चीज है। पर....

भरत : पर क्या?

भाभी : बेवकूफी भी की है। काले रंग में लिखे दुकान के दाम पर लाल रंग की शुभकामनाएं फ्रेंच में है।

श्यामा : नाम लिखा है या नहीं।

भाभी : वि. जगेसर।

भरत : लाओ मैं नाम मिटाए देती हूं।

श्यामा : किस रंग की कलम चलाओगी?

भरत : कलम की जरूरत नहीं है। *(अपनी जेब से एक छोटा चाकू निकाल कर नाम को खुरेदता है और कीमत को भी।)* श्यामा अब तुम शुभकामना के साथ अपना नाम इत्मीनान से लिख सकती हो। *(श्यामा वैसा ही करती है फिर निशा को आवाज देती है।)* आ जा निशा चलते हैं। *(नए ढ़ंग से बंधे पार्सेल के साथ श्यामा और निशा का बाहर होना।)*

दृश्य - 6

दृश्यः भरत का घर *(घर के चारों लोग खाने पर बैठते हैं।)*

समयः रात

निशा : पापा!

भरत : क्या है निशा?

निशा : आपको मालूम है कल क्या है?

भरत : लगता है कल कोई खास दिन है।

निशा : आपको नहीं मालूम?

भरत : कल क्रिसमस तो नहीं हो सकता और ना ही दिवाली।

निशा : सचमुच आप नहीं जानते कल क्या है?

भरत : तुम्हारा जन्मदिन तो अभी तीन महीने दूर है।

निशा : कल मां का जन्मदिन है।

भरत : तुम्हारी मां ने तो मुझे बताया ही नहीं।

श्यामा : हां। आपको मेरा जन्मदिन क्यों याद आने लगा?

भरत : जब मुझे अपना ही जन्मदिन याद नहीं रहता तो तुम्हारा ... खैर ... कल सचमुच तुम्हारी सालगिरह है?

भाभी : तुम अजीब जीव हो भरत। हम लोगों ने कल रात के लिए पार्टी की योजना बना ली है। दस घरों में फोन करके दावत भी दे दी है। और तुम्हें कुछ मालूम नहीं।

भरत : मैं तो बस बच्चों के जन्मदिन पर खुश होता हूं।

श्यामा : बड़े लोगों के जन्मदिन पर खुश न होने का कारण?

भरत : बचपन और जवानी दोनों के ढल जाने पर कैसी खुशी?

भाभी : लोग तो सौ साल की सालगिरह शादी से भी अधिक धूमधाम से मनाते हैं।

भरत : वह तो इसलिए कि दुनिया की मोहमाया से रुख़सत पाने की घड़ी के नजदीक आ जाने का सुखद एहसास होने लगता है।

सचमुच कल तुम्हारा जन्मदिन है? तुम लोगों ने यह बात मुझे पहले क्यों नहीं बताई?

भाभी : यह जानने के लिए कि तुम्हें अपनी पत्नी का भी ख्याल रहता है या कि टीवी पर आने वाले फुटबॉल मैच का जुनून ही तुम्हारे सिर पर सवार रहती है।

भरत : यह बात है तो मैं भी कल अपने कुछ खास दोस्तों को दावत दे दूं। *(मोबाइल फोन पर नम्बर मिलाता है।)* .... हैलो , चन्दे कल रात मेरे यहां पार्टी में पहुंचो ... ये मत पूछो कि किस मौके पर। बस अपनी पत्नी के साथ पहुंचो... *(दूसरा नम्बर मिलाना)* हैलो अहमद! कल रात मेरे घर....सवाल मत करो ..... भाभी के साथ आना है .... सरप्राईज पार्टी । हैलो ...

श्यामा : बस भी करो। मैंने सिर्फ दस लोगों के लिए बिरयानी का आर्डर दिया है।

भरत : दो से भला चार, दस से भला बारह। मैं अपने दफ्तर के दो मित्रों को भी दावत देना चाहता हूं।

दृश्य - 7

दृश्यः भरत का शयनकक्ष *(श्यामा अपने पति को जगाते हुए)*

समयः सुबह

श्यामा : आठ बजने को है कब तक सोते रहोगे।

भरत : *(अंगड़ाई लेकर करवट बदलते हुए)* अरे सोने भी तो दो। जागते हुए तो आराम नहीं अब सोना भी हराम।

श्यामा : कार पर नहीं जाना है क्या?

भरत : *(बैठते हुए)* तुम तो अपने खर्राटों से रात में सोने ही नहीं देती हो और अब...

श्यामा : उल्टा चोर कोतवाल को डांटें!

भरत : क्या मतलब?

श्यामा : जो तुम नहीं समझोगे उसका मतलब क्यों पूछने लगे?

भरत : *(फिर से सोते हुए)* कितना बढ़िया सपना देख रहा था।

श्यामा : तुम्हारे सपने में सूर्पनखा के अलावा और कौन आ सकती है? उसे छोड़कर नौकरी पर जाओगे। शाम को .....

भरत : शाम को क्या है?

श्यामा : तुम जैसा भूलक्कड़ तो ढूंढ़ने पर भी नहीं मिलेगा। शाम को मेरे जन्मदिन की पार्टी जो है।

(निशा का प्रवेश)

निशा : पापा आप अभी तक सो रहे हैं। स्कूल के लिए देर हो रही है।

भरत : देर ही हो रही है न अंधेर तो नहीं। *(निशा उसे उठाती है।)*

निशा : उठो नहीं तो मैं पानी भर बाल्टी ....

भरत : *(उठते हुए)* वाह! तू तो अपनी मां की जुबान बोलने लगी है। लो उठ गया।

निशा : चलो जल्दी....

भरत : अरे इस तरह.... नहाने धोने तो दो।

निशा : बहुत देर हो जाएगी।

श्यामा : वैसे भी तो तुम आधे घंटे का स्नान तीन घंटे में पूरा कर लेते हो।.

निशा : इसे कहते हैं बचत!

भरत : फिर अपनी मां की भाषा बोल उठी!

निशा : आप बाथरूम में जाते हैं या मैं बाथरूम ही यहां ले आऊं?

(धीरे-धीरे दृश्य समाप्त होता है)

दृश्य - 8

दृश्यः बड़ा कमरा। सालगिरह की सजावट। सालगिरह का माहौल (तोहफे) मिनट भर का। फिर मेहमानों का एक-एक करके प्रस्थान।

समयः रात

निशा : मां तुम्हें तो मेरे जन्मदिन से भी अधिक तोहफे मिले हैं।

श्याम : जन्मदिन पर तुम्हें इससे अधिक तोहफे मिलेंगे।

निशा : हम इन तोहफों को खोलें?

श्यामा : रात काफी बीत चुकी है बेटी । कल सुबह खोलेंगे, तुम्हारे पापा सोने चले गए।

निशा : पहला पार्सल मैं खोलूंगी।

श्यामा : अरे सभी तुम्हीं खोलना .... अब चलो सोने चलें।

(धीरे-धीरे दृश्य समाप्त होता है)

दृश्य - 9

दृश्यः कमरा। पार्सल के बीच जमीन पर बैठा श्यामा का परिवार।

समयः दिन

निशा : मां पहला पार्सल मैं खोलूंगी!

श्यामा : हां बाबा हां तुम्हीं खोलो। पर देखना सावधानी से खोलना.... कहीं फूटने वाली....

निशा : मैं पूरी सावधानी से खोलूंगी। *(खुलने के बाद)* अरे यह तो बहुत ही सस्ती चीज निकली।

भरत : देने वाला तुम्हारी मां की तरह ही कंजूस होगी।

निशा : तभी तो इस पर सिर्फ हेप्पी बर्थ डे लिखा है। नाम है ही नहीं।

श्यामा : ठीक है ठीक है। दूसरा मैं खोलती हूं।

भरत : तुम खोलोगी तो इससे भी बदत्तर चीज निकलेगी। *(खोलने के बाद)* कहा था न! इतने सुन्दर पार्सल से बस तीन ग्लास निकले। खोदा पहाड़ निकली चुहिया। लाओ। तीसरा मैं खोलता हूं। *(खुलने के बाद)* अरे यह तो ....

निशा : यह तो वही ब्रेडटोस्टर है जो पापा को जन्मदिन पर मिला था।

श्यामा : वही चाकू से मिटाया हुआ नाम और जिसे हमने विनिता की शादी में भेंट दी थी।

भरत : यह तो शेर और सवा शेर वाली बात हो गई।

श्यामा : वाह विनिता तुम तो हमसे भी एकदम आगे रही। तोहफे में नाम न देकर भी तुम्हारी चालाकी काम न आई।

भरत : इसे कहते हैं ईट का जवाब पत्थर से।

श्यामा : *(तोहफे को चूम कर)* घर का बुद्धू घर को आया।

●●●

26

कहां तक भागोगे?

दृश्य - 1

दृश्यः दफ्तर

समयः दिन

चीफ इंस्पैक्टर माधव फाइलों को पलटते हुए अखबारों को भी

चीफ इंस्पैक्ट माधव : *(अपने आप से)* नवम्बर 14, 2005 उत्तर प्रांत के एक बैंक होल्डअप। *(आवाज देकर)* मीनाक्षी।

आवाज : हां इंस्पैक्टर।

माधव : मीनाक्षी को मेरे पास भेजो।

आवाज : यस सर।

माधव : *(अखबार की सुर्खी पढ़ते हुए)* दो नकाब पोशों के द्वारा बैंक से दो मिलियन रुपये की दिन दहाड़े चोरी।

(मीनाक्षी भीतर आते हुए)

मीनाक्षी : येस इन्सपैक्टर।

माधव : बैठो तो सही। *(अखबारों को उलटने-पलटने के बाद)* नवम्बर 2005 का वह बैंक होल्डअप याद है तुम्हें।

मीनाक्षी : एकदम याद है।

माधव : क्या यह भी याद हैं तुम्हें कि उसमें दो नकाब पोशों ने वह डाका डाला था। उनमें से एक मॉरिशस से भाग निलकने में सफल हो गया था।

मीनाक्षी : और एक आज यहीं नदारद है। बैंक वह चपरासी जो उस साजिश में शामिल था उसकी लाश तीन दिन बाद पूर्वी इलाके के समुद्र किनारे मिली थी।

माधव : तुम्हारी याददाश्त मुझसे बेहतर है। कल जब एअरपोर्ट पर हमारे अफसरों ने ड्रग विभाग के साथ धावा बोला था तो हवाईजहाज से

उतरे यात्रियों में हमारी एक अफसर ने एक ऐसे व्यक्ति को देखा जिससे उसे यह शक हो चला कि कहीं वह देश से भाग निकलने वाला व्यक्ति तो नहीं।

मीनाक्षी : आपको क्या लगता है? ....

माधव : मुझे लगता है कि बैंक के एक कर्मचारी ने मास्टर माईण्ड का जो हुलिया हमें बताया था। वह व्यक्ति चोरी की उस आधी से अधिक रकम को अपने साथी से वसूल करने आया है।

मीनाक्षी : बैंक के कर्मचारी को बताया हुलिया मुझे भी याद है। लम्बी गरदन, कुछ भचक कर चलना, लेफ्ट हेण्डड और ..

माधव : और सिर का रह कर दांए-बांए करते रहना हमारे साथी ने ये सारे लक्षण मुंबई से आने वाले हवाई जहाज के उस यात्री में पाया।

मीनाक्षी : फिर तो हमें तुरन्त पता लगाना होगा कि वह किस दिशा को गया है।

माधव : बस इसलिए मैं चाहता हूं कि तुम तुरन्त एअरपोर्ट के इमीग्रेशन हैल्थ तथा अन्य विभाग से पता लगाओ कि उस फ्लाइट के बारे में। यात्रियों की पूरी फहरिश्त और उनकी कंप्यूटर इंफोरमेशन इन्फो।

मीनाक्षी : उसका देश छोड़ना तो बड़ा ही रहस्य है इसलिए उसका यहां फिर से आना इस हालात में जाली पासपोर्ट और नकली कागजातों के साथ हुआ होगा।

माधव : तुम तुरन्त काम में लग जाओ। कल सुबह तक हमें यह पता लग जाना चाहिए कि वह कहां ठहरा है।

दृश्य - 2

(होटल का रिसेप्शन)

समयः सुबह

(सुरेंद्र टैक्सी से उतरता है। बेयरा उसका बैग काउंटर तक पहुंचाता है। वह वेयरे को टिप्स देता है। चैक इन जैसी अन्य औपचारिकताएं पूरी करता है। होटल की कर्मचारी उसका पासपोर्ट लौटाती है।)

होटल रिसेप्शिनिस्ट: गुड मॉर्निंग सर। मॉरिशस में आपकी यह पहली यात्रा है?

गुप्ता : यस। इट्स माई फर्स्ट विजिट।

रीता. रिसेप्शनिस्ट : योर रूम नम्बर इज 202 सर।

गुप्ता : थैंक यू।

रिसेप्शनिस्ट: हेव ए नाइस स्टे सर।

दृश्य - 2

(बेयरा सूटकेस लिए गुप़्ता को उसके कमरे तक पहुंचाता है। टिप्स पाकर वह कमरे से बाहर होता है। बेयरा निकलकर दरवाजा बन्द कर देता है। गुप्ता भीतर के दरवाजे को लॉक करता है। फोन उठाकर नम्बर मिलाता है।)

गुप्ता : मेरे पास मॉरिश्यन रुपये नहीं है। लो यह डॉलर ही रख लो।

बेयरा : शुक्रिया साहब। आपके लिए कुछ पीने के लिए लाऊं?

गुप्ता : नहीं मुझे अभी नहीं चाहिए। हैलो! इस्माइल।

इस्माइल : तुम? क़हां से बोल रहे हो?

गुप्ता : तुम्हें रुपयों के साथ मुम्बई पहुंचना था क्यों नहीं पहुंचे?

इस्माइल : क्योंकि माल को जहां छिपाया है वहां से उसे अभी निकाल नहीं पाया।

गुप्ता : महीना होने को है और रुपयों का बैग अभी भी उस पुरानी इमारत में है।

इस्माइल : एकदम सेफ जगह पर है। पर तुम बोल कहां से रहे हो।

गुप्ता : मैं होटल में हूं पर फोन पर होटल का नाम नहीं बता सकता। मैं मुंबई से तुम्हारा बेसब्री से इन्तजार करता रहा... कहीं तुम्हारी नीयत खराब तो नहीं हो गई?

इस्माइल : मैं तो यहां हिस्से बांटने का तुम्हारा इन्तजार कर रहा हूं।

गुप्ता : चुप रहो हरामजादे। हम दोनों में तय था कि रकम मुम्बई में बांटी जाएगी।

इस्माइल : यही सही है मगर बाद में मुझे लगा कि हम हिन्दुस्तान में उस रुपये को खपा कैसे पाएंगे।

गुप्ता : मैंने वहां के एक व्यापारी से पूरा बन्दोबस्त कर लिया है। यहां के एक हिन्दुस्तानी बैंक में उसका खाता है।

इस्माइल : बैंक में खाता है! क्या मतलब।

गुप्ता : अरे घनचक्कर बैंक में उसका अकाउंट है। मैं चाहता हूं कि कल शाम हम रुपये वहां से निकाल कर आपस में अपने - अपने हिस्से ले लें।

इस्माइल : मैं तुमसे मिलने.....

गुप्ता : बेवकूफ आज ही रात मैं आ रहा हूं। तुम्हारी कोई चालाकी नहीं चलेगी। वैसे भी तुम्हारे हाथ खून से रंगे है मेरे नहीं।

इस्माइल : उस चपरासी को तो हटाना ही था। और फिर अब रकम तीन भाग में न बंट, दो ही भागों में बंटेगी।

गुप्ता : तुम सही कह रहे हो वैसा नहीं करते तो पुलिस उसके मुंह से सच्चाई निकाल ही लेती। खैर! रात में मैं एक टैक्सी से रोशन्वार के समुद्रतट के पास मिलूंगा। तुम अपने भांजें की कार भेज देना। वहां से वह मुझे सीधे तुम्हारे घर पहुंचाएगा।
(वह झटके से फोन रख देता है।)

दृश्य - 3

दृश्य: होटल। रिसेप्शन।

समय: सुबह सर्जेन्ट रोबीन पुलिस सहायक।

रोबीन : *(रिसेप्शनिस्ट से प्रवेश के बाद)* मैं सी.आई.डी. अफसर रोबीन हूं। क्लायंट का कमरा नंबर जानना चाहूंगा।

रीता : नाम बताइयें मिस्टर रोबीन।

पुलिस हाशिम: हम उसका नाम नहीं जानता पर हुलिया बता सकते हैं।

रोबिन : उसने कल ही चैक इन किया है। भारतीय लगता है।

रीता : आप उसका हुलिया बताइये।

रोबिन : लम्बी गरदन, कुछ भचक कर चलना, बांए हाथ से लिखता है।

हासिम : और अपने सिर को दांए-बांए करता रहता है।

रीता : अच्छा तो मुम्बई वाले व्यक्ति की बात कर रहे हैं। उसने रजिस्टर में बांये हाथ से दस्तखत किया था। पर मिस्टर रोबिन।

रोबिन : पर क्या?

रीता : वह तो रात ही में चैक आउट कर गया।

रोबिन : उसे रजिस्टर में अपना नया एड्रेस तो देना चाहिए था। आप दिखाएं तो सही।
(रीता होटल की रजिस्टर खोल कर देखती है।)

रीता : उसने अपने किसी मॉरिशयन दोस्त का पता लिखा है।

रोबीन : *(देखने के बाद)* आप मॉरिशयन हैं?

रीता : मैं आपको विदेशी लग रही हूं क्या?

रोबिन : मॉरिशयन होकर आपको यह नहीं मालूम कि फ्लाक में गलियां भी होती हैं फोन नम्बर भी होते हैं जबकि यहां तो किशनचन्द्र रघुनंदन, फैल्क के अलावा कुछ भी नहीं है।

रीता : हम लोग चैक इन के दौरान क्लाईंट से डिटैल्स का तकाजा करते हैं। चैक आउट पर नहीं।

रोबिन : चैक आउट पर शायद रुपये गिनने के कारण बाकी डिटैल्स के लिए वक्त नहीं मिलता होगा।

रीता : सर, यह जोक रहा या गाली।

रोबिन : आप ही तय कर लीजिए। आपका शुक्रिया। *(लौट कर चलते-चलते)* आप से एक सवाल करना है।

रीता : जब से आये हैं सवाल ही तो करते रहे हैं।

रोबिन : आपके होटल में शरीफ ही शरीफ आते होंगे?

रीता : आप कहना क्या चाहते हैं।

हाशिम : मेरे दोस्त को मजाक करने की बुरी आदत है।

रीता : लोग सही कहते हैं कि पुलिस वालों से न तो दोस्ती भली है और न ही दुश्मनी।

हाशिम : आप भी मजाक कर लेती हैं।

दृश्य - 4

स्थानः सी. आई. डी दफ्तर

समयः सुबह *(माधव और मीनाक्षी फाइलों के साथ)*

माधव : हमारे पास पहुंची सूचनाओं से तो यह साफ जाहिर है कि मुम्बई का यह यात्री कोई और न होकर लूटने वाला शख्स ही है। लेकिन जो बात समझ से बाहर की है वह तो यह हैं कि अगर वह शख्स वही आदमी है तो फिर यहां लौटने की बेवकूफी उसने क्यों की?

मीनाक्षी : कोई खास कारण तो होगा ही।

माधव : तो फिर वह खास कारण क्या हो सकता है?

मीनाक्षी : हो सकता है कि डकैती की भारी रकम का बंटवारा। इस मामले के साथ हमने यह मानकर भूल भी की कि यह काम नंबरी डकैत या बदमाश का किया कराया था।

माधव : मैं भी यही सोचता रहा।

(प्रवेश - दूसरा अफसर)

रोबीन : काफी दौड़ धूप के बाद एक सुराख तो मिल पाया।

माधव : बताओ क्या लाभ हुआ?

रोबिन : एअरपोर्ट में इस व्यक्ति ने गलत पता दिया है इसलिए वह उस पते पर न होकर कहीं और है।

माधव : बस यही है तुम्हारा नया सुराख?

रोबिन : कल दिन में बाइस टैक्सी ड्राइवरों से बातें करने के बाद आखिर वह टैक्सी वाला मिल कर रहा है जिसमें हमारे इस संदिग्ध आदमी ने सफर किया।

माधव : पूरी बात तो बताओ।

रोबिन : ड्राइवर ने उस व्यक्ति को दक्षिण इलाके के एक होटल में पहुंचाया था।

माधव : कौन सा होटल?

रोबिन : ब्लू ओसियन होटल।

माधव : फिर तो तुम्हें तुरन्त अपने साथियों के साथ ब्लू ओसियन में धावा बोलना चाहिए था यहां क्या खाक छानने आए हो।

रोबिन : चार साथियों के साथ मैं उस होटल में पहुंचा पर वह व्यक्ति रात ही होटल छोड़ कर जा चुका था। रिसेप्शन में बातें करके इस बात का पूरा यकीन है कि वह हमारा ही आदमी है।

माधव : वह हमसे आंख-मिचौली खेल रहा है।

रोबिन : होटल की टैक्सी के एक ड्राइवर से हमें यह जानकारी मिल पाई कि वह इस बार होटल में न जाकर बीच रास्ते में उसने टैक्सी बदल ली। हैरत की बात तो यह है कि इस दूसरी टैक्सी का नम्बर प्लेट जाली था। कुछ सुराखों के जरिए हमारे दो आदमी उस कार की तलाश में निकल चुके हैं।

माधव : अब जब हमें यह भी पता चल गया है कि इस आदमी के पास दो देशों के पासपोर्ट हैं तब तो हमें और भी तेजी के साथ आगे बढ़ना होगा। इस बार देश छोड़ने न पाए।

रोबिन : हमने हवाई और जलमार्ग दोनों जगहों पर कड़ी निगरानी डाल रखी है।

(फोन का बजना)

माधव : हैलो। हां रोबिन मेरे पास ही बैठा है। .... अच्छा तो उस प्राइवेट नीली कार का पता चल गया जिस पर जाली नम्बर पट्टी थी.. ऐसी बात है तो रोबिन के साथ मैं भी पहुंच रहा हूं।

मीनाक्षी : और मैं?

माधव : मेरा नाशता यहां पहुंचने ही वाला है। उस पर हाथ साफ कर जाना। चलो रोबिन।

मीनाक्षी : वही सुबह-सुबह दाल पूरी और कोला। इस उम्र में भी शादी न करने का इससे अच्छा नतीजा क्या होगा?

दृश्य - 5

दृश्य: एक घर का आंगन। नीली कार।

समय: दोपहर

सी.आई.डी यूनिट कार की तस्वीरें लेते हुए, अंगुलियों के निशान तथा अन्य औपचारिकताएं। कार मालिक से रोबिन सवाल करता है।

रोबिन : कल रात आप इस कार को ड्राइव कर रहे थे?

कार मालिक : जी हां।

रोबिन : क्या नाम है आपका?

मालिक : मनसूर।

रोबिन : यह तो प्राइवेट कार है। पर कल रात इसका नम्बर प्लेट टैक्सी का था। आप इसकी वजह बताएंगे।

मालिक : मुझे ऐसा करने के लिए दस हजार रुपये दिए गए थे।

रोबिन : आपको नहीं मालूम यह एक भारी जुर्म है। किससे ये रुपये मिले थे?

मालिक : मेरे मामू ने दिए थे।

माधव : आपकी कार को पुलिस की हिरासत में ली जा रही है। आप अपने मामा का नाम बताइए।

मालिक : जरूरी है?

रोबिन : अगर आप हथकड़ी से बचना चाहते हैं तो जरूरी है।

मालिक : इस्माईल।

माधव : रात में ठीक दस बजे अपने रोशन्वार के समुद्र तट पर एक आदमी को अपनी कार में लिया था। कौन था वह।

मालिक : मैंने सिर्फ अपने मामू के हुक्म की तामिल की थी। उस आदमी के बारे में मैं कुछ नहीं जानता।

रोबिन : उस आदमी की कोई पहचान......?

मालिक : वह भचक कर चलता है। उसे अपनी गरदन की दांए-बांए करती रहने की आदत है।

माधव : उसे आपने कहां उतारा था।

मालिक : अपने मामू के घर।

माधव : इसके बाद तुम्हारे मामू तुम्हारी कार का इस्तेमाल करना चाहते थे।

मालिक : इन्सपैक्टर साहब अब मैं बात समझने लग गया हूं। मैं अपने मामा की मांग ठुकरा दूंगा।

माधव : अपनी जिन्दगी कैद में बिताना चाहते हो। यह छोटे जुर्म का जुर्माना भर कर बचना चाहते हो।

मालिक : मैं कैद में नहीं जाना चाहता।

रोबिन : तो फिर कैद जाने से बचने के लिए तुम्हें हमारी बात माननी होगी।

मालिक : मानूंगा।

रोबिन : पहले यह बताओ कि कार की मांग कब्र के लिए हुई है?

मालिक : कल रात दस बजे। दोनों को कहीं पहुंचाना है।

रोबिन : कहां?

मालिक : जगह नहीं बताई गई है।

माधव : कल तुम उन दोनों व्यक्तियों को अपनी कार में लेकर उनकी बताई जगह पर ले जाओगे। इस बात की भनक उनको नहीं होनी चाहिए।

मालिक : मैं पुलिस की बात मानकर ऐसा ही करूंगा।

दृश्य - 6

दृश्य: सी.आई.डी. दफ्तर

समय: शाम *(इंस्पैक्टर माधव अपने अफसरों को ब्रीफिंग करते हुए)*

माधव : इन तीनों दिनों के भीतर हमारे विभाग ने जबरदस्त सक्रियता दिखाई है। इस होल्डअप की तैयारी बैंक के चपरासी की मदद से इस डकैती की योजना बनी थी। अपने ही बैंक से धोखेबाजी करके चपरासी को अपनी जान खोनी पड़ी। अब दो मुजरिम हमारे चन्द कदमों पर खड़े है। अगर ऐसी सुनहली घड़ी का लाभ उठाकर हम दोनों को बैंक के रुपयों के साथ गिरफ्तार नहीं कर पाए तो यह हमारे लिए जिंदगी की सबसे शर्मनाक बात होगी। रोबिन हम पूरी तरह तैयार हैं।

रोबिन : एकदम पूरी तरह। हम लोग आज रात तीन टोलियों में बंट रहे हैं। एक टोली हाशिम की कमांड में नीली कार के मालिक पर नजर रखेगी। मीनाक्षी दो अफसरों के साथ हाशिम का संकेत पाने का इन्तजार करेगी। मीनाक्षी की कार फ्लाक की ओर जाने वाले रास्ते पर स्टैंड बाई रहेगी।

माधव : और मैं रोशन्वार के आसपास आप दोनों के फोन की प्रतीक्षा में रहूंगा। इस्माईल के भांजे से तुम्हारी......।

रोबिन : वह एकदम तैयार है।

मीनाक्षी : हमारा यह मानकर चलना सही है कि डकैती के रुपये इस्माईल के घर न होकर किसी दूसरी जगह पर छिपाया गया है।

रोबिन : ये दोनों व्यक्ति नम्बरी मुजरिम चाहे ना हों पर इतने बेवकूफ भी नहीं कि बड़ा खतरा मोल ले सकते हैं।

दृश्य - 7

समयः पौने दस बजे रात

दृश्यः तीन अलग-अलग ठौर।

camera desolving from one car to another

रोबिन : *(फोन पर)* सर नीली कार अपने आंगन से बाहर आ चुकी है।

माधव : दिशा बताओ।

रोबिन : रोशन्वार की ओर।

(पहली टोली)

माधव : नजर रखे रहो । अगर उससे दोनों व्यक्तियों को जहां से पिकअप करता है वहां से तुम अपने फासले को बनाए रखना। दोनों को किसी भी तरह संदेह नही होना चाहिए। हम लोग एकदम स्टैंड बाई हैं।

नीली कार एक घर के सामने रुकती है।

दो व्यक्ति उसमें बैठते हैं कार चल पड़ती है।

माधव : *(अपनी कार से)* मीनाक्षी तुम लोग फ्लाक के रास्ते से निकल कर रोशन्वार विलेज के रास्ते रीव्येर जी रांपार की ओर बढ़ो।

मीनाक्षी : ओके सर। पर सर हमें अभी एक नई बात जानने को मिली है। मुम्बई का हमारा इस आदमी का नया नाम सुरेन्द्र गुप्ता नहीं। यह ग्रांगोव करने वाला है। उसका नाम है जगदीश डमरी। ग्रांगोव और रोशतेर के बीच इसके परिवार की एक प्रोपर्टी जंगल में पड़ी हुई है। परिवार के झगड़े के कारण उस जमीन का बंटवारा आज तक नहीं हो पाया। उसमें एक पुरानी खंडहर है। अनुमान लगाया जा रहा है कि डकैती का माल वही छुपाया गया होगा।

माधव : मुझे लगाता है कि बड़े ही महत्त्व की सूचना है क्योंकि इस समय नीली कार उसी डायरेक्शन में बढ़ रही है। तुम लोग ओपोजिट रास्ते से आने की कोशिश करो।

मीनाक्षी : यस सर।

माधव : करीब पहुंचने पर कार की लाइट ऑफ होनी चाहिए।

(डिसोल्विंग - एक कार से दूसरी कार को दूसरी कार से)

रोबिन : हमें मीनाक्षी की इंफोरमेशन मिल गई है। इस इलाके से मैं वाकिफ हूं। जिस खंडहर की बात हो रही है मैं उसे जानता हूं। हमारी गाड़ी दाईं ओर से पहुंचेगी।

माधव : ठीक है। हम बाईं ओर से प्रवेश करेंगे।

सभी कारों पर बारी-बारी सी.आई.डी. की तीनो कारें लाइट ऑफ आगे बढ़ कर रुक जाती है। नीली कार खंडहर तक पहुंच कर रुपयों का सूटकेस बाहर निकालते हैं।

तीन तरफ से आवाजें आती हैं।

आवाज 1 : जहां हो वहीं रहो।

आवाज 2 : हाथ ऊपर सूटकेस नीचे।

आवाज 3 : आप लोग पुलिस से घिर गए हैं। हिलने-डुलने की कोशिश हुई तो गोलियों से छलनी कर दिए जाओगे।

(एकाएक पुलिस की कारों की लाईटें जल उठती हैं। पहले रोबिन दौड़ता है उसके पीछे बाकी लोग।)

माधव : जगदीश डमरी और इस्माईल खेरे अब और कहां तक भागोगे?

(गिरफ्तारी माल सहित)

●●●